rororo

Zu diesem Buch Der Schock in Europa saß tief; im Ausland, aber auch in Österreich selbst schien ein Hauch von 1933 über der politischen Atmosphäre zu liegen, nachdem ÖVP-Obmann Wolfgang Schüssel eine Koalition mit Jörg Haiders FPÖ einging, um Kanzler zu werden. Die Angst vor einer «Verhaiderung» Europas geht um, vor der Verwandlung eines Rechtsextremismus von gestern in eine moderne, breitenwirksame populistische Strömung rechter Fundamentalopposition, anders gesagt: vor einem «Zivilisationsbruch» (Elfriede Jelinek).

Was wird aus Österreich? Die Autorinnen und Autoren dieses Bandes, namhafte Publizisten, Wissenschaftler und Künstler überwiegend aus Österreich selbst, beschreiben den österreichischen Weg in der Nachkriegszeit, sein Verhältnis zur Vergangenheit, die Wurzeln der gegenwärtigen, alarmierenden Entwicklung. Sie eröffnen viel sagende Einblicke in die Geschichte und das Wesen sowohl der FPÖ als auch ihres Spitzenmannes und zeigen auf, wer in Politik und Wählerschaft die FPÖ stark gemacht hat. Es wird deutlich, wie und warum es dem im rechtsextremen Milieu gründenden «Popstar» Jörg Haider gelingen konnte, zu einem der erfolgreichsten Oppositionspolitiker in Europa aufzusteigen. Und wohin dies führen kann: zu einer Erosion des Grundkonsenses, auf dem die westlichen Demokratien und der europäische Einigungsprozess beruhen.

Angaben zu dem Herausgeber sowie den Autorinnen und Autoren finden sich am Ende dieses Bandes.

Hans-Henning Scharsach (Hg.)

Haider

Österreich und die rechte Versuchung

Rowohlt Taschenbuch Verlag

rororo aktuell

Herausgegeben von Frank Strickstrock

Originalausgabe
Veröffentlicht im Rowohlt Taschenbuch Verlag GmbH,
Reinbek bei Hamburg, April 2000

Redaktionelle Mitarbeit: Ursula Pathe
Umschlaggestaltung Susanne Heeder/Philipp Starke
(Foto: dpa)
Satz aus der Sabon PostScript PageOne
Gesamtherstellung Clausen & Bosse, Leck
Printed in Germany
ISBN 3 499 22933 1

Die Schreibweise entspricht den Regeln
der neuen Rechtschreibung.

Inhalt

VI. DIE HERAUSFORDERUNG EUROPAS

Vorwort

Wann ist ein demokratisches Land je so gedemütigt worden? Österreichs Regierungspolitiker werden geschnitten, boykottiert, ignoriert, ausgeladen. Der Kanzler muss vom Mascherl zur Krawatte wechseln, um öffentlicher Verhöhnung seiner Kollegen zu entgehen. In Bern wird Außenministerin Benita Ferrero Waldner von Demonstranten als «braune Liesel» begrüßt. In Wien verbittet sich die Europäische Stelle zur Beobachtung von Rassismus und Fremdenfeindlichkeit die Teilnahme von Regierungsmitgliedern an den Eröffnungsfeierlichkeiten.

Noch entwürdigender sind die Kundgebungen jener, die vorgeben, für Österreich Partei zu ergreifen: Am Brandenburger Tor grölen NPD-Aktivisten mit deutschem Gruß «Heil Haider» und «Solidarität mit Österreich!» In Belgien wirbt der rechtsextreme Vlaams Blok für Reisen ins «Haider-Land». In Frankreich feiern die Rassisten des Front National das «österreichische Modell».

Wien steht am Pranger. Israel hat seinen Botschafter abgezogen. Das konservativ dominierte amerikanische Repräsentantenhaus fordert Außenministerin Albright auf, «die Handlungen der österreichischen Regierung aufmerksam zu beobachten». In der EU werden neue Spielregeln diskutiert: Wie geht man um mit Rassisten, Extremisten, Demokratieverächtern? Sollen in den Gemeinschaftsverträgen Strafen oder gar Ausschlussmöglichkeiten verankert werden?

Ausgangspunkt von EU-Europa war die gemeinsame Vision: Nie wieder Krieg, nie wieder Rassismus, nie wieder Diktatur. Im Amsterdamer Vertrag heißt es: «Die Union beruht auf den Grundsätzen der Freiheit, der Demokratie, der Achtung der Menschenrechte ...»

Jörg Haider verweigert sich diesem antifaschistischen Nachkriegs-Konsens. Er macht den Rassismus zum Motor von Radikalisierung und Emotionalisierung, kämpft gegen das «System» der «Altparteien», bekennt sich zum faschistischen Führermodell der «sozialen Volksgemeinschaft».

Jörg Haider besucht keine Gedenkveranstaltungen für die Opfer des Nationalsozialismus. Dafür beteiligte er sich an Traditionsveranstaltungen der Waffen-SS, die als Wächter in den Konzentrationslagern Dienst tat. In der Aufarbeitung der Geschichte steht er nicht an der Seite der Opfer. Er stellt sich an die Seite der Täter.

Mehr als ein Viertel der Österreicher hat diesen Mann gewählt – nicht wegen, sondern trotz seiner braunen Sprüche, die weltweit Schlagzeilen machen. Aber Haider ist nicht nur Ideologe. Er ist politischer Entertainer: gut aussehend, braun gebrannt, scharfzüngig, schlagfertig. So einer weckt Begeisterung, wenn er formuliert, was der «Herr Karl» immer schon wusste: Mir san mir. Österreich zuerst. Jetzt erst recht. Überdruss und Enttäuschung finden in ihm ein Ventil. Die Jahre des schwarz-roten Proporzes haben mehr Enttäuschte als Nazis hinterlassen – auch wenn internationale Medien österreichische Wahlergebnisse manchmal anders interpretieren.

Der Regierungseintritt der FPÖ markiert eine Zäsur in der Geschichte der Gemeinschaft. Die Verwischung der Grenzlinien zwischen demokratischem Konservativismus und Rechtsextremismus wird von Europas rassistischer Rechter als Triumph gefeiert. Für den französischen Philosophen André Glucksmann ist es der Bruch eines «ungeschriebenen Gesetzes»: dass sich demokratische Politik in Europa auf die Erinnerung an die totalitären Katastrophen des 20. Jahrhunderts gründen muss.

Eine Regierung, die dieses Gesetz bricht, macht sich zum Außenseiter. Keinen konnte das überraschen. Überrascht hat allenfalls die Eindeutigkeit der Reaktionen. Statt über Subventionsabbau oder Steuerharmonisierung diskutiert die EU plötzlich über Werte – und riskiert mit bilateral verhängten, aber gemeinsam beschlossenen Sanktionen eine Gemeinschaftskrise.

Wie jede Krise birgt auch diese Chancen und Risiken. Die Gefahr ist nicht zu übersehen: Wenn die Sanktionen nichts nützen, wenn sie aufgegeben werden müssen, ohne etwas verändert zu haben, sind Rassismus und Rechtsextremismus zu tolerierten Spielarten der Politik geworden. In Österreich wäre die FPÖ als «ganz normale Partei» ausgewiesen. Die Gemeinschaft hätte Bündnisse mit Rechtsextremisten legitimiert.

Vielleicht aber kommt es anders. Vielleicht führt die Diskussion in Europa zu einer Vertiefung des Wertebewusstseins, zu einer Ergänzung der in Arbeit befindlichen «Charta für Menschenrechte» durch funktionsfähige Abwehrmechanismen gegen rechtsextremen Ungeist, zu einer Verdeutlichung dessen, was als «politische Union» bisher mehr Zielvorgabe als erlebbare Wirklichkeit ist.

Vielleicht ermöglicht eine vorübergehende Lähmung der Haider-Partei sogar die Beschleunigung des Integrations- und Reformprozesses. Um «ganz normale Partei» zu werden, dürfen die Freiheitlichen zurzeit all das nicht tun, was ihnen Zulauf und Stimmen brachte. Erste Anzeichen des Kurswechsels gibt es bereits: Auf einer im niederösterreichischen Wahlkampf verteilten Broschüre wurde der fett gedruckte Slogan «EU-Osterweiterung – nein danke» im Nachhinein überklebt. In der Wiener Parteizentrale wird ernsthaft darüber nachgedacht, beim nächsten Wahlkampf auf ausländerfeindliche Parolen zu verzichten.

Daraus auf einen dauerhaften Läuterungsprozess zu schließen, könnte trügerisch sein. Eine brav und bürgerlich gewordene FPÖ müsste mit Einbußen bei Wahlen rechnen. Kaum vorstellbar, dass Haider da mitspielt. Muss er auch nicht: Als Landeshauptmann von Kärnten gehört er der Regierung nicht an. Sogar den Parteivorsitz hat er zurückgelegt, um weiter Opposition spielen zu können. Und um die Chance zu wahren, beim nächsten Mal Kanzler zu werden.

Für Europa und Österreich steht viel auf dem Spiel. Daher dieses Buch: Wer ist Haider? Woher kommt seine Partei? Wohin geht sie? Wer sind ihre Wähler? Wer ihre Gegner? Wer hat Haider gemacht? Wer will ihn verhindern? Und nicht zuletzt: Wo steht dieses Österreich? Wie geht es um mit seiner Geschichte? Wie erlebt man es von innen? Wie sieht man es von außen?

Die Autorinnen und Autoren dieses Buch haben sich diesen Fragen gestellt und Antworten gegeben. Aus unterschiedlichen Blickwinkeln und in unterschiedlicher Tonlage: analytisch, kritisch, polemisch, nachdenklich, sensibel. Dieses Buch gibt Einblick in ein wichtiges Kapitel österreichischer und europäischer Zeitgeschichte. Ich danke allen, die dazu beigetragen haben.

April 2000 Hans-Henning Scharsach

I. DER WEG ZUR MACHT

Hans-Peter Martin

Die Schockwelle in Europa

Tränen über Tränen. Wo der Begriff Freundschaft jede Rede schmückt, brechen Wunden auf. Sozialdemokratische Abgeordnete haben sich im ersten Stock des Europäischen Parlaments in Brüssel in einen der verschwiegenen Sondergasträume zu einer Aussprache zurückgezogen. Der Anlass beherrscht im Frühjahr 2000 die Schlagzeilen der Medien und die Köpfe aller politisch Interessierten: der Einstieg der rechtspopulistischen, europafeindlichen Freiheitlichen Partei (FPÖ) in die Regierungsverantwortung in Österreich.

«Was wird sein, wenn die Faschisten einmal 100 Prozent Zustimmung haben?», erkundigt sich der Franzose Gerard Caudron forsch und setzt nach: «Sollen wir warten, bis wieder Konzentrationslager gebaut werden?»

Die Österreicherin Maria Berger empfindet die Bemerkung ihres Genossen als zutiefst persönlichen Angriff. Unter Tränen erklärt sie, dass in ihrer Heimat so etwas doch niemals wieder geschehen könnte. Die unterschwellige Annahme, dass selbst überzeugten österreichischen Sozialdemokraten eine faschistische Verwandlung zuzutrauen sei, lässt sie die Fassung verlieren.

Caudron entschuldigt sich zwar, doch die Atmosphäre bleibt gespannt. Die «Familie», als die sich Europas Sozialdemokratie versteht, lässt keinen Genossen aus der Alpenrepublik unbehelligt. Einem aufmunternden Schulterklopfen folgen beharrliche Fragen: «Wie konnte das passieren?» Und: «Wie wird es weitergehen?»

Die Konservativen unter den österreichischen Abgeordneten kommen in ihrer Fraktion keineswegs nur mit bohrenden Fragen davon. Vor allem spanische, französische und belgische Gesinnungsfreunde fordern den Bruch mit der ÖVP, seit deren Parteichef Wolfgang Schüssel den Freiheitlichen zur Beteiligung an der Macht verholfen hat. Selbst Abgeordnete der bayerischen CSU sparen nicht mit Kritik und stimmen in einer parlamentarischen Entschließung der Auffassung zu, «dass die Aufnahme der Freiheitlichen Partei in eine Koalitionsregierung die extreme Rechte in Europa legitimiert».

Bei den Grünen ringt der Abgeordnete Johannes Voggenhuber darum, das Alpenland nicht insgesamt zu verdammen, sondern Regierung und Bevölkerung auseinander zu halten.

Im Parlamentsplenum erinnert der europäische Führer der Sozialdemokraten, Enrique Baron Crespo, voller Pathos daran, dass er selbst vor nicht allzu langer Zeit unter General Franco im Widerstand gewesen sei. Und auch die konservative französische Parlamentspräsidentin Nicole Fontaine hält die FPÖ-Regierungsbeteiligung schlicht für «nicht hinnehmbar».

Wie unter einem Brennglas verdichten sich so in Brüssel und Straßburg die Meinungen und Konfliktlinien zur plötzlichen Causa prima. Die meisten Österreicher vor Ort trifft dies doppelt: Bislang galt man als lieb und unbedeutend. Jetzt steht man im Rampenlicht, und die Optik ist mehr als schief. Fassungslos erleben vor allem die konservativen Österreicher, wie sie über Nacht marginalisiert werden, und nicht nur einer mag es nicht glauben: «Das alles nur wegen dem Haider?»

Sicherlich nicht. Wohl aber löste der scheinbar so unaufhaltsame Aufstieg des Jörg Haider einen Dammbruch aus und führte zu einer politischen Schockwelle quer über den Kontinent.

Am 31. Januar sandte der portugiesische Ministerpräsident Antonio Guterres als amtierender Ratspräsident der Europäischen Union ein bislang einzigartiges Signal aus: «Die Regierungen der 14 Mitgliedsstaaten», so der nach Wien übermittelte Text, «werden keinerlei offizielle bilaterale Kontakte auf politischer Ebene mit einer österreichischen Regierung unter Einbindung der FPÖ betreiben oder akzeptieren». Es werde weiters «keine Unterstützung für österreichische Kandidaten geben, die Positionen in internationalen Organisationen anstreben». Außerdem würden «österreichische Botschafter in den EU-Hauptstädten nur noch auf technischer Ebene empfangen».

Dabei haben die Sanktionen gegen Österreichs Regierung zumindest drei Dimensionen: Sie richten sich direkt gegen die schwarz-blaue Regierung, reflektieren aber auch ein neues Verständnis europäischer Politik und gelten schließlich als Warnung an das Dutzend Staaten, das sich nunmehr um eine Mitgliedschaft in der Europäischen Union bemüht.

So beispiellos dieser Schritt in der bisherigen Geschichte der Union ist, unvorhersehbar war er nicht. Seit der nationalen Wahl am 3. Oktober 1999, bei der die Freiheitlichen 27 Prozent der Stimmen erreichten und auf dem zweiten Platz in der Wählergunst landeten, war das politische Europa hellwach: Auffällig häufig kamen Spitzenpolitiker, Diplomaten und EU-Kommissare auf Österreich zu sprechen, bei diskreten Treffen und Ansprachen gleichermaßen.

Österreichs Bundespräsident Thomas Klestil warnte Wolfgang Schüssel schon nach dem OSZE-Gipfel in Istanbul im November wie auch nach der belgischen Thronfolgerhochzeit in Brüssel im Dezember 1999 vor «sehr besorgten und kritischen Stimmen» verschiedener Staats- und Regierungschefs. Frankreichs Präsident Jacques Chirac erkundigte sich Ende Januar in einem Telefonat persönlich über die innenpolitische Entwicklung in Österreich und zeigte sich «besorgt». Auch Wolfgang Schüssel wurde von internationalen Parteifreunden sehr deutlich auf drohende Konsequenzen hingewiesen.

Als Noch-Bundeskanzler Viktor Klima sich schließlich wenige Tage vor dem Sanktionsbeschluss in Stockholm bei einer Holocaust-Konferenz selbst sorgenvoll äußerte, war längst klar, dass heftige Reaktionen zu erwarten waren. Die These, Österreich sei mit dem Schritt der 14 das Opfer einer Verschwörung oder einer gezielten Kampagne, stößt deshalb außerhalb der Alpenrepublik fast überall auf verständnisloses Kopfschütteln.

Die Verschwörungstheorie stimuliert allerdings zwischen Bodensee und Neusiedler See den Reflex, der schon Klestils Amtsvorgänger Kurt Waldheim zugute kam. Mit dem Slogan «Jetzt erst recht» zog er 1986 in die Wiener Hofburg ein, nachdem seine Kriegsvergangenheit auf dem Balkan durch Veröffentlichungen des Jüdischen Weltkongresses im Wahlkampf bekannt geworden war. Weil jetzt Jörg Haider und seinen Parteifreunden ihre penetranten Verharmlosungen des Nazi-Regimes vorgehalten werden, fühlen sich viele Österreicher wie zu Waldheims Zeiten insgesamt als «Naziland» diffamiert.

So allerdings entwickelt sich eine verhängnisvolle Kettenreaktion: Viele Österreicher verstehen die Welt nicht, und die Welt versteht Österreich nicht.

Wähler der Freiheitlichen Partei können zumeist nicht nachvollziehen, warum Jörg Haider international für so viel Aufregung sorgt. Sie sind oft von einem anderen Geschichtsverständnis geprägt und gegenüber seinen Aussagen, deren Dosierung sich drogenähnlich über die Zeit hinweg steigerte, gefährlich abgestumpft.

Doch empört sich schon der Ministerpräsident des Nachbarlandes Bayern, Edmund Stoiber, an dessen CSU sich die Freiheitlichen gerne anlehnen, über Haiders Bezeichnung von Konzentrationslagern als «Straflager». Wenn «das ein deutscher Politiker sagen würde, müsste er innerhalb von einer Stunde zurücktreten», meint er, weil «in Deutschland ein anderer Bewusstseinsprozeß gelaufen ist». Und es irritiert ihn, dass Haiders FPÖ eben nicht nur fünf bis acht, sondern 27 Prozent der Stimmen erreiche, «weil man damit schon mittendrin in der Bevölkerung steht».

In Frankreich und Belgien ist die Sensibilität noch wesentlich ausgeprägter. Auch 55 Jahre nach dem Ende des Zweiten Weltkriegs bleiben die Gräuel unvergessen. Haider und seine Getreuen wurden in diesen Ländern immer besonders beobachtet. So waren keineswegs nur die Regierungschefs aufgebracht, als der radikale Rechtspopulist von einer «korrupten belgischen Regierung» sprach, «die Kinderschänder pardoniert», und Chirac als «einen von jenen Politikern in Europa» bezeichnete, «der in den letzten Jahren ja wirklich alles falsch gemacht hat, was man falsch machen kann». Verschiedene Diplomaten bestätigen, dass diese Äußerungen die Sanktionen beschleunigten.

Auch die Verwirrung in Österreich, dass sich selbst Deutschland am Sanktionsbeschluss beteiligte, ist aufklärbar. Die Achse Berlin–Paris ist in der Europäischen Union von zentraler Bedeutung, und Außenminister Joschka Fischer wollte sich gerade in dieser Frage nicht von Frankreich absetzen. «Wenn die Bundesregierung sich anders verhalten hätte», argumentiert er, «hätten wir heute die ganz andere Debatte, warum diese Bundesregierung Europa in seine schwerste Krise geführt hat, nämlich im deutsch-französischen Verhältnis». Damit, so Fischer, «hätten wir Deutschland hoffnungslos isoliert».

Dass schließlich die Skandinavier mitzogen, kann politische Beobachter nicht überraschen. Für Schwedens Premierminister Göran Persson ist Haider ein «Problem für Europa».

Und die Verhaiderung Europas ist wiederum das Problem in beinahe allen Mitgliedsstaaten der Union. Überall sind radikale Verführer der Rechten auf dem Vormarsch, in Norwegen ebenso wie in Italien. Sogar in Dänemark bescheinigen Umfragewerte der rechtspopulistischen Truppe um Pia Kjaergaard satte Zuwächse. Auch Liberale wie der schwedische Europaabgeordnete Olle Schmidt stehen deshalb uneingeschränkt hinter den Sanktionen gegen Österreich.

Dass in Frankreich Sozialisten wie Konservative so heftig reagieren, hängt unmittelbar mit den Erfahrungen zusammen, die das Land mit dem rechtsradikalen Front National machte. Jacques Chirac selbst betrieb eine konsequente Abgrenzung seiner RPR und verhinderte Bündnisse auf regionaler Ebene. Und die französischen Sozialisten werden in Gesprächen nicht müde, ihren österreichischen Freunden zu raten, offen den Konflikt mit den Freiheitlichen zu suchen.

Ist all dies als eine Einmischung in die inneren Angelegenheiten eines Staates zu werten? Wäre Österreich nicht Mitglied der Union und die Union immer noch auf wirtschaftliche Fragen beschränkt, gäbe es nur eine Antwort: Ja.

Mit einem wachsenden neuen Selbstverständnis der EU als politische Einheit aber bekommt der Sanktionsbeschluss eine andere Qualität. «In diesem Fall musste man der österreichischen Souveränität das Recht streitig machen, die Gründungswerte Europas zu beflecken», spitzt der französische Philosoph Bernard-Henri Lévy die Argumentation zu. Zweifellos steht dahinter eher das Konzept eines integrativen europäischen Bundesstaates als eines losen Staatenbundes. Umso bemerkenswerter, dass dabei auch die europaskeptischen Briten mitzogen.

Noch ist offen, ob der 31. Januar in die Geschichtsbücher als einmalige Aktion oder als der Beginn gelebter europäischer Innenpolitik Eingang finden wird. Zumindest hat der deutsche Kanzler Gerhard Schröder angekündigt, dass auch Italien in den Bannstrahl geraten werde, falls dort Gianfranco Fini mit seiner Alleanza Nazionale in die Regierung käme. In Brüssel gilt dies jedoch nicht als gesichert. Die Frage der Legitimität solcher Aktionen stellt sich freilich weniger, schließlich steht es den Mitgliedsländern frei, auf politische Entwicklungen in einem anderen Mitgliedsstaat zu reagieren.

Sollten die Sanktionen gegen Österreich allerdings zum Präzedenzfall werden, so wäre ein überschaubares Verfahren für die Zukunft mehr als wünschenswert. Denn die Kritik, dass die österreichischen Akteure zwar gewarnt, aber in den Entscheidungsprozess nicht eingebunden wurden, ist sicherlich berechtigt.

Das Positive daran: Die Unklarheiten um den Österreich-Beschluss verleihen den gegenwärtigen Verhandlungen zur neuen

Regierungskonferenz eine hoch willkommene Dynamik. In der Nachfolge zu Amsterdam 1997 stehen im Dezember in Nizza zwar zunächst die Fragen der neuen Machtverteilung in der Kommission und im Rat auf der Tagesordnung. Mit der Regierungsbeteiligung der Freiheitlichen in Österreich bekommt aber auch die angepeilte Charta der Grundrechte Schubkraft. Keine der beinahe wöchentlichen Sitzungen im 62-köpfigen Konvent aus nationalen sowie Europaabgeordneten und Regierungsvertretern vergeht ohne Verweis auf Österreich.

Begründeten die Regierungschefs die Sanktionen mit der «Wertegemeinschaft», zu der sich die Union entwickelt habe, so ist der Konvent der ideale Ort, diese Prinzipien auch festzuschreiben – von der Unantastbarkeit der Würde des Menschen über das mögliche Verbot extremistischer Parteien bis zur Verurteilung von Rassismus.

Seit dem Schulterschluss zwischen Schüssel und Haider wachsen die Chancen, dass die Charta nicht nur mit Feuerwerk und Champagner feierlich proklamiert, sondern mit rechtlicher Verbindlichkeit in die EU-Verträge aufgenommen wird, zumindest in absehbarer Zeit.

Immer mehr Regierungen wünschen dies, weil damit gerade auch jenen beitrittswilligen Staaten Vorgaben gemacht werden könnten, die bislang nur mangelhafte nationale Grundrechtsabsicherungen vorweisen. In den meisten dieser Länder sind die Österreich-Sanktionen eindeutig verstanden worden. «Wir sind den 14 Staaten für diesen Beschluss dankbar», argumentiert etwa ein slowakisches Mitglied der bestehenden Mitte-Links-Regierung. Er liefert ein wichtiges Argument gegen den rechten Volkstribun Vladimir Meciar, der gegenwärtig über ein Referendum vorzeitige Neuwahlen anstrebt.

Auch der rumänische Außenminister Petre Roman empfand den Beschluss als «gute Reaktion», die eine «Beispielwirkung für die Demokratisierungsprozesse» in seinem eigenen Land und auch bei anderen EU-Beitrittsanwärtern haben werde.

Noch ist nicht abzuschätzen, ob die gegen Österreich verhängten Maßnahmen den Erweiterungsprozess der Union insgesamt bremsen oder sogar beschleunigen werden. Unverhohlen droht Haider ja immer wieder mit der Veto-Keule in den Ministerräten. In ihrem Aufbegehren gegen die Sanktionen schwankt die neue Regierung in Österreich noch sichtlich: Nicht wenige freiheitliche Parteifunktionäre möchten den Beitritt anderer Staaten so lange wie möglich verzögern, andererseits könnten sich die Regierungsvertreter unter dem gegenwärtigen Druck als besonders anpassungswillig zeigen.

Die Hoffnung jedenfalls, mit einigen Reden und allenfalls Gesten die 14 Mitgliedsstaaten von ihrem Beschluss von Ende Januar bald abzubringen, wird sich kaum erfüllen. Nach den Portugiesen und Franzosen übernehmen die Schweden Anfang 2001 den Ratsvorsitz, gefolgt von den Belgiern. Das vermeintliche skandinavische «Fenster», das österreichische Diplomaten in Brüssel erkennen wollen, hält jedenfalls der schwedische Delegationsleiter der Sozialdemokraten im Europaparlament, Pierre Schori, für dicht geschlossen. «Wir werden sicherlich nur gemeinsam mit den anderen Partnern handeln», kündigt er an.

Auch die Kommission als Hüterin der Verträge hält sich weitgehend zurück. Wachsende Einigkeit besteht lediglich darin, dass die Isolierung der österreichischen Regierung nicht zu einer internationalen Isolierung der Bevölkerung führen darf. Während Boulevardmedien in Belgien und Frankreich vom «Österreich-Bashing» kaum ablassen mögen, intensivieren sich aber die direkten Kontakte etwa zwischen Schülern und Studenten, dem Internet sei Dank.

Und sosehr viele Österreicher die Sanktionen sogar als kontraproduktiv ansehen, erste nützliche Auswirkungen sind ihnen wohl kaum abzusprechen. So wäre wohl die Präambel zum Regierungsvertrag, im dem sich die neuen Koalitionspartner zu den Wertvorstellungen der Union bekennen, ohne sie nicht zustande gekommen. Viel wichtiger aber dürfte die Wirkung auf Jörg Haider selbst gewesen sein. Nach der überraschenden Absprache der 14 gab es für ihn kein Halten mehr. Fast in jedem Interview lieferte er neue Belege dafür, dass ihm zu Recht misstraut wird: Gegenüber der «Zeit» bezeichnete er Europa als «Hühnerstall, in dem der Fuchs noch nicht einmal drinnen sei», und am Aschermittwoch attackierte er voll persönlichem Ingrimm Jacques Chirac, den er als «Westentaschen-Napoleon des 21. Jahrhunderts» abkanzelte. Mit all diesen Ausfällen disqualifizierte er sich aber weiter selbst.

An dieser Stelle sei deshalb eine These gewagt. Der Sanktionsbeschluss provozierte Jörg Haider so sehr, dass er sich in seiner unkontrollierten Wut um sein erklärtes Ziel redete: die Kanzlerschaft.

Hans Rauscher

Eine geschlossene Verdrängungskette

Warum Österreichs Konservative der Haider-Partei zur Regierungsmacht verhalfen

Im Herbst 1995 besuchte der Autor dieses Beitrags mit dem damaligen Außenminister Wolfgang Schüssel das Holocaust-Museum in Washington. Österreich stand schon damals vor einer politischen Wende. Schüssel war erst wenige Monate vorher zum Obmann der christlichsozialen Österreichischen Volkspartei (ÖVP) gewählt worden, eher als Überraschungskandidat. In seiner Akzeptanzrede verkündete er: «Ich will Kanzler werden.» Die Parteidelegierten nahmen es zur Kenntnis, glaubten aber nicht recht daran, denn den Kanzler stellte nun schon seit 25 Jahren – seit der Alleinregierung Kreiskys – die SPÖ. Und die ÖVP war erst seit 1987 wieder in der Regierung, in der Position des ewigen Zweiten, der noch dazu von Wahl zu Wahl Stimmen verlor.

Während im benachbarten Deutschland die CDU/CSU unter Helmut Kohl scheinbar unangefochten regierte, nahm die Schwesterpartei ÖVP zwar an der Macht teil, schien aber auf ewig zum Schicksal des Mehrheitsbeschaffers verurteilt. Der Führungsanspruch schien aussichtslos und wurde in Wahrheit auch nicht mehr gestellt. Bis Schüssel kam. Der körperlich kleine und leichtgewichtige Schüssel wurde (und wird) unterschätzt. Er meinte es ernst mit der Kanzlerschaft (damals lagen gut zehn Prozent zwischen SPÖ und ÖVP), und diese war nur durch eine Koalition mit Jörg Haiders FPÖ zu bekommen. Obwohl erst im Herbst zuvor Wahlen gewesen waren, steuerte Schüssel im Sommer 1995 vorzeitige Neuwahlen an.

In diesen Herbsttagen in Washington war die Koalition noch nicht aufgekündigt, die Verhandlungen ums Budget liefen und Österreich fragte sich, was Schüssel im Schilde führte. Noch konnte niemand recht glauben, dass er, der innerhalb der ÖVP als Liberaler galt, mit Haider eine Koalition eingehen würde. Konservative abermals als Weißwäscher und Steigbügelhalter für eine Partei, deren Führer den Nationalsozialismus verharmloste? Deren Führer Jörg Haider 1991 als Kärntner Landeshauptmann gestürzt worden war, weil er die «ordentliche Beschäftigungspolitik des Dritten Reiches» gelobt und den Vernichtungskrieg im Osten als Ermöglichung «der Demokratie in Europa, wie wir sie heute vorfinden» dargestellt hatte?

So standen wir im Holocaust-Museum und betrachteten einen kurzen Wochenschau-Film, der einen zufrieden wirkenden Hitler im Kreise von hektisch herumwuselnden Zivilisten zeigte. Schüssel zeigte auf einen hoch gewachsenen Mann im steifen Kragen: «Wer ist das?» Ich antwortete: «Das ist Franz von Papen, ein nationalkatholischer Politiker, der Hitler zur Macht verholfen hat und glaubte, ihn zähmen zu können.» Der Film stammte vom 30. Jänner 1933, von der ersten Kabinettssitzung Hitlers nach der Machtergreifung. Schüssel antwortete nur «Aha» und die Gruppe schritt weiter.

Die Episode ist symbolisch für die mangelnde Sensibilität der österreichischen Eliten im Umgang mit der Nazi-Vergangenheit. Nicht nur die Konservativen, sondern auch weite Teile der Sozialdemokratie übten und üben sich in der überaus österreichischen Kunst des Verdrängens. Würden sie sich ernstlich mit der Tatsache konfrontieren, dass rund 27 Prozent, etwa 1,2 Millionen von 5,5 Millionen Wahlberechtigten, eine Partei wählen, deren Verhältnis zum Nationalsozialismus gelinde gesagt ungeklärt ist, so müssten sie verzweifeln. So erklären sie sich – mit zum Teil durchaus schlüssigen Argumenten – diese Tatsache weg, reden sich Haider harmlos: Seine Wähler seien ja hauptsächlich Protestwähler (stimmt), laut Umfragen wollten ihn ja selbst seine Wähler mehrheitlich nicht als Kanzler (stimmt auch), die Leute wählten ihn ja überwiegend nicht wegen, sondern trotz seiner Nazi-«Ausrutscher» (stimmt auch).

Politiker wie Wolfgang Schüssel haben irgendwann einmal beschlossen, den NS-nostalgischen Teil von Haiders Weltbild einfach auszublenden oder zu einem übertriebenen Konstrukt seiner Kritiker zu erklären. Im Fall der Volkspartei kommt noch hinzu, dass sie am Waldheim-Trauma leidet. Mitte der achtziger Jahre erhob sie ihren Parteigänger Kurt Waldheim zum Kandidaten für das Amt des Bundespräsidenten – und sah sich einem Sturm der Entrüstung gegenüber. Und das alles nur, weil er einen Teil seiner Kriegsvergangenheit – freilich den heikelsten, die Jahre auf dem Balkan – verschwiegen hatte; und weil er bei seinen Wahlreden sagte, er habe in der Wehrmacht doch nur seine Pflicht getan. Was die alten Männer in Lodenmänteln und Gamsbarthüten, ÖVP-Wähler und -Funktionäre seit alters her, regelmäßig mit donnerndem Applaus quittierten.

Diese alten Nazi-Geschichten um Waldheim waren doch nur aufgebauscht (von der SPÖ und, ehschonwissen, von den «amerikanischen Ostküstenkreisen»)! So denken heute noch viele in der ÖVP und im bürgerlich-konservativen Teil der Gesellschaft überhaupt. Daher haben sie ein merkwürdig zwiespältiges Verhältnis zu Haider: Sie fürchten ihn, weil sie instinktiv spüren, dass er zwar rechts steht wie sie, aber eine junge, dynamische, ja revolutionäre Rechte verkörpert, gegen die ihr Honoratioren-Konservativismus behäbig und unattraktiv wirkt, besonders auf junge männliche Wähler, gerade auch aus der ländlichen Disco-Generation. Dennoch können sie sich mit ihm identifizieren, weil er es wagt, das Tabu zu brechen und die «Bevormundung» durch die Welt da draußen herauszufordern. Da werden seine Sprüche über die Wehrmacht als Befreiung empfunden: Endlich wagt es einer zu sagen – und bleibt (bis vor kurzem) ungestraft dafür.

Wolfgang Schüssel ist zu intelligent, um diese Ressentiments wirklich verinnerlicht zu haben. Aber auch er neigt zu der Überzeugung, dass dieses ewige «Aufkochen» der Vergangenheit doch nichts bringe. Die moralische Dimension wiegt bei ihm in diesem Fall nicht so schwer. Er ist eher ein Humanist, aber er würde das Problem von Österreichs Verhältnis zur Vergangenheit gerne abhaken, um sich den «wahren Zukunftsfragen» zu widmen. Das ist Verdrängung – die nationale österreichische Bewältigungsstrategie. Die Verdrängungskette bleibt geschlossen – bis heute. Nach dem Krieg wurde die Begeisterung so vieler Österreicher für das NS-Regime verdrängt. Dann kam – Mitte der achtziger Jahre – der Schock der Waldheim-Affäre. Zuerst löste sie eine wütende «Jetzt erst recht»-Reaktion aus, dann die Erkenntnis, dass die internationale Isolation eine Realität ist. Waldheim wurde von der eigenen ÖVP überzeugt, nicht noch einmal zu kandidieren. Aber die tieferen Ursachen des Malheurs: verdrängt.

Nur von einem nicht: Der neue Kanzler Franz Vranitzky, der erste offensive Anti-Nationalsozialist in diesem Amt (Kreisky inklusive), repräsentierte – auch durch seine Erklärung über die andauernde Verantwortung Österreichs für die Verbrechen des Nationalsozialismus – ein innerlich freieres Österreich.

Doch gleichzeitig mit Vranitzky begann der Aufstieg Haiders. Und wieder hatte Österreich etwas zu verdrängen: Der Mann machte seine Partei binnen 14 Jahren von einer Splittergruppe um die vier Prozent zur zweitgrößten Partei (wenn auch nur um 415 Stimmen stärker als die ÖVP), er gebrauchte dabei ununterbrochen Code-Worte aus dem nationalsozialistischen Fundus («Bonzen und Parasiten», «Altparteien», «Überfremdung») und verharmloste immer wieder Aspekte des Hitler-Regimes. *Nothing succeeds like success.* So entschloss sich die Österreichische Volkspartei, aber nicht nur sie, diesen Kern der politischen Persönlichkeit Haiders zu verdrängen. Wolfgang Schüssel bildet das bisher letzte Glied der historischen Verdrängungskette.

Das ist aber nur ein Teil der Wahrheit. Der andere liegt in Schüssels Bewusstsein seiner eigenen Intelligenz und seines taktischen Geschicks. Er hält sich für absolut fähig, einen Gegner wie

Haider auszuhebeln und auszutricksen. Er glaubt, dass er sich die FPÖ-Mitglieder seiner Regierung zurechtrichten kann, während Haider zwar große Töne spuckt, aber draußen bleibt – noch dazu, seit er als Parteiobmann zurückgetreten ist, um internationalen Druck von sich und seiner Partei wegzunehmen.

Schüssel ist auch ein Spieler, ein Hasardeur. Er lässt sich auf haarige politische Situationen ein in der Überzeugung, schon irgendwie als Sieger herauszukommen. Und er hatte eine scharfsinnige Analyse über das Schicksal der ÖVP angestellt: Sie war in der Koalition zum Dasein des ewigen Zweiten verdammt, der noch dazu laufend abbaute. Die Profilierungsmöglichkeiten für den Vizekanzler waren mehr als schwach, auch angesichts der Mediensituation: Der Monopolrundfunk ORF war weitgehend in der Hand der SPÖ, die «Kronen Zeitung», mit 43 Prozent Reichweite die verhältnismäßig größte Zeitung der Welt, förderte zwar fleißig Haider, hielt sich jedoch sonst immer an die Mächtigen, und das war der jeweilige sozialdemokratische Bundeskanzler.

So entschied Schüssel, sich der Meinung in der ÖVP anzuschließen, die sich auf die einfache Formel bringen ließ: «Mit den Roten gehen wir mit hundertprozentiger Sicherheit unter, mit den Freiheitlichen nur zu 50 Prozent.» Und für sich selbst entschied er, dass ein Wiederaufstieg der Österreichischen Volkspartei, die zu einem Interessenbündnis für Bauern, kleine Gewerbetreibende und Beamte abgesunken war, nur durch die Eroberung der Position des Bundeskanzlers möglich sei.

Auffällig dabei ist, dass es Schüssel vermied, die Partei über den Weg einer starken inhaltlichen Profilierung stärken zu wollen, sondern zuerst die taktische Eroberung des Kanzlerpostens suchte, um dann vom Kanzlerbonus zu profitieren.

Den sachlichen Anlass dazu lieferte ihm bei seinem ersten Anlauf 1995 die SPÖ unter Kanzler Vranitzky, die mit einem überforderten neuen Finanzminister in ein Budgetdebakel steuerte. Die fatale Neigung der österreichischen Sozialdemokraten, strukturelle Wirtschaftsprobleme durch massive Staatsschuldenausweitung zu überdecken, lieferte Schüssel das Motiv, die Partnerschaft mit der SPÖ vorzeitig aufzukündigen – ein Teil der seriösen Medien folgte ihm in seiner Argumentation. Rückblickend kann man schließen, dass es Schüssel schon im Jahre 1995 auf eine Überrumpelung seines sozialdemokratischen Partners anlegte. Wenige Tage nach der Episode im Holocaust-Museum ließ er die Budgetverhandlungen mit Vranitzky platzen – mit dem durchaus nachvollziehbaren Argument, dass die SPÖ die Staatsfinanzen aus dem Ruder laufen lasse – und im Dezember kam es zu Neuwahlen. Schüssel gelang es als Einzigem bis heute, in einer der TV-Diskussionen Haiders Herr zu werden. Doch die Tatsache, dass er es vermied, eine Koalition mit ihm auszuschließen, und, stärker noch, ein genialer Beruhigungsbrief Vranitzkys an alle Pensionisten («Die Renten werden nicht angetastet») brachte einen für Schüssel schwer enttäuschenden Wahlausgang. Die SPÖ legte wieder von 35 auf 38 Prozent zu und die ÖVP verzeichnete einen minimalen Zugewinn von 27,7 auf 28,3 Prozent. Die Haider-FPÖ, die bisher bei jeder Wahl zugelegt hatte, sank sogar leicht von 22,5 auf 21,9 Prozent ab.

Dennoch behielt Schüssel die Haider-Karte in der Hand. Sie wurde ihm aber auf überaus symptomatische Weise unmittelbar nach der Wahl durch Haider selbst aus der Hand geschlagen – es wurde bekannt, dass er schon einige Wochen vorher im Kärntner Krumpendorf eine Versammlung mit alten Waffen-SSlern als «anständige Menschen, die noch einen Charakter haben und die auch bei größtem Gegenwind zu ihren Überzeugungen stehen» gelobt hatte.

Der darauf folgende Aufruhr machte eine Koalition mit Haider unmöglich, zumal auch Bundespräsident Klestil sehr deutlich machte, dass er massiv dagegen sei. Doch mit der ihm eigenen Zähigkeit versuchte es Schüssel ein Jahr später noch einmal, auch diesmal wieder mit einem Anlass, für den man sachlich Verständnis haben konnte. Die SP-nahe «Bank Austria», Österreichs größtes Geldinstitut, vollzog mit Unterstützung des damaligen Finanzministers Viktor Klima im Dezember 1996 eine feindliche Übernahme der ÖVP-nahen «Creditanstalt» (CA). Schüssel, ins Mark getroffen wegen dieser Überrumpelung, handelte mit Haider einen Pakt aus, um diesen Deal im Parlament mit der Mehrheit von ÖVP und FPÖ zu kippen. Auf diesen – aus der Sicht der SPÖ – Koalitionsbruch hätte wohl ein fliegender Koalitionswechsel von der ÖVP zur FPÖ folgen müssen. Auch das scheiterte, weil Haider im letzten Augenblick zurückzuckte und wieder der Bundespräsident wissen ließ, er würde dem nicht zustimmen. Schüssel schloss wieder eine Koalition mit der SPÖ, die kurz darauf ihren Langzeit-Vorsitzenden und Kanzler Franz Vranitzky gegen Viktor Klima austauschte, und wartete ab.

Inzwischen waren Christlichsoziale und Sozialdemokraten schon 13 Jahre zusammen – rechnet man die gesamte Zweite Republik seit 1945, so waren davon immerhin 34 Jahre in einer so genannten großen Koalition aus diesen beiden Parteien zugebracht worden (von 1945 bis 1966 und von 1987 bis 2000).

Für diese in ganz Europa ziemlich einmalige Langzeit-Koalition gab es gute Gründe – zeitweise. In der Anfangszeit der Republik ging es darum, überhaupt die Überlebensfähigkeit des Kleinstaates zu sichern, an den nur wenige Jahre zuvor in der so genannten Ersten Republik niemand geglaubt hatte. Dazu galt es, zunächst – bis 1950 – die Gefahr einer kommunistischen Machtübernahme zumindest in Ostösterreich abzuwehren und die Landeseinheit zu erhalten. Daher die große Koalition.

Aber der heimliche Daseinsgrund des Zusammenschlusses von Parteien, die 1934 noch aufeinander geschossen hatten, war das Wissen um das Vorhandensein eines «dritten Lagers», einer dritten großen Gruppierung – der ehemaligen Nazis und Deutschnationalen. Sie durften in den ersten Nachkriegsjahren nicht wählen, durften sich auch sonst nicht politisch betätigen und mussten sich mehr oder minder still verhalten. Aber sie waren da, sie hatten ihre geistige Prägung nicht oder kaum abgelegt, und sie waren zahlreich.

Sozialdemokraten wie Christdemokraten bemühten sich um sie, versuchten, teils recht erfolgreich, die «Versöhnung». Gerade die Sozialdemokraten kannten da wenig Hemmungen, denn ihnen saß noch ein Schock in den Gliedern: Ausgerechnet die Arbeiterschaft war massenhaft zur NSDAP übergelaufen – teils schon nach 1934, nach dem Verbot der SPÖ durch das christlichsoziale Ständestaatsregime, dann nach 1938, als die Nazis mit ihrer forcierten Rüstungsindustrie die Arbeitslosigkeit beseitigten.

Das waren die Jahre, in denen Jörg Haiders Eltern, beide überzeugte Nationalsozialisten, die «ordentliche Beschäftigungspolitik des Dritten Reichs» positiv erlebten. Das waren auch die Jahre, in denen Österreich überhaupt eine Schwerindustrie erhielt: Die späteren Hochburgen der Sozialisten in der verstaatlichten Industrie gehen alle auf Rüstungsbetriebe der NS-Zeit zurück. Die Voest in Linz wurde als «Hermann Göring Werke» gegründet.

SPÖ und ÖVP klammerten sich also auch deswegen so aneinander, weil sie um das Vorhandensein einer unterirdischen NS-Mentalität bei so vielen wussten. Das durfte sich nicht in nennenswerter Form wieder organisieren können, auch deswegen überzogen Sozialdemokraten und Christlichsoziale das Land mit einem dichten Netz von Patronage. Die Geschichte der österreichischen Nachkriegszeit ist auch eine Geschichte des Versuchs der beiden Großparteien, die nationalsozialistische Mentalität im Lande in Schach zu halten. Sozialdemokraten und Christdemokraten wählten dazu nicht etwa das Modell einer liberalen Demokratie nach westlichem oder genauer angelsächsischem Muster. Sie verzichteten bewusst auf die «offene Gesellschaft» des emigrierten österreichischen Philosophen Sir Karl Popper. Sie bauten im Gegenteil ein geschlossenes System von Abhängigkeiten und Fürsorge auf, das anfangs auch durchaus erfolgreich war: Die so genannte Sozialpartnerschaft, ein jahrzehntelanges «Bündnis für Arbeit» der

Arbeitgeber- und Arbeitnehmerverbände, regelte unter wohlwollender, aber nicht sehr aktiver Teilnahme der Regierung Löhne und Preise, den Zugang zu Berufen und zum selbständigen Unternehmertum und errichtete den ausgefeiltesten, aber auch teuersten Sozialstaat Europas.

Die beiden beherrschenden Parteien schlossen nicht nur miteinander einen Pakt über die Aufteilung von Machtpositionen in Staat, Verwaltung und Wirtschaft – die berühmten zwei Putzfrauen, eine «rot», eine «schwarz»; sie hatten auch mit den Wählern ein Abkommen: Wir sichern euch Arbeitsplätze – in der verstaatlichten Industrie, in der aufgeblähten Bürokratie –, wir teilen euch üppige Sozialleistungen und Sozialwohnungen zu, aber dafür gebt ihr eure politische Selbstbestimmung, eure Eigeninitiative bei uns ab. Ihr dürft zwar wählen, so alle vier Jahre, aber den Rest erledigen wir.

Die weltpolitische Situation begünstigte diese Entwicklung. Österreich war neutral, hatte exzellente Beziehungen zur Sowjetunion und einen umfangreichen Osthandel, war aber politisch vordergründig im Westen verankert, mit stillen Sicherheitsgarantien der Nato. Das österreichische Wirtschaftswunder basierte, vereinfacht gesagt, darauf, dass der Stahl für die deutsche Autoindustrie in derselben Qualität hergestellt wurde wie in Deutschland selbst, aber zu um zehn Prozent billigeren Löhnen. Österreich prosperierte in einer windgeschützten Ecke der Weltgeschichte – daher wurde im kollektiven Bewusstsein Isolation und Abgeschottetsein mit Erfolg gleichgesetzt und entsprechend hoch bewertet. Die Staatsidee der Neutralität wurde als herrliches In-Ruhe-gelassen-werden interpretiert, vor allem nach den Turbulenzen in der ersten Hälfte des 20. Jahrhunderts.

Es war die beste aller Welten, aber sie machte selbstzufrieden, allergisch gegen jede Veränderung und sie ruhte auf dem Fundament einer unaufgearbeiteten Vergangenheit. Für die konservativen Eliten des Landes, aber auch für die aufkeimenden alternativ-liberalen Strömungen wurde die Situation aber trotz des

Gesamterfolges Österreichs zusehends unerträglich, denn im Laufe der Zeit war das Gleichgewicht zwischen den beiden «staatstragenden» Parteien verloren gegangen und einer sozialdemokratischen Hegemonie gewichen. Die SPÖ stellte 30 Jahre lang, von 1970 bis 2000, den Bundeskanzler. Ihr Einfluss im riesigen Sozialversicherungskomplex, in der allerdings teilprivatisierten verstaatlichten Industrie, in der Verwaltung, der reichlich mit Subventionen bedachten Kultur inklusive ORF erschien vielen unerträglich.

Freilich: Der Unmut in jüngerer Zeit über die «schwarz-rote Packelei» (Austriazismus für Kungelei), über den Proporz und über die Allmacht der Bonzen, der Haider seine politischen Erfolge ermöglicht hat, entspringt ja zum Großteil gar nicht einem Wunsch nach mehr Selbstbestimmung, nach Offenheit und einem Ausbruch aus dem System. Er ist eher die übellaunige Reaktion darauf, dass das System, oder die «Altparteien», wie Haider sie nennt, nicht mehr in der Lage sind, *goodies* zu verteilen.

Es ist nämlich kein Geld mehr da. Weder für eine weitere Aufblähung des öffentlichen Sektors (rund 70 Prozent aller Hochschulabsolventen gehen in den Staatsdienst, der öffentliche Dienst macht insgesamt 22 Prozent der Beschäftigten aus, ein europäischer Rekordwert), noch für eine «Arbeitsplatzpolitik» a la Kreisky («Schulden sind mir lieber als Arbeitslose»). Die Globalisierung und der Siegeszug eines gemäßigten Neoliberalismus auch in Europa tut ein Übriges: Die Österreicher fühlen sich verlassen und laufen einem zu, der ihnen die Ausweitung des Sozialstaates verspricht – rund 6.000 Schilling monatlich für jedes Kind bis zum sechsten Lebensjahr – und dazu ein diffuses «Aufräumen» und «Ordnung machen». Mit der praktischen Verdoppelung des Anteils der ausländischen Wohnbevölkerung auf rund neun Prozent im Gefolge des Zusammenbruchs des Kommunismus in Osteuropa und der jugoslawischen Sezessionskriege kam ein drittes, schwer wiegendes Motiv dazu: die «Ausländer».

Es schien Zeit für eine Wende. Nur kam sie anders als gedacht und anders als im Sinne einer Weiterentwicklung zur liberalen Demokratie. Österreich wählte als Alternative einen weit rechts außen stehenden Populisten mit einem autoritären Programm und regelmäßig wiederholten Rückverweisen auf positive Aspekte des Nationalsozialismus. Österreich wählte am 3. Oktober 1999 Jörg Haider und machte die FPÖ mit 27 Prozent zur zweitstärksten Partei. Ermöglicht wurde das unter anderem durch einen vorhergegangenen Wahltriumph in Haiders Kärnten und seine darauf folgende Reinwaschung durch SPÖ und ÖVP. Haider errang bei Landtagswahlen im März 42 Prozent. Dennoch wären SPÖ und ÖVP stark genug gewesen, um im Landtag seine Wahl zum Landeshauptmann zu verhindern. Sie wagten es nicht, machten ihn, der acht Jahre zuvor wegen seines «Beschäftigungspolitik»-Sagers abgewählt worden war, erneut zum Landeshauptmann und legitimierten ihn damit auch bundesweit. Zur bundesweiten Wahl im Oktober konnte er somit unbelastet antreten, es gab für viele keinen Grund mehr, sich nicht zu ihm zu bekennen. Und es gab für Schüssel keinen ursächlichen Grund mehr, nicht mit Haider einen Pakt zu schließen. Es ging jetzt nur noch darum, Haider zu einem öffentlichen Widerruf seiner «Ausrutscher» zu bewegen, um ihn fit für eine Koalition mit der FPÖ zu machen. Schüssel verlangte eine klare Distanzierung Haiders von seiner NS-Nostalgie und von seinem Anti-EU-, Anti-Euro-, Anti-Osterweiterungs-Kurs.

Was er am 12. November 1999 bekam, war eine «Meinetwegen»-Entschuldigung Haiders für «Äußerungen, die mir zugeordnet wurden». Für Schüssel hat das, wie sich später herausstellte, durchaus gereicht. Aber was ist der Kern von Haiders politischer Persönlichkeit? Haben 1,2 Millionen Österreicher am 3. Oktober eine Nazi-Partei gewählt? Sind diese 1,2 Millionen alle Nazis? Ist Haider ein Nazi? Ist Österreich insgesamt ein Nazi-Land? Haider ist selbstverständlich kein Nationalsozialist im klassischen Sinn. Aber er spricht oft wie einer. Er ist geprägt von nationalsozialistischem Gedankengut, das er von seinem Elternhaus und seiner Umgebung in seiner Jugend erhalten hat. Wenn er sagt, das Dritte Reich habe eine «ordentliche Beschäftigungspolitik gemacht» oder die alten Waffen-SS-Mitglieder seien «anständige Leute, die auch im Gegenwind zu ihrer Überzeugung stehen», so glaubt er das wohl wirklich.

Selbstverständlich würde er heute keine Konzentrationslager einrichten oder die Juden verfolgen (den Antisemitismus seiner Jugend dürfte er wirklich überwunden haben, er sucht sogar auf teils lächerliche Weise die Anerkennung jüdischer Organisationen; ein amerikanischer Österreich-Kenner führt das darauf zurück, dass er die Legende von der Macht des Weltjudentums verinnerlicht hat und sich eben deshalb gut stellen möchte). Aber von Haiders nationalsozialistischer Prägung ist genug übrig geblieben, um ein autoritäres, «völkisches» und daher fremdenfeindliches und in Teilen rechtsextremistisches Politikmodell zu bilden.

Man kommt um das Faktum nicht herum: Die Österreicher haben die FPÖ zur größten und erfolgreichsten Rechtsaußen-Partei Europas gemacht. Europaweite Umfragen zeigen, dass Österreich nicht rassistischer und ausländerfeindlicher ist als andere Länder (anders dürfte es sich mit dem Antisemitismus verhalten: Bis zu einem Drittel der Österreicher zeigen bei Umfragen mehr oder minder antisemitische Haltungen). Aber nur Österreich hat eine Partei mit rassistischen und ausländerfeindlichen Parolen zur 27-Prozent-Partei gemacht.

Woher dieser politische Erfolg? Sind so viele Österreicher für Nazi-Gedankengut anfällig? Selbstverständlich sind auch die 1,2 Millionen Haider-Wähler zum allergrößten Teil keine klassischen Nationalsozialisten oder auch Rechtsextremisten. Aber die nationalsozialistischen Untertöne in seiner Rhetorik und in seinem Denken stören sie nicht – oder sie erkennen sie nicht.

Das ist eine Folge der Tatsache, dass wir uns im Gegensatz zu Deutschland sehr lange eine echte Auseinandersetzung mit der nationalsozialistischen Vergangenheit erspart haben – und dass sie uns erspart wurde.

Obwohl der Nationalsozialismus hier sehr viele Anhänger hatte (es gab rund 600 000 Parteimitglieder, prozentuell mehr als in Deutschland), wurde Österreich von den Alliierten als «erstes Opfer Hitlers» eingestuft. Dies benutzten auch die regierenden Parteien der Nachkriegszeit, die Sozialisten und die Christdemokraten, die in einer Koalition vereint waren, um sich vor der geistigen und auch materiellen Verantwortung für das Verhalten der Österreicher zwischen 1938 und 1945 zu drücken. Österreich zahlte keine «Wiedergutmachung» (denn es hatte ja nicht existiert), und auch die Rückgabe und die Entschädigung für das geraubte jüdische Vermögen wurde nur unvollständig, zögernd und mit bürokratischen Schikanen durchgeführt. Es gibt ein berühmtes Zitat eines sozialdemokratischen Ministers aus einer Kabinettssitzung in den fünfziger Jahren: Man möge «die Sache in die Länge ziehen». Die Republik hat erst dieses Jahr einen großen Kunstschatz an einen Zweig der Familie Rothschild zurückgegeben. Die Kunstwerke wurden zunächst von den Nazis geraubt; ein Teil mußte aber nach 1945 der Republik «geschenkt» werden, damit der Rest des Vermögens außer Landes gebracht werden durfte. Um einige von Gustav Klimts Hauptwerken, prachtvolle Frauenporträts, Schlüsselwerke des Jugendstils, die in der «Österreichischen Galerie» im Wiener Belvedere von hunderttausenden Touristen bewundert wurden, streiten heute die Erben mit der Republik Österreich.

Die christdemokratischen und sozialistischen Politiker, die sich um den Aufbau des Landes sehr verdient gemacht hatten, waren leider ebenfalls fast alle Antisemiten – aus ihrer Erziehung heraus. Bruno Kreisky selbst pflegte zu erzählen, dass es ihm gar nicht leicht gemacht wurde – auch von den eigenen Genossen –, nach dem Krieg wieder nach Österreich zurückzukehren. Er bekam dann einen diplomatischen Posten als Berater des Bundespräsidenten Theodor Körner (der übrigens 1953 mit seinem Veto eine

Koalition der ÖVP mit dem VdU, Auffangorganisation für Ex-Nazis und Vorläuferpartei der FPÖ, verhinderte). Dort pflegte ihn der sozialdemokratische Innenminister Oskar Helmer anzurufen und zu sich zu bestellen: «Kumm umma, Juderl!».

Aus diesen Gründen wurde nach dem Krieg sehr lange eine geistige Auseinandersetzung mit der Rolle der Österreicher im Nationalsozialismus unterlassen: Wir waren ja «Opfer», die Alliierten hatten es uns ja bestätigt. Dass wir auch Täter waren, wurde lange verdrängt (die Österreicher sind große Verdränger). Im Gegensatz zu Deutschland gab es also sehr lange keine wirkliche geistige Auseinandersetzung mit dem Nationalsozialismus.

Eine in Wahrheit unheilvolle Rolle spielte dabei Bruno Kreisky. Der große sozialdemokratische Politiker betrieb eine Politik der «Versöhnung gegenüber den alten Nationalsozialisten. Der Aufstieg Kreiskys war ohne die Unterstützung der damaligen FPÖ, deren Parteivorsitzender ein ehemaliger SS-Mann war, gar nicht möglich: Sie stützte 1970 Kreiskys Minderheitsregierung im Parlament. An Kreisky zeigt sich das österreichische Paradox: Der jüdische Politiker erreichte danach bei Wahlen dreimal die absolute Mehrheit. Das wäre ohne die Stimmen der «Ehemaligen» gar nicht möglich gewesen.

Für Kreisky war die Tatsache, dass die Österreicher ihn wählten, «Vergangenheitsbewältigung» genug. Er ließ seinen Justizminister reihenweise Kriegsverbrecherverfahren einstellen und hielt seine schützende Hand über den FPÖ-Chef Friedrich Peter, als Simon Wiesenthal dessen Vergangenheit bei einer SS-Brigade aufdeckte, die in Russland beim Judenmord eingesetzt war. Aus dieser Zeit ist ein politisches Bewusstsein in Österreich übrig geblieben: Wir müssen uns nicht mit unserer Vergangenheit beschäftigen, der Jude Kreisky hat uns die Absolution gegeben.

Erst mit dem Fall Waldheim und mit dem 50. Jahrestag des «Anschlusses» von 1938 begann eine neue Generation (auch von Journalisten) mit einer ernstlichen Diskussion. Aber das öffentliche Bewusstsein beharrte großteils auf der Verdrängung – unterstützt durch die bei weitem größte Zeitung des Landes, die «Kronen Zeitung» (die eine Auflage von einer Million hat – bei 7,5 Millionen Einwohnern). In der «Krone» konnten Artikel eines sehr populären Kolumnisten erscheinen, in denen die Vergasung der Juden verharmlost und mit dem Schicksal der deutschen Kriegsgefangenen in Russland gleichgesetzt wurde.

Kurzum: Sehr viele Österreicher verstehen die Aufregung nicht, wenn Haider die «Beschäftigungspolitik des Dritten Reiches» lobt. In Deutschland wäre Haider nach einem Ausspruch wie diesem aus der Politik verschwunden – für immer.

Sie verstehen auch nicht, dass die EU so allergisch auf die Regierungsbeteiligung einer solchen Partei reagiert. Der österreichische EU-Kommissar Franz Fischler traf den Punkt: «Die Österreicher wissen nicht, welches Tabu sie gebrochen haben, und sie verstehen es auch nicht.» Er sagte damit nichts anderes, als dass auch Wolfgang Schüssel es nicht verstanden hat. Haider wird nicht als der systemsprengende Politiker erkannt, der er ist. Das ist aber nur die eine Ursache für seinen Erfolg. Eine andere ist freilich die geringe Neigung der Österreicher zu liberalen Ideen, zu (Welt-)Offenheit, ja zur Marktwirtschaft. Das höchste Gut für die allermeisten Österreicher ist Sicherheit. Sicherer Arbeitsplatz, sichere Umwelt, sichere Verhältnisse. In jeder Meinungsumfrage steht «Sicherheit» ganz oben, Werte wie «Wettbewerb» oder «Unternehmergeist» stehen hingegen weit unten.

Auch das ist historisch erklärbar: Die Monarchie war ein Beamten- und Bauernstaat, der noch dazu einen abgeschlossenen «gemeinsamen Markt» bildete. Das Berufsideal war und ist der abgesicherte Beamte – bis heute. Der öffentliche Dienst macht 22 Prozent der Beschäftigten aus – ein Europarekord. Seit 1945 existiert zwar eine Art Marktwirtschaft, aber sie war reduziert, eingeengt, gefesselt durch den hohen Anteil an Staatswirtschaft, durch die vielen Vorschriften und durch die so genannten «Sozialpartner». Gewerkschaften und Unternehmervertreter arbeiten zusammen, um möglichst wenig freien Wettbewerb zuzulassen.

Politischer Liberalismus ist oft eine Folge von wirtschaftlichem Liberalismus. Länder wie Holland, die immer schon auf den Welthandel angewiesen waren, haben eine viel größere liberale Tradition. Österreich ist zwar ein sehr reiches Land, nach verschiedenen Statistiken das dritt- oder viertreichste in der EU – aber es gibt nicht sehr viele reiche Leute. Wir sind ein Hochsteuer- und Umverteilungsstaat. Die Menschen haben lieber hohe Steuern und Sozialabgaben und dafür ein sehr aufwendiges Gesundheitssystem, das alle Risiken abdeckt, als niedrige Steuern und private Krankenversicherungen. Wohlhabend sein ist auch kein politisches Leitbild, «Geschäfte machen» ist fast ein Schimpfwort. In diesem Klima entstand in den letzten Jahren eine typisch österreichische Ambivalenz: Die Österreicher erwarten alles vom Staat und den Politikern, aber sie nehmen es den Politikern übel.

Das hat sich in den letzten Jahren aus zwei Gründen verstärkt: Erstens haben die EU und die Globalisierung die alten Sicherheiten erschüttert. Zweitens haben die Sozialdemokraten und die Christdemokraten so lange regiert und sich als so reformunfähig erwiesen, dass ein Überdruss mit dem alten System und eine Sehnsucht nach etwas Neuem, irgendetwas Neuem, entstanden ist.

Der Beitritt zur EU wurde in einer Volksabstimmung mit einem Rekordwert von 66 Prozent bejaht. Für die Konsumenten hat sich die EU in einem starken Rückgang der Preise für Nahrungsmittel, Elektronik, Textilien, Telefon- und Stromkosten ausgewirkt. Das ist die Folge des verstärkten Wettbewerbs. Gleichzeitig hat dieser Wettbewerb – und die Globalisierung – etliche Arbeitsplätze in vorher geschützten Bereichen gekostet. Überdies mussten in den letzten Jahren zwei Belastungspakete für die Bevölkerung geschnürt werden, weil sonst die Schulden zu groß geworden und die Teilnahme am Euro nicht gelungen wäre. Österreichs Wohlstand ist nämlich zum Teil ein Wohlstand auf Schulden, herbeigeführt schon unter Kreisky. Österreich kann keine weiteren Schulden machen, sondern muss im Gegenteil versuchen, die Maastricht-Kriterien einzuhalten.

Die klassischen Arbeiter sind die größten Verlierer sowohl durch die EU als auch die Globalisierung. Der verschärfte Wettbewerb trifft sie voll. Und Haider verspricht ihnen den besseren Sozialismus. Genauer: Er bietet ihnen nationalen Sozialismus. Es soll ein monatliches Kinderbetreuungsgeld geben – aber nur für «inländische» Mütter. Er verspricht den Arbeitern, ihre Jobs durch Abschottung gegen das Ausland (die EU, Importe aus der Dritten Welt) zu schützen – und vor allem durch Abschottung gegen «die Ausländer» und seinen Kampf gegen die Erweiterung der EU.

Neben EU und Globalisierung stört die Wende des Jahres 1989 die Ruhe und das Sicherheitsbedürfnis der Österreicher. Die Ungarn, Polen, Rumänen und Tschechen, die danach hereinkamen, sind zum allergrößten Teil wieder zurückgekehrt. Geblieben sind 70000 Bosnier, die als Flüchtlinge aufgenommen und integriert wurden. Gegenwärtig leben in Österreich rund 750000 Ausländer, rund zehn Prozent der Bevölkerung. Davon wiederum sind rund 90 Prozent «Tschuschen», ein Schimpfwort für (Ex-)Jugoslawen und Türken. In Wien ist der Anteil natürlich wesentlich höher – aber die Ablehnung von Ausländern ist in jenen ländlichen Gegenden wesentlich stärker, wo kaum Ausländer leben. Im Gegensatz zu Deutschland brennen in Österreich keine Asylantenheime, werden keine Schwarzen und Asiaten von Skinheads totgetreten (es gibt allerdings Polizeiübergriffe). Die Österreicher wählen dafür Haider, der verspricht, die Ausländerkinder in den Schulen von den «echten Österreichern» zu trennen, selbst wenn sie genauso gut oder besser hochdeutsch sprechen, und dem die «Null-Zuwanderung», die eine eilfertige SPÖ praktisch durchgeführt hat, nicht genügt, sondern der eine «Minus»-Zuwanderung (praktisch Deportation) will.

Haben die Österreicher so große Angst vor den «Ausländern»? Die Antwort ist ein schlichtes «Ja». Österreich ist ein überaltertes Land, ein Viertel der Bevölkerung ist in der Rente. Die Alten, die in den Parks sitzen, sehen die vielen fremden Kinder, ihre Mütter mit den Kopftüchern. Sie fühlen sich «überfremdet».

Das ist ein menschliches Urgefühl, gegen das man nur mit sehr großem Aufwand etwas machen kann. Die Regierungsparteien, vor allem die Sozialdemokraten, haben gar nichts getan, außer Haider hilflos nachzuahmen. Es hat nichts genutzt, die Menschen haben gleich das Original statt der Kopie gewählt. Und jene SPÖ-Sympathisanten, die human denken, wählten die Grünen. Es gibt auch noch andere Oppositionsparteien – die Grünen, die bei den Wahlen mit sieben Prozent einen schönen Erfolg einfuhren, und die Liberalen, die bezeichnenderweise aus dem Parlament geflogen sind. Aber Opposition, «richtige» Opposition, macht nur Haider. Er ist so scharf und aggressiv und polemisch, wie es der Österreicher – und vor allem der Wiener – gerne hat. Er sieht gut aus, ist intelligent, sehr geistesgegenwärtig und verfügt über einen etwas primitiven, aber treffenden Witz.

Es gelang ihm, die Wut der Bevölkerung, der es gar nicht so schlecht geht, umzulenken auf die Regierenden. Wobei die wahren Privilegieninhaber ja nicht an der Regierungsspitze sitzen, sondern in der zweiten und dritten Reihe. Dort haben sich die Apparatschiks seit Jahrzehnten eingenistet, haben Privilegien angesammelt, dort ist die Korruption und die Machtversessenheit angesiedelt. Dort beziehen Funktionäre drei bis vier Gehälter, werden die Bürger wie Bittsteller und Untertanen behandelt. Ein Volk, dessen Vorstellung vom Glück ist, möglichst früh in die Rente zu gehen, ist voll Wut über die Pensionsprivilegien von Funktionären der Sozialversicherung.

Haider hat kein zusammenhängendes wirtschafts- und sozialpolitisches Konzept. Seine Reformvorhaben beschränken sich auf eine Politik der Symbole. Er würde die Sozialversicherungen nicht grundsätzlich reformieren (was dringend notwendig ist), sondern 100 Direktoren hinauswerfen.

Die «Altparteien» (Haider) haben es verabsäumt, sich selbst an die Spitze der Reformwelle zu setzen, die ohnehin kommt – herbeigeführt durch EU und Globalisierung und durch die Erweiterung der EU. Die Menschen erlebten die Härten des Wandels, aber sie sahen nur Regierende, die sich ängstlich ducken.

Der Erfolg Haiders ist mit Sicherheit auch ein Versagen der alten Eliten. Der Schriftsteller Robert Menasse argumentiert (zuletzt in einem großen Aufsatz in der «Frankfurter Allgemeinen»), Haider sei ja nicht die Antithese der Sozialdemokraten und Christdemokraten, die den Staat seit 1945 unter sich aufteilten, sondern deren Übertreiber und Zuspitzer: Sein autoritäres Modell sei ja nur nur die Weiterführung der erstickenden, undemokratischen Umklammerung eines Parteien- und Verbändestaates. Dass Menasse dabei besonders die SPÖ überaus harsch kritisiert, mag mit der Enttäuschung des ehemaligen Linken zu tun haben. Er weist aber richtig auf die fundamentale Fehlentwicklung hin, die der Fall Haider in der politischen Kultur Österreichs darstellt: Der Ausbruch aus dem erstarrten und weitgehend funktionsunfähig gewordenen System (Verbände- und Parteienstaat, Sozialpartnerschaft) mündet nicht in ein Modell nach dem Vorbild westlicher liberaler Demokratien – mehr Offenheit, Dialog, Wettbewerb, größere individuelle Freiheit –, sondern kehrt schnurstracks zu einem autoritären, plebiszitär unterfütterten Modell der Vergangenheit zurück.

Allerdings übersieht Menasse dabei, dass Haiders innerster politischer Impetus die Überwindung von Österreichs demokratischem Nachkriegssystem ist. Es geht ihm auf persönlicher Ebene, wie die kritische Biographin Christa Zöchling herausgearbeitet hat, um die Rechtfertigung seiner Eltern, so genannter «anständiger» Nationalsozialisten.

Aber auf höherer politischer Ebene geht es Haider darum, den Gründungsparteien von 1945 überhaupt die Legitimität abzusprechen. In einer Rede zum Nationalfeiertag 1993 (den er «Staatsfeiertag» nannte) bezeichnete er SPÖ und ÖVP als «Lizenzparteien von 1945» der Besatzungsmächte und stellte implizit die FPÖ – Nachfolgerin einer «Ehemaligen»-Partei – als die wahre österreichische Partei hin. Daran knüpft sich sein Konzept einer «Dritten Republik», die, schlagwortartig zusammengefasst, statt der repräsentativen Demokratie («ist überholt») ein präsidiales Regime mit schwachem Parlament und starken plebiszitären Elementen ist.

Manchen konservativen Eliten in Österreich mag dieser ideologische Überbau durchaus sympathisch sein, ein Mann wie Schüssel kann damit sicher nichts anfangen. Das Problem ist allerdings, dass er diese Tiefendimension in Haiders Konzeption nicht zur Kenntnis oder nicht ernst nimmt, teils auch deshalb, weil Haider in seiner Sprunghaftigkeit und in seiner Lebenshaltung genug bizarre und «unernste» Elemente zeigt. Der Mann wirkt einfach nicht wie ein kalt kalkulierender Umstürzler. Im Gegenteil: Er hat einen deutlich anarchistischen, selbstdestruktiven Zug.

Dennoch glaubten die österreichischen Konservativen aller Parteien (es gibt genug «rechte» Sozialdemokraten) bis vor kurzem, es sei ganz gut, dass es ihn gäbe. Sozusagen als Korrektiv. Deshalb rief besonders die «Basis» der ÖVP immer stärker nach einem Arrangement mit der FPÖ. Sie waren es leid, von den «Roten» gedemütigt zu werden, sie verlangten nach einer «anti-sozialistischen» Koalition, obwohl sie sich in ihrem wirtschaftlichen Strukturkonservativismus mit den betonköpfigsten sozialdemokratischen Gewerkschaftern einig waren. Sie hatten einfach genug von dieser Koalition.

Ob Wolfgang Schüssel den Pakt mit Haider schon seit langem als eigentliches Ziel ins Auge gefasst hatte, ist ungewiss. Seine Frustration mit «den Roten», besonders mit dem Kanzler Viktor Klima, den er für intellektuell weit unter ihm stehend erachtete, war ebenfalls schon sehr groß. Aber Schüssel dachte wohl eher in Alternativen. Er hielt sich so lange wie möglich beide Möglichkeiten offen – Fortführung der alten rot-schwarzen Koalition und ein Zusammengehen mit Haider. Tatsächlich gab es Mitte Jänner die Verkündigung eines neuen rot-schwarzen Koalitionspaktes. Am selben Abend hieß es aber, noch sei nichts fix – die SPÖ müsse zuerst zwei Bedingungen erfüllen: Herausgabe des Amtes des Finanzministers und die Unterschrift eines mächtigen Gewerkschafters unter den neuen Koalitionspakt. Die Gewerkschafter hatten nämlich bereits deutlich gemacht, dass sie die Reformen im Pensionssystem nicht mittragen würden.

Wieder hatte Schüssel einen sachlich zumindest plausiblen Grund, um den Vertrag mit den Sozialdemokraten platzen zu lassen. In seiner eigenen Partei fehlte es nicht an Stimmen, die vor einem Zusammengehen mit dem unberechenbaren und international geächteten Haider warnten. Aber letztlich überwog das Gefühl, dass sich die Koalition mit den Sozialdemokraten erschöpft hatte. Die ÖVP hätte nun in Opposition gehen können, wie Schüssel es ja ursprünglich nach dem Wahlausgang angekündigt hatte – das hätte aber wohl Neuwahlen und einen Triumph Haiders bedeutet. So fand Schüssel die Lösung, den äußerst widerstrebenden Bundespräsidenten, der über die zu erwartende internationale Reaktion intensiv vorgewarnt war, dazu zu bringen, eine Präambel zum Koalitionspakt zu formulieren, in der die neue Regierung das Selbstverständliche einzuhalten versprach: Achtung der Menschenrechte, keine Ausländerfeindlichkeit, Fortführung des EU-Kurses, Ablehnung des Nationalsozialismus. Schüssel und Haider unterschrieben dieses einzigartige Dokument, der Bundespräsident ebenfalls, sozusagen als Zeuge. Eine österreichische Regierung, geführt von einem Christlichsozialen, erklärte im Jahr 2000, sie habe mit dem Nationalsozialismus nichts im Sinn. Das muss man sich auf der Zunge zergehen lassen.

Genutzt hat es nichts. Die vehemente Ablehnung durch die EU-14 lässt sich nicht als eine Verschwörung der «Sozialistischen Internationale» wegerklären, wie es die ÖVP anfangs versuchte. Die schärfsten Kritiker sind die Konservativen Chirac und Aznar sowie die rechtsliberale Regierung Belgiens. In ihren Augen haben Schüssel und die ÖVP den unverzeihlichsten aller Fehler gemacht, ja sie haben nach den Worten des französischen Philosophen Bernard-Henri Lévy gegen das Gesetz der Geschichte Europas verstoßen: «Wo die Konservativen klein beigeben, bricht der Faschismus durch.»

Wolfgang Schüssel ist ein traditioneller Konservativer, der Rechtsaußen die Tür geöffnet hat. Daran kommt er nicht vorbei und das schränkt seine Handlungsfähigkeit in Europa entscheidend ein. Die ÖVP schätzt an ihm vorläufig noch, dass er ihr den Kanzlerposten gebracht hat, und ist außerdem von seiner Zähigkeit und seinem taktischen Geschick beeindruckt. Innerösterreichisch hängt das Schicksal der Regierung einerseits von der Performance der teilweise schwer überforderten FPÖ-Regierungsmitglieder ab, in der Hauptsache aber von einem Jörg Haider, dem das selbst auferlegte Exil in Kärnten sehr bald langweilig werden wird. Überdies hat der Populist Haider bereits in der kurzen bisherigen Regierungszeit der Koalition erkennen lassen, dass er notwendige, aber für seine Klientel des «kleinen Mannes» schmerzhafte Reformen nicht so ohne weiteres dulden wird. Die schwerste Bewährungsprobe für diese Regierung kommt vermutlich im Herbst 2000, wenn ein echtes Belastungsbudget beschlossen werden muss, um Österreich den Status eines Maastricht-konformen Landes mit finanzieller Stabilität zu erhalten.

Österreich ist ein kleines Land mit der überraschenden Fähigkeit, einen Stein ins Wasser zu werfen, der europäische Wellen schlägt. Man muss nicht so weit gehen wie die «Financial Times», die zu Haider anmerkte, Österreich habe im letzten Jahrhundert für zwei «nasty surprises» – die Mit-Auslösung des Ersten Weltkrieges und die Formung von Adolf Hitler – gesorgt; aber österreichische politische Entwicklungen beeinflussten auch nach dem Zweiten Weltkrieg die europäische Geschichte: Das neutrale, wohlhabende Österreich war eine Zeit lang ein Schaufenster für das kommunistische Osteuropa. Beim Massenexodus der DDR-Bürger über Ungarn nach Österreich und Deutschland, der dann die Öffnung der Mauer auslöste, spielte Österreich eine diskret unterstützende Rolle: Die Ungarn wussten, dass die DDR-Bürger nicht an der Grenze abgewiesen und nach Ungarn zurückgeschickt werden würden. Österreich, oder vielmehr der damalige ÖVP-Außenminister Alois Mock, leisteten in der EU Überzeugungsarbeit, dass die Auflösung Jugoslawiens unvermeidlich war.

Heute dient Österreich als Anlass für die erste Entscheidung innerhalb der EU, in die Innenpolitik eines Mitgliedsstaates massiv einzugreifen. Am Fall Österreich wurde europäische Innenpolitik gemacht – weil die Ängste der Deutschen, Franzosen, Belgier, Spanier und anderer so stark waren, dass eine entstehende Neue Rechte durch eine Regierungsbeteiligung legitimiert wird. Die Frage ist nicht, ob Schüssel über diese Ängste eindrücklich und zeitgerecht genug gewarnt wurde. Er wurde es. Aber er hat es verdrängt.

Österreich hat Europa wieder eine böse Überraschung bereitet, eine viel kleinere allerdings. Umgekehrt haben die EU-14 Österreich mit ihren Maßnahmen einen gewissen Gefallen getan: Haider kann nun kaum mehr Kanzler werden, selbst wenn seine Partei beim nächsten Mal stimmenstärkste sein sollte (was keineswegs gesichert ist). Die Österreicher sind pragmatisch: Bei Waldheim riefen sie zuerst: «Jetzt erst recht!», um ihn dann in seiner Isolation sachte fallen zu lassen. Sie verstehen zwar nicht, warum die EU ein bisserl NS-Nostalgie bei Haider so ernst nimmt, aber echte Schwierigkeiten wollen sie sich wegen ihm nicht einhandeln. Gut möglich, dass Haider aus dem österreichischen Kessel ausbricht und – schon aus Langeweile über das Dasein eines Provinzfürsten – die Gegenoffensive in die EU trägt, konkret: eine Freiheitliche Partei in Deutschland gründet. Ob ihm das gut bekommt, in jeder Hinsicht, muss offen bleiben.

Die österreichische Sozialdemokratie hat jetzt Gelegenheit, die Wende zu einem Sozialliberalismus a la Blair-Schröder-Jospin nachzuholen, die sie noch zu ihrer Regierungszeit hätte vollziehen sollen. Die Grünen können erwachsen werden, wie ihre deutschen Kollegen. Sowohl für die ÖVP wie für die FPÖ besteht Spaltungsgefahr: Wenn Haider es zu arg treibt, wird der liberale

Flügel der Volkspartei rebellieren; oder wenn sich das (schwache) gemäßigte Element innerhalb der FPÖ regt, wird Haider es zerstören und damit aber auch die Regierung gefährden.

In jedem Fall wird der Punkt kommen, wo der traditionelle Konservative Schüssel wirklich beweisen muss, ob er den rechten Revolutionär Haider tatsächlich «domestizieren» und damit die Situation «normalisieren» kann.

Österreich wird wieder zum europäischen Testfall, zum Kleinlabor. Schüssel ist kein Papen und Haider ist kein Hitler, aber es bleibt unwahrscheinlich, dass eine alte Rechte die neue Rechte erfolgreich «einrahmen» (Papen) kann. Aber Österreich ist seinerseits in Europa eingerahmt, und dafür sind viele im Lande plötzlich sehr dankbar.

Anton Pelinka

Die rechte Versuchung

SPÖ, ÖVP und die Folgen eines falschen Tabus

«Haider ist nicht der Gegner der österreichischen Großparteien. Er ist ihr Übertreiber.»
(Turrini, «Über Jörg Haider»)

Das österreichische Parteiensystem verstehen verlangt, Peter Turrini ernst zu nehmen. Hat er Recht, wenn er Haider und dessen Freiheitliche – die FPÖ seit dem September 1986 – in einen Kausalzusammenhang mit den beiden anderen Traditionsparteien Österreichs bringt, mit der Sozialdemokratie (SPÖ) und den Konservativen (ÖVP)? Hält Turrinis These stand, und – wenn grundsätzlich ja – in welchem Maße, wenn wir seine Aussage mit der politischen Wirklichkeit in Österreich vergleichen?

Die FPÖ verstehen bedeutet daher auch, SPÖ und ÖVP verstehen zu wollen. Oder, besser: Um die FPÖ zu verstehen, ist es zuerst notwendig, SPÖ und ÖVP zu verstehen. Die FPÖ des Jörg Haider – eine Karikatur, eine Überzeichnung von SPÖ und ÖVP; nicht aber deren Antithese? Jörg Haider – der missratene Bruder, nichtsdestotrotz aber der Bruder der Parteien, die für die Zweite Republik stehen, für jene Republik, der Haider seine, die Dritte Republik, entgegengestellt hat?

Dieser Frage kann anhand der geschichtlichen Entwicklung des österreichischen Parteiensystems und der aktuellen Situation nachgegangen werden: Das historische Wesen der FPÖ, ihre Besonderheit, kann anhand der Entstehung dieser Partei erklärt werden; und damit werden auch die Besonderheiten von SPÖ und ÖVP deutlich. Das aktuelle Wesen der FPÖ – gemessen etwa anhand der Motive ihrer Wählerinnen und Wähler – soll dem Wesen der beiden anderen Parteien, soll den Motiven der sozialdemokratischen und der konservativen Wählerschaft gegenübergestellt werden.

Die Politik des falschen Tabus

Wie geht eine Demokratie mit der Tatsache um, dass etwa ein Drittel der Gesellschaft einem totalitären System nachtrauert? Das war die Situation, in die Österreichs Zweite Republik hineingestellt war. So anders war diese Situation im Deutschland des Jahres 1945 nicht. Aber Österreich hatte vordergründig eine bessere Ausgangsposition als Deutschland – ein Vorteil, der sich freilich langfristig als Nachteil erweisen sollte.

In Österreich gab, beginnend mit der von ÖVP, SPÖ und KPÖ unterzeichneten Unabhängigkeitserklärung vom 27. April 1945, österreichische Politik den Ton an. In Deutschland war es die Politik der Siegermächte. Österreich war, in Übereinstimmung mit der Moskauer Deklaration von 1943, als unabhängiger Staat wiederhergestellt. Eine österreichische Regierung und ein österreichisches Parlament bestimmten die Politik. In Österreich entschieden die drei «antifaschistischen» Parteien, wie mit den «ehemaligen» Nationalsozialisten umzugehen sei. Die Versuche der Alliierten, in diese Politik einzugreifen, blieben bald im Kalten Krieg stecken – SPÖ und ÖVP verstanden es geschickt, den Ost-West-Gegensatz zum Nutzen des eigenen Handlungsspielraumes einzusetzen. Während in Deutschland die Besatzungsmächte die Bildungspolitik dirigierten, waren dafür in Österreich vom Beginn der Zweiten Republik an nur österreichische Institutionen zuständig.

Diese aber wurden von Parteien gelenkt, die – durchaus im

Sinne der Demokratie, die auf den Bajonetten der Siegermächte nach Österreich gekommen war – vor allem Wahlen gewinnen wollten. Und als die meisten der 500 000 «Ehemaligen» 1949 ihr Stimmrecht zurückbekamen, da war es nur logisch, dass sich die «antifaschistischen» Parteien um diese auch bemühten:

- die ÖVP, indem sie sich durch Absprachen mit bekannten (ehemaligen) Nationalsozialisten (z. B. in Oberweis) den Ehemaligen als «antimarxistische» Kraft anbot;
- die SPÖ, indem sie die Gründung einer speziell für die «Ehemaligen» organisierten, vor allem von «Ehemaligen» repräsentierten Partei – des «Verbandes der Unabhängigen» (VdU) – betrieb (Riedlsperger, 48 f., 62 f.).

ÖVP und SPÖ verhielten sich gegenüber den «Ehemaligen» als Konkurrenten. Sie tabuisierten nicht den Nationalsozialismus, indem sie sich weigerten, «Ehemalige» bzw. deren politische Wurzeln im politischen Wettbewerb zu berücksichtigen. Sie tabuisierten den Nationalsozialismus, indem sie die eigene Verwicklung vor 1938, zwischen 1938 und 1945 und nach 1945 verdrängten.

Am Beispiel des Treffens von Oberweis wurde dies für die ÖVP deutlich: Am 28. Mai 1949 trafen im oberösterreichischen Oberweis führende ÖVP-Politiker mit (ehemals) führenden Funktionären des NS-Regimes zusammen. Der Zweck dieses Treffens war, an die eine halbe Million zählenden «Ehemaligen» ein Signal zu senden, die ÖVP als «nichtmarxistische Front» (Ferdinand Graf, zit. in Fischer, 31) zu akzeptieren und zu wählen.

Zu den Teilnehmern vonseiten der ÖVP zählten Julius Raab, der 1951 Bundesparteiobmann der ÖVP und 1953 Bundeskanzler werden sollte, und Alfred Maleta, der zukünftige Generalsekretär der Volkspartei. Beide waren wegen ihrer persönlichen Geschichte über jeden Verdacht erhaben, mit dem Nationalsozialismus zu sympathisieren. Maleta hatte zu jenen gezählt, die unmittelbar nach dem Einmarsch deutscher Truppen verhaftet und in das KZ Dachau gebracht worden waren (Stirnemann, 398).

Als Vertreter der «Ehemaligen» waren in Oberweis unter anderen mehrere SS-Offiziere und der Historiker Taras Borodajkewycz anwesend (Fischer, 29). Auffallend ist, dass einige von den mit der ÖVP verhandelnden Ex-Nationalsozialisten unmittelbar nach Oberweis eine neue Karriere machen konnten: Der (ehemalige) SS-Offizier und Leiter des SD in Wien, Wilhelm Höttl, erreichte als Leiter einer prominenten Privatschule bald eine neue Bedeutung. Taras Borodajkewycz wurde Professor an der Hochschule für Welthandel (der späteren Wirtschaftsuniversität Wien) und löste durch seinen historischen Revisionismus und Antisemitismus den Skandal aus, der 1965 zu größeren Unruhen in Wien führte. Im Zusammenhang damit hatte die Zweite Republik das erste Opfer innenpolitischer Gewalt zu beklagen: Ein Rechtsextremist, für Borodajkewycz demonstrierend, erschlug einen KZ-Überlebenden, der gegen Borodajkewycz auf die Straße gegangen war.

Es liegt auf der Hand, dass diejenigen (ehemaligen) Nationalsozialisten, die 1949 mit der ÖVP für das Zustandekommen einer «nichtmarxistischen Front» auftraten, persönliche Vorteile zu erwarten hatten. Ebenso ist es klar, dass die SPÖ diese politische Verbindung, die der ÖVP entscheidende Wettbewerbsvorteile bringen sollte, mit einer Gegenstrategie beantwortete: Die SPÖ setzte auf die Gründung einer Partei, die – in Fortsetzung der Tradition des deutschnationalen Lagers – möglichst viele Stimmen der «Ehemaligen» kanalisieren und so der ÖVP entziehen sollte.

Die SPÖ gründete zwar nicht den VdU, sie half aber entscheidend mit, dass der VdU gegründet werden konnte. Vor allem Oskar Helmer kam – als Innenminister – dabei eine Schlüsselrolle zu. Er hatte schon 1948 die Aktivitäten einer «Verfassungstreuen Vereinigung» in der Absicht gefördert, diese von «Ehemaligen» getragene Organisation als Keimzelle einer «bürgerlichen» Partei zu nützen, um zu verhindern, dass die meist als «bürgerlich» eingestuften (ehemaligen) Nationalsozialisten sich unter dem «nichtmarxistischen» Banner der ÖVP sammeln konnten (Riedlsperger, 36). Diese Aktivität Helmers zeigte, dass das Verhalten der

SPÖ nicht einfach nur als Reaktion auf die Bemühungen der ÖVP zur Herstellung einer «nichtmarxistischen Front» zu sehen war; dass ÖVP und SPÖ vielmehr parallel agierten – gegeneinander, zur Abschöpfung des als entscheidend eingestuften Wählerpotentials der «Ehemaligen».

1953 versuchte die ÖVP – in Umkehrung der Instrumentierungsabsicht der SPÖ – den VdU als dritten Regierungspartner in die «Große Koalition» zu bringen. Dieser Versuch, die SPÖ mit einer «nichtmarxistischen» Mehrheit zu konfrontieren, scheiterte aber schon im Vorfeld der Regierungsbildung am Einspruch von Bundespräsident Theodor Körner. Anders als im Jahr 2000 versuchte die Volkspartei nicht, eine Regierungsbildung gegen den Widerstand des Bundespräsidenten zu erzwingen (Gerlich, 311).

Mit diesem Verhalten in den ersten Jahren der Zweiten Republik hatten ÖVP und SPÖ ein Politikmuster festgelegt, das die weitere Entwicklung bestimmen sollte. 1956 wurde, aus dem «harten Kern» des VdU, die FPÖ gegründet – eine Partei, die sich bald als europaweites Unikum erweisen und Österreich nach der Regierungsbildung 2000 in eine europäische Isolation treiben sollte; eine Partei, gegründet von (ehemaligen) Nationalsozialisten, für (ehemalige) Nationalsozialisten; eine Partei, deren erster Obmann, Anton Reinthaller, Minister im Kabinett Seyß-Inquart, Staatssekretär im «Reichsernährungsministerium» Adolf Hitlers und General der SS, als Symbol für die Kontinuität des österreichischen Nationalsozialismus stand (Handbuch, 359).

Es war dieser Reinthaller, der 1957 – gemeinsam mit dem Obmann der ÖVP, Bundeskanzler Raab – einen «bürgerlichen» Kandidaten für das Amt des Bundespräsidenten nominierte, eine Variation der 1949 versuchten «antimarxistischen Front». Der «bürgerliche» Einheitskandidat, Wolfgang Denk, verlor allerdings die Wahl gegen den Kandidaten der SPÖ, Adolf Schärf. Dass es in Österreich 1957 ohne Skandalisierung möglich war, einen (ehemaligen) SS-General als gleichberechtigten Bündnispartner neben dem Regierungschef und Vorsitzenden einer der beiden Regierungsparteien agieren zu lassen, macht die «falsche Tabuisierung» deutlich: Tabu war nicht der Nationalsozialismus. Tabu war, die Verflechtung von Österreich und seiner Bevölkerung in das NS-Regime zu reflektieren.

Dieses Muster des falschen Tabus setzte sich fort, als die SPÖ – bald nach 1957 – begann, die FPÖ als Instrument des Wettbewerbes gegen die ÖVP ins Spiel zu bringen. Diese Fortsetzung des Kurses, den Helmer 1949 mit dem VdU begonnen und Raab 1957 mit der FPÖ fortgesetzt hatte, leitete jene Politik ein, die 1970 eine von der FPÖ gestützte SPÖ-Minderheitsregierung und 1983 die Bildung einer Koalitionsregierung zwischen SPÖ und FPÖ ermöglichte (Pelinka, 15–26).

Doch diese schrittweise Integration der FPÖ in das Zentrum des politischen Systems wurde von einer anderen Entwicklung begleitet, die bis 1970 kaum auf öffentliche Aufmerksamkeit zählen konnte: den politischen Karrieren (ehemaliger) Nationalsozialisten in ÖVP und SPÖ.

Der Prominenteste unter diesen war Reinhard Kamitz. Dieser hatte von 1938 bis 1945 als Dozent und Professor an der Hochschule für Welthandel unterrichtet und war – wahrscheinlich 1940 – der NSDAP beigetreten. 1945 musste er, als «Belasteter», die Hochschule verlassen, er wurde aber von der Handelskammer Wien – für die er schon davor gearbeitet hatte – bereits 1945 als «einfacher Konzeptsbeamter» eingestellt. Die Karriere führte ihn über die Bundeskammer der gewerblichen Wirtschaft 1952 in das Amt des Bundesministers für Finanzen. Obwohl Kamitz nie der ÖVP beigetreten war, galt er als Mann der Volkspartei: Er war von dieser in die Regierung berufen worden, und die ÖVP nützte Kamitz in den fünfziger Jahren, um mit dem Begriff «Raab-Kamitz-Kurs» die Hinwendung zur Marktwirtschaft zu propagieren (Hemetsberger-Koller, 258 f.).

Kamitz konnte nicht vorgehalten werden, dass er sich über die Parteimitgliedschaft hinaus in irgendeiner erkennbaren Form besonders aktiv für das NS-Regime eingesetzt hätte. Dasselbe gilt grundsätzlich, mit einer Ausnahme, auch für die Minister der Regierung Kreisky, die 1970 als «Ehemalige» geoutet wurden.

Vier der im April 1970 zu Bundesministern der ersten SPÖ-Alleinregierung bestellten Politiker waren Mitglieder der NSDAP gewesen (Secher, 178 f.). Nach dem raschen Rücktritt Hans Öllingers, der als SS-Offizier die Kategorie des «Mitläufers» sprengte, wurde mit Oskar Weihs abermals ein «Ehemaliger» zum Bundesminister für Landwirtschaft bestellt. Weihs und die anderen drei Minister, die der NSDAP nach dem «Anschluß» beigetreten waren – Rösch, Frühbauer, Moser, fielen in die Kategorie derer, denen – wie Kamitz – offenkundig über die «bloße» NSDAP-Mitgliedschaft hinaus nichts vorgeworfen werden konnte.

Die Karrieren solcher Minister werfen aber ein besonderes Licht auf die Politik des «falschen Tabus»: Die NS-Parteimitgliedschaft Kamitz' war ebenso wenig ein Hindernis für seine Karriere nach 1945, wie die NS-Mitgliedschaft der fünf «Ehemaligen» in der Regierung Kreisky einem Aufstieg in der SPÖ hinderlich gewesen wäre. Erst die Kombination verschiedener Faktoren führte 1970 zur Thematisierung des Tabus, das bis dahin die Problematisierung solcher Karrieren verhindert hatte:

- Die Tatsache, dass in der Regierung Kreisky etwa ein Drittel der Bundesminister durch ihre NSDAP-Mitgliedschaft belastet war, war von besonderer Auffälligkeit. Dadurch wurde klar, dass es sich nicht um Einzelfälle, sondern vielmehr um ein Phänomen des gesamten politischen Systems handelte.
- Die Aktivität Simon Wiesenthals, der den Karrierehintergrund der fünf SPÖ-Minister aufdeckte, sorgte für eine internationale Aufmerksamkeit und machte so aus einem bloß innenpolitischen ein internationales Problem (Secher, 179 f.).
- Eine neue Generation von Journalistinnen und Journalisten und auch in der österreichischen Öffentlichkeit allgemein akzeptierte die Logik nicht mehr, die hinter der Politik des «falschen Tabus» stand. Die Stabilität nach innen, die diese Politik bringen

sollte, galt inzwischen als Selbstverständlichkeit. Die mit ihr verbundenen Widersprüche wurden nun vor allem als Glaubwürdigkeitsproblem der österreichischen Demokratie eingestuft.

Die Politik des «falschen Tabus» hatte zu einer Politik der zwei Ebenen geführt: «Ehemalige», die sich im NS-Regime nicht besonders hervorgetan hatten – also «Mitläufer» –, integrierten sich politisch vor allem in ÖVP und SPÖ. Die beiden Parteien verhalfen den «Mitläufern» zu einem beruflichen Wiedereinstieg, sicherten – im wechselseitigen Ignorieren – den «Ehemaligen» die Nicht-Thematisierung ihrer und damit auch der gesamten NS-Vergangenheit zu und sahen keinerlei Problem darin, dass vor allem die 1945 noch jüngeren «Mitläufer» Karrieren bis an die Spitze der Republik machen konnten.

Diese eine Ebene wurde durch eine zweite ergänzt: Im VdU und – ab 1956 – in der FPÖ sammelten sich diejenigen, die sich der ersten Ebene entzogen: Weil sie (wie z. B. Reinthaller) im NS-Regime zu prominent gewesen waren oder weil sie, aus einer «idealistischen» Motivlage heraus, sich an die Spielregeln der Zweiten Republik zunächst nicht hatten anpassen wollen.

Die FPÖ, die von Bruno Kreisky in den siebziger Jahren als potentieller Bündnispartner gegen die ÖVP in Stellung gebracht wurde, war die Partei der «Hartnäckigen» unter den «Ehemaligen». Dass mit Friedrich Peter, Nachfolger des 1958 verstorbenen Anton Reinthaller, in Fortsetzung der Gründungstradition abermals ein (ehemaliger) SS-Offizier an der Spitze der FPÖ stand, unterstrich diesen Umstand. Kreisky akzeptierte diese Herkunft Peters: Als Simon Wiesenthal 1975 veröffentlichte, dass die SS-Einheit, in der Friedrich Peter als Offizier «gedient» hatte, in eine Orgie von Massenmorden im Zuge des Holocaust verstrickt war, verteidigte Kreisky nicht nur Peter – er griff Wiesenthal frontal an (van Amerongen, insbes. 88–107). Wiesenthal hatte gegen die Politik des «falschen Tabus» verstoßen.

Die FPÖ, mit der Kreisky weit gehende strategische Absichten verband, war allerdings auch eine Partei, die sich neu zu positionieren versuchte. Peter sah sich und die gesamte Parteiführung vor die Notwendigkeit gestellt, aus dem Sammelbecken der «hartnäckigen Ehemaligen» schrittweise eine andere Partei zu machen. Denn eine FPÖ, die nur aus den schwer belasteten oder den «idealistischen» Ex-Nazis bestand, konnte keine Zukunft haben. Deshalb versuchte Peter – orientiert vor allem an der deutschen FDP –, die FPÖ als liberale Partei der Mitte neu zu positionieren. Allerdings war Peter, wegen seiner Vergangenheit, selbst ein Hindernis auf diesem Weg. Erst 1978, als er das Amt des Parteivorsitzenden zurücklegte, wurde die FPÖ als Mitglied von der Liberalen Internationale akzeptiert. Die Lösung vom rechten Rand des politischen Spektrums schien erfolgreich abgeschlossen. Die FPÖ wurde von Personen vertreten, denen die NS-Vergangenheit nicht entgegengehalten werden konnte.

Das war die «liberale» FPÖ, die 1983 mit der SPÖ ein Koalitionsübereinkommen abschloss (Pelinka, 27–32). Doch diese «liberale» FPÖ hatte offenkundig keine Wurzeln geschlagen. In einem Proteststurm wurde die sich liberal positionierende Führung der FPÖ auf dem Innsbrucker Parteitag 1986 hinweggefegt. Die neue Führung, Jörg Haider, wurde als alles andere verstanden als liberal. Diese «neue» (alte?) FPÖ wurde auch von den anderen liberalen Parteien Europas nicht mehr akzeptiert: 1994 kam sie durch Austritt einem Ausschluss aus der Liberalen Internationale zuvor. Im Europäischen Parlament, ab 1995, fand sich keine Fraktion bereit, die FPÖ-Abgeordneten aufzunehmen.

Die Schwierigkeit mit der Abgrenzung

Die Positionierung der FPÖ als «liberale» und ihre Repositionierung als «radikal rechtspopulistische» Partei (Plasser, Ulram, insbes. 474–482) haben die Voraussetzungen der Politik des «falschen Tabus» zerstört. Die FPÖ hat sich – in Übereinstimmung mit dem Generationenwechsel in der österreichischen Politik – der Logik dieser Politik entzogen. In Verbindung mit dem Aufstieg der Grünen zur stabilen vierten Partei des österreichischen Parteiensystems mussten sich auch SPÖ und ÖVP repositionieren bzw. die Grundmuster ihrer aus der unmittelbaren Nachkriegszeit stammenden Strategien überdenken.

Die SPÖ änderte 1986 die von Helmer begonnene, von Kreisky verfeinerte und von Sinowatz konkretisierte Politik der Instrumentierung der FPÖ gegen die ÖVP (Pelinka, 54–62). Die «neue» FPÖ unter Haider wurde als Rückfall auf die NS-Wurzeln des «dritten Lagers» interpretiert. Anders als unmittelbar nach 1945 war dies für die SPÖ unter Franz Vranitzky und Viktor Klima Grund genug, mit einer solchen Partei keine strategischen Überlegungen zu verbinden – außer der, durch eine klare Abgrenzung, durch eine inhaltlich begründete Absage an jede Koalitionsperspektive mit der FPÖ der Sozialdemokratie die Rolle der stärksten und damit der weiterhin bestimmenden Partei zu sichern.

Der ÖVP, die seit den sechziger Jahren zumindest auf Bundesebene im taktischen Spiel um die Gunst der FPÖ den Kürzeren gezogen hatte, eröffnete sich dadurch eine neue Perspektive: Solange die SPÖ-Absage an eine Koalition mit der FPÖ unter Haider aufrecht war (und ist), so lange konnte (und kann) die ÖVP nun das versuchen, was vor allem Kreisky mit der (allerdings sich anders positionierenden) FPÖ getan hatte: die FPÖ als potentielles (und nötigenfalls auch aktuelles) «Zünglein an der Waage» einzusetzen.

Und das tat die ÖVP auch, beginnend mit 1986: Während die SPÖ eine Koalition mit der FPÖ (trotz der regional teilweise anders ausgeschickten Signale) ausschloss, hielt sich die ÖVP diese Variante (mit Ausnahme der Nationalratswahl 1994) grundsätzlich offen. Unter der Voraussetzung, dass die einzige alternative Mehrheitsbildung zu der im Jänner 1987 gebildeten SPÖ-ÖVP-

Koalition nur mithilfe der FPÖ möglich war, konnte so die ÖVP der SPÖ die Bedingungen für das Regierungsbündnis diktieren.

Das Paradoxe an der Situation war, dass die Themen, die den Aufstieg der «neuen» FPÖ begleiteten, für die Wählerschaft der Sozialdemokratie eine prinzipiell größere Versuchung bedeuteten als für die Wählerschaft der ÖVP. Denn die FPÖ positionierte sich ab 1986 auch neu als «Arbeiterpartei» (Plasser, Ulram, 482–486). Und die Befindlichkeit, die von den Freiheitlichen bei der Gewinnung von proletarischen Stimmen erfolgreich genützt werden konnte, war die insbesondere bei den sozial Schwächeren mehr oder weniger aktuell feststellbare Xenophobie – die Neigung, «Fremde» und «Fremdes» als Bedrohung zu sehen.

Bei der Nationalratswahl vom 3. Oktober 1999 war einer Erhebung zufolge «Xenophobie» («gegen die Zuwanderung von Ausländern») von allen Vorgaben die viertstärkste Motivation für die Wahl der FPÖ:

Motive für die Wahl der FPÖ
(gestützte Fragestellung – Mehrfachnennungen möglich)

– weil die FPÖ schonungslos Missstände und Skandale aufdeckt	65 %
– weil die FPÖ frischen Wind und Veränderungen bringt	63 %
– weil sie meine Interessen am ehesten vertritt bzw. aus Tradition	48 %
– weil die FPÖ gegen die Zuwanderung von Ausländern eintritt	47 %
– wegen der Persönlichkeit Jörg Haiders	40 %
– um den beiden Koalitionsparteien einen Denkzettel zu geben	36 %

Quelle: Fessel-GfK, Exit Poll, in: Plasser et al., 24. N = 2.200

Bei den Ergebnissen dieser Erhebung ist sicherlich zu berücksichtigen, dass die Wählerinnen und Wähler der FPÖ in einem quantitativ nicht feststellbaren Ausmaß von der Punzierung der FPÖ als «ausländerfeindliche» Partei wussten und sich deshalb in der Nennung ihrer Motivation vermutlich haben beeinflussen lassen: die Motivation «Xenophobie» galt und gilt für einen Teil der Öffentlichkeit als nicht korrekt. Deshalb kann angenommen werden, dass ein Teil xenophobisch motivierter FPÖ-Wähler dieses Motiv bei der Erhebung nicht genannt hat, um es vor den Interviewern (bzw. auch vor sich selbst) zu verbergen.

Dennoch fällt auf, dass «Xenophobie» unter den offen artikulierten Gründen für die Wahlentscheidung zugunsten der FPÖ keine dominante Trennschärfe aufweist. Die FPÖ wird zwar auch, aber keineswegs primär aus – deklarierten – fremdenfeindlichen Motiven gewählt. Und die FPÖ, seit 1986 in einem nur kurzfristig (1995) unterbrochenen Wachstum, kann diese xenophobe Motivation in einem Feld von konkurrierenden Parteien nützen, deren Grenze gegenüber der FPÖ nicht immer eindeutig nachvollziehbar ist. Das gilt zunächst, bezogen auf fremdenfeindliche Inhalte, vor allem für die SPÖ. Das gilt, bezogen auf strategische Konsequenzen, vor allem für die ÖVP:

- Die Sozialdemokratische Partei setzte in ihrer Praxis Akzente, die sich von den – rhetorischen – der FPÖ nicht immer deutlich unterschieden. So fiel der «Fall Omofuma», 1999, in die Verantwortlichkeit des von der SPÖ seit 1970 geleiteten Innenressorts. Dem sozialdemokratischen Innenminister Karl Schlögl fiel die politische Verantwortung für den Tod des nigerianischen Staatsbürgers Omofuma zu, der während einer Abschiebung aus Österreich in einem Flugzeug erstickte, weil die begleitenden Beamten ihm die Atemwege verklebt hatten. Weil SPÖ und FPÖ um die führende Position innerhalb des proletarischen Wählersegments kämpften, fühlte sich die SPÖ offenkundig behindert, der für dieses Segment typischen Ausgrenzungsneigung gegenüber «Fremden» entgegenzutreten.

- Die Österreichische Volkspartei verhielt sich gegenüber der FPÖ insgesamt ambivalent. Obwohl für die Sicherheitsexekutive nicht verantwortlich, und obwohl die Wählerschaft der ÖVP – wegen ihrer eher mittelschichtigen Struktur – für die spezifisch unterschichtige Form der Xenophobie weniger anfällig war, vermied es die ÖVP aus strategischen Gründen, der Fremdenfeindlichkeit entschieden entgegenzutreten, die für die Wahlkämpfe der FPÖ typisch waren. Die Volkspartei hielt sich die Türen offen, was Anfang 2000 ja auch von ihr genützt werden konnte – zur Herstellung einer Allianz mit der FPÖ.

Für die unterschiedlichen Einstellungen der Wählerinnen und Wähler der österreichischen Parteien ist die Studie aussagestark, die Paul M. Zulehner über die Solidaritätsbereitschaft der österreichischen Bevölkerung vorgelegt hat:

Solidaritätsbereitschaft gegenüber Flüchtlingen, Ausländern und Ausländern als Nachbarn

Von 100 Wählerinnen und Wählern sind solidarisch mit	Flüchtlingen	Ausländern	Ausländern als Nachbarn
SPÖ	69	36	78
ÖVP	72	37	81
FPÖ	68	20	70
Grüne	88	77	94
LIF	82	62	89

Quelle: Zulehner, 47–50. Die Zuordnung zu «solidarisch» erfolgte jeweils auf der Grundlage der Beantwortung mehrerer, indirekt die Solidaritätsbereitschaft testender Fragen.

Auf allen untersuchten Ebenen der Bereitschaft zur Solidarität weisen die Wählerinnen und Wähler der FPÖ die geringste, die der Grünen die höchste Solidarbereitschaft auf. Die Wählerinnen und Wähler der SPÖ kommen aber denen der FPÖ immer relativ am nächsten. Dass dies im Widerspruch zur Programmatik und auch Rhetorik der SPÖ steht, darauf hat Zulehner ebenfalls hingewiesen: Die SPÖ ist, programmatisch und rhetorisch, gerade gegenüber «Ausländern» solidarischer als die sie Wählenden (Zulehner, 33).

Die deutliche Parallele zwischen der Einstellung der FPÖ- und der SPÖ-Wählerinnen und Wähler kann somit nicht aus der programmatischen Tradition dieser beiden Parteien erklärt werden. Die Parallele findet ihre Erklärung vielmehr in der weitgehend parallelen Sozialstruktur sozialdemokratischer und freiheitlicher Wähler: SPÖ und FPÖ sind die Parteien der sozial Schwächeren. ÖVP, Grüne und LIF sind die Parteien der sozial Stärkeren.

Die Studien zur autoritären Persönlichkeit (z. B. Adorno et al.) helfen, diese Parallele zu verstehen: Angesichts der Ausgrenzung von Ausländerinnen und Ausländern aus dem politischen System sind die sozial Schwächeren der in das politische System Integrierten (also der Inländer) versucht, ihren Startvorteil gegenüber den Nicht-Integrierten besonders zu betonen und auch zu verteidigen – ihren Status als Staatsbürger. Während die sozial stärkeren Inländer sich von den Ausländern nicht oder nicht wesentlich bedroht fühlen, sehen die sozial schwächeren Inländer die Ausländer wesentlich als Bedrohung.

Diese Bedrohung kann mit Begriffen wie soziales Dumping am besten beschrieben werden: Schlechter Ausgebildete, mit geringerer Arbeitsplatzsicherheit, haben Grund, Migrantinnen und Migranten zu fürchten, die bereit sind, für geringere Löhne zu arbeiten. Modernisierung, erfahren als Aufhebung von Grenzen, bedroht – zumindest subjektiv – den sozialen Status der Schwächeren. Diese sehen sich als «Modernisierungsverlierer», sie sehen die Zukunft als Bedrohung. Die «Ausländerfrage», die zuallererst eine «Inländerfrage» ist, bewegt daher vor allem das traditionelle Wählersegment der SPÖ – und das wichtigste Wählersegment der (neuen) FPÖ.

Der Begriff «Ausländer» ist ein Kunstbegriff bzw. eine nur in ihrer rechtlichen Dimension sinnvoll verwendbare Kategorie. Ausländer sind Menschen, die durch die Abwesenheit eines bestimmte Rechte garantierenden Papiers definiert sind – durch das Fehlen der Staatsbürgerschaft. Die Zahl der in Österreich lebenden Ausländerinnen und Ausländer kann politisch gesteuert werden – durch die (Neu-)Fassung des Staatsbürgerschaftsrechtes. Erleichtert dieses den Zugang zur Staatsbürgerschaft, dann wird ihre Zahl abnehmen – unabhängig vom Ausmaß der Einwanderung. Erschwert das Staatsbürgerschaftsrecht diesen Zugang, wird ihre Zahl wachsen: Ihnen wird verwehrt, zu Inländern zu werden.

Diese politische Weichenstellung lag bis 1999 ausschließlich in der Verantwortung der Koalitionsregierung SPÖ/ÖVP bzw. der sie stützenden Parlamentsmehrheit. SPÖ und ÖVP haben auch die Verantwortung dafür, dass der politische Charakter dieser Weichenstellung in Österreich kaum debattiert wurde: «Während beispielsweise in der BRD und Frankreich jahrelange Debatten über die anzustrebende Liberalisierung bzw. Einschränkung geltender Einbürgerungsregeln geführt wurden, an der Vertreter des gesamten politischen Spektrums teilnahmen, ist die österreichische Politik – auch das kein Zeichen demokratischer Reife – von ängstlicher Abwehr und vorauseilendem Gehorsam gegenüber möglichen Angriffen des politischen Gegners geprägt» (Riegler, 141).

Der Zugang zur Staatsbürgerschaft war und ist in Österreich, im europäischen Vergleich, insgesamt restriktiv. SPÖ und ÖVP haben auch in anderen Fragen, die für die politischen Rechte der Ausländerinnen und Ausländer zentral sind, keine besondere Offenheit gezeigt: Etwa beim kommunalen Wahlrecht, etwa bei der Frage des passiven Wahlrechtes bei Kammer-, Betriebsrats- und Personalvertretungwahlen, etwa bei der Frage der Öffnung des sozialen Wohnbaues für (legal in Österreich lebende, in Österreich steuerpflichtige) Ausländerinnen und Ausländer (Riegler, 141–152).

Hinter der (in Österreich weitgehend «entpolitisierten») Debatte über die «Ausländerfrage» steht die Frage nach der Identität; die nach dem Eigenen und damit nach dem Fremden. Die Zweite Republik ist auch dadurch gekennzeichnet, dass, wesentlich gefördert von SPÖ und ÖVP, eine wachsende Mehrheit der Bevölkerung sich mit Österreich als Nation identifiziert (Bruckmüller; Haller). Das Wesen dieser Nationswerdung war vor allem eine Verschiebung dessen, was (und wer) als «fremd» eingestuft wurde. Die österreichische Nationswerdung bestand in einer Umdefinition des Fremden: Vor dem Hintergrund der bis 1945 herrschenden, deutschnationalen Wahrnehmung österreichischer Geschichte und Identität war der Prozess der nationalen Neudefinition vor allem eine Loslösung von deutscher Identität. Anders ausgedrückt: «Deutsche» hörten nach 1945 auf, zu «uns» zu gehören; sie wurden zu den «anderen», zu den «Fremden» gerechnet.

Die von SPÖ und ÖVP gemeinsam betriebene Mitgliedschaft Österreichs in der EU bedeutet für die Frage nach dem und nach den «Fremden» eine qualitative Änderung. Grundsätzlich versuchten die beiden Parteien, Europa nun als Teil der österreichischen Identität – als Teil eines österreichischen «Wir»-Gefühls zu verankern. Der rhetorische und programmatische Widerpart dieser großkoalitionären Strategie war die FPÖ (Wodak et al., 233–39).

Vor dem Hintergrund der Sanktionen, die im Februar 2000 die 14 (anderen) EU-Regierungen wegen der Einbeziehung der FPÖ in die Bundesregierung gegen diese verhängten, gewinnt die Frage nach der «Fremdheit» Europas in Österreich einen neuen, politisch explosiven Stellenwert. Offenkundig demonstrieren die 14, dass Politik innerhalb der Europäischen Union Innenpolitik geworden ist; dass daher die Sanktionen nicht als «Einmischung von außen» zu werten sind. Und offenkundig neigt die Koalition

FPÖ/ÖVP dazu, die Sanktionen eben als das einzustufen: als Einmischung von Fremden.

Als Konsequenz ihres Bündnisses mit der FPÖ, das sie sich seit 1986 grundsätzlich immer offen gelassen hatte, erfährt nun die ÖVP die EU als «fremd» – obwohl diese sich in ihrer Politik gegenüber der FPÖ/ÖVP-Koalition eben darauf beruft, nicht (mehr) fremd zu sein. Die Frage nach Fremdsein und Fremdenfeindlichkeit hat damit eine neue Dimension erreicht.

Resümee

Peter Turrini hat seine 1987 formulierte, knappe Überlegung «Über Jörg Haider» mit der Prognose abgeschlossen: «Früher oder später werden die Großparteien an ihm (Haider – A. P.) Maß nehmen, sie werden die Ähnlichkeit und damit die Ehefähigkeit entdecken» (Turrini, 7). Am 3. Februar 2000 unterzeichneten Jörg Haider für die FPÖ und Wolfgang Schüssel für die ÖVP ein Koalitionsübereinkommen, das die Grundlage der am nächsten Tag angelobten Regierung der beiden Parteien bildete.

Hat Turrini mit seiner Prognose also Recht behalten? Ja und nein. Grundsätzlich kann sich Turrini bestätigt fühlen, denn eine der beiden (historischen) Großparteien hat nun ihre «Ähnlichkeit und damit die Ehefähigkeit» der FPÖ entdeckt. Bei näherem Hinsehen wird das Bild aber komplexer: Denn die andere der beiden Parteien, denen ja Turrini gleichermaßen diese Prognose gestellt hat, ist der Versuchung nicht gefolgt, die «Ähnlichkeit und damit die Ehefähigkeit» der Freiheitlichen zu entdecken. Trotz einer Vorgeschichte von Versuchungen – Helmers Förderung des VdU, Kreiskys Stärkung der FPÖ des Friedrich Peter, Sinowatz' Koalition mit der FPÖ des Norbert Steger; die immer wieder (vor allem 1994) erkennbaren Versuche der Kärntner SPÖ, die FPÖ und Haider gegen die ÖVP zu instrumentieren – trotz dieser langen

Geschichte eines nicht inhaltlichen, sondern strategischen und taktischen Zugangs zur FPÖ: die SPÖ des Franz Vranitzky und des Viktor Klima ist einer solchen Versuchung nicht erlegen.

Im Gegenteil, beginnend mit der Aufkündigung der «Kleinen Koalition» durch Vranitzky im September 1986 (Pelinka, 54–63) hat die SPÖ geradezu Identität aus der Differenz zu Jörg Haider gewonnen: 1999 gaben 38 Prozent der SPÖ-Wählenden an, die SPÖ deshalb gewählt zu haben, «weil die SPÖ eine schwarz-blaue Koalition mit Jörg Haider in der Regierung verhindern will» (Plasser et al., 20). Angesichts des demoskopischen Tiefs, in dem die SPÖ im Sommer 1986 war – nach der Niederlage bei der Bundespräsidentenwahl und vor dem Wechsel an der Spitze der FPÖ –, kann die konsequente Abgrenzung gegenüber der FPÖ auch als Erfolgsrezept der Sozialdemokratie verstanden werden. Sie hat die Position gerettet, die sie im Sommer 1986 fast schon verloren hatte – die Position der stärksten Partei Österreichs. Das erklärt auch, dass die Prognose des Peter Turrini so lange nicht eintreten wollte: Die Andeutung in Turrinis Formulierung, dass die «Ähnlichkeit» und damit die «Ehefähigkeit» mit der FPÖ für SPÖ und ÖVP gleichermaßen gelte, war zwar historisch begründet, sie wurde aber aktuell nicht Wirklichkeit: Die SPÖ entzog sich der Versuchung, der FPÖ des Jörg Haider ein Ehefähigkeitszeugnis auszustellen.

Dass diese Differenz zwischen SPÖ und ÖVP nicht zwingend aus der Geschichte der Zweiten Republik abzuleiten ist; dass vielmehr die SPÖ – mit dieser Politik der Abgrenzung – sowohl über ihren historischen Schatten wie auch über aktuelle Inhalte ihrer Politik springen musste, macht diese Differenz umso erstaunlicher:

Die SPÖ hat diese Abgrenzung betrieben, obwohl das Erbe Helmers und Kreiskys eine solche Abgrenzung nicht nahe gelegt hätte. Sahen Helmer und Kreisky im VdU bzw. der FPÖ ein Instrument, um Wettbewerbsvorteile gegenüber dem Hauptkonkurrenten – der ÖVP – zu gewinnen, so überließ die SPÖ ab September 1986 dieses Instrument der Volkspartei. Und diese setzte es dann am Ende auch ein.

Die SPÖ hat diese Abgrenzung aber auch betrieben, obwohl vor allem in der «Ausländerpolitik» zwischen den Inhalten der SPÖ-Regierungspolitik und der Rhetorik der FPÖ-Oppositionspolitik nicht immer ein eindeutiger Unterschied auszumachen war. Die prinzipielle strategische Differenz zwischen SPÖ und FPÖ fand keineswegs immer eine Entsprechung in der aktuellen Politik der sozialdemokratischen Regierungspartei.

Das hat auch damit zu tun, dass die SPÖ ab 1986 die SPÖ eine neue Konkurrenz zu berücksichtigen hatte: Die Grünen, ab 1994 auch das LIF, waren durchaus in der Lage, Wählerinnen und Wähler anzusprechen, denen die SPÖ-«Ausländerpolitik» zu wenig offen, zu wenig liberal war. So gaben 1999 58 Prozent der Grün-Wählenden an, sich für diese Partei entschieden zu haben, «weil sie engagiert gegen Ausländerfeindlichkeit und gegen Rechtsradikalismus eintrete» (Plasser et al., 28). Die Sozialdemokratie musste also befürchten, dass der Verlust von Distanz zur FPÖ Wähler zu den Grünen (und auch den Liberalen) treiben würde.

Deshalb ist also Turrinis Prognose erst mit Verzögerung Wirklichkeit geworden: Der politische Markt, der dieser Prognose als Annahme zugrunde lag, funktionierte nur eingeschränkt. Entgegen den historisch und aktuell berechtigten Erwartungen entzog sich die SPÖ der Logik eines Marktes, der Prinzipien nur dann akzeptierte, wenn diese Wettbewerbsvorteile versprachen. Angesichts der in den Jahren 1986 bis 1999 von der SPÖ dennoch verteidigten Führungsposition in Parlament und Regierung ist freilich noch eine andere Deutung möglich: Die prinzipielle Differenz zur Haider-FPÖ, für die Franz Vranitzky und Viktor Klima standen, war durchaus marktkonform. Nur hatte Turrini die Logik des Marktes falsch eingeschätzt: Es gab, ab 1986, am politischen Markt auch eine Prämie für ein konsequentes Verhalten gegenüber der FPÖ.

Ob diese Prämie und die dahinter stehende Dynamik so groß sind, dass sie der ÖVP – jener Partei, die sich letztlich an dieser Prämie desinteressiert gezeigt hat – noch einmal entscheidend fehlen werden; ob diese von der SPÖ konsumierte Prämie so gewichtig ist, dass sie aus der taktischen Niederlage der SPÖ einen strategischen Sieg eben der Sozialdemokratie machen könnte – das wird das bestimmende Thema österreichischer Politik sein.

Literatur

Adorno, T. W. et al.: The Authoritarian Personality. New York 1950.

Bruckmüller, Ernst: Nation Österreich. Kulturelles Bewußtsein und gesellschaftlich-politische Prozesse. Wien 1996.

Fischer, Heinz (Hg.): Einer im Vordergrund: Taras Borodajkewycz. Eine Dokumentation. Wien 1966.

Gerlich, Peter: Theodor Körner. In: Herbert Dachs et al.(Hg.): Die Politiker. Karrieren und Wirken bedeutender Repräsentanten der Zweiten Republik. Wien 1995.

Haider, Jörg: Die Freiheit, die ich meine. Das Ende des Proporzstaates. Plädoyer für die Dritte Republik. Frankfurt am Main 1993.

Haller, Max: Identität und Nationalstolz der Österreicher. Gesellschaftliche Ursachen und Funktionen. Herausbildung und Transformation seit 1945. Internationaler Vergleich. Wien 1996.

Handbuch des österreichischen Rechtsextremismus. Herausgeber: Stiftung Dokumentationsarchiv des österreichischen Widerstandes. Aktualisierte und erweiterte Neuausgabe. Wien 1994.

Hemetsberger-Koller, Hildegard: Reinhard Kamitz. In: Herbert Dachs et al.(Hg.): Die Politiker. Karrieren und Wirken bedeutender Repräsentanten der Zweiten Republik. Wien 1995.

Pelinka, Anton: Die Kleine Koalition. SPÖ – FPÖ, 1983–1986. Wien 1993.

Plasser, Fritz et al.: Analyse der Nationalratswahl 1999. Muster, Trends und Entscheidungsmotive. Zentrum für Angewandte Politikforschung. Forschungsbericht. Wien 1999.

Plasser, Fritz/Ulram, Peter A.: Wandel der politischen Konfliktdynamik. Radikaler Rechtspopulismus in Österreich. In: Müller, Wolfgang C. et al. (Hg.): Wählerverhalten und Parteienwettbewerb. Analysen zur Nationalratswahl 1994. Wien 1995, 471–504.

Riedlsperger, Max: The Lingering Shadow of Nazism. The Austrian Independent Party Movement since 1945. New York 1978.

Riegler, Henriette: Seismographen der Demokratie. Über die politischen Rechte von ZuwanderInnen. In: David F.J. Campbell et al. (Hg.): Die Qualität der österreichischen Demokratie. Versuch einer Annäherung. Wien 1996, 131–154.

Secher, Pierre: Bruno Kreisky. Chancellor of Austria. Pittsburgh 1993.

Stirnemann, Alfred: Alfred Maleta. In: Herbert Dachs et al.(Hg.): Die Politiker. Karrieren und Wirken bedeutender Repräsentanten der Zweiten Republik. Wien 1995.

Turrini, Peter: Über Jörg Haider. In: Ein teutsches Land. Die «rechte» Orientierung des Jörg Haider. Eine Dokumentation von Brigitte Galanda. Wien 1987.

Van Amerongen, Martin: Kreisky und seine unbewältigte Gegenwart. Graz 1977.

Wodak, Ruth et al.: Zur diskursiven Konstruktion nationaler Identität. Frankfurt am Main 1998.

Zulehner, Paul M.: Wege zu einer solidarischen Politik. Innsbruck 1999.

Hannes Androsch

Die Verpflichtung zur Erinnerung

Österreichs Vergangenheit und ihre unzulängliche «Bewältigung»

Ein chinesisches Sprichwort besagt: «Herr der Vergangenheit ist, wer sich erinnern kann, Herr der Zukunft ist, wer sich wandeln kann.» Der Transmissionsriemen zwischen Vergangenheit und Zukunft ist die Geschichte, die historische Erinnerung. So meint denn auch Primo Levi: «Wer keine Erinnerung hat, hat keine Zukunft.» Einer jüdischen Weisheit zufolge ist die Erinnerung zugleich auch das Geheimnis der Erlösung.

Das kurze 20. Jahrhundert, von Eric J. Hobsbawm als das «Zeitalter der Extreme» bezeichnet, ist für Abermillionen von Unschuldigen zu einem Inferno geworden, dessen Beschreibung Dantes Versinnbildlichung der Hölle bei weitem übersteigt. Die beiden Weltkriege, die von Hitler über Stalin bis Pol Pot verübten Verbrechen, der Genozid an den Armeniern, aber auch die jüngsten brutalen ethnischen beziehungsweise religiösen Konflikte in Ruanda, Bosnien, dem Kosovo, in Tschetschenien oder in Ost-Timor sind grausame Zeugnisse der dunkelsten Seiten des Menschen.

Der unser Fassungsvermögen übersteigende Höhepunkt des über weite Strecken so blutigen 20. Jahrhunderts ist aber der Holocaust, die Shoa. Der hohe Blutzoll, den die Bevölkerung der kriegführenden Staaten während des Zweiten Weltkrieges mit mehr als 55 Millionen Toten zu tragen hatte, kann nicht mit der Ermordung von mehr als sechs Millionen Juden, davon 65 000 aus Österreich, verglichen werden. Sie alle wurden vom Rassenwahn der nationalsozialistischen Ideologie in den Tod geführt. Ihrem Tod lag ein eindeutiger Vernichtungsbefehl, eine vorbedachte Mordabsicht der nationalsozialistischen Diktatur zugrunde. Die industrialisierte Ermordung von Menschen war zweifellos das schrecklichste Novum der europäischen Geschichte, eine Untat von bis dahin unvorstellbarer Dimension. An der Last dieser Schuld, aus der uns über die direkt betroffene Generation hinweg eine historische und moralische Verantwortung erwachsen ist, tragen nicht nur wir in Österreich schwer. Zudem: Wie viele jener, die in den Vernichtungstod geschickt wurden, hätten überleben können, wenn andere Staaten wenigstens ihre Grenzen offen gelassen hätten.

Mit größter Scham und tiefstem, schmerzlichem Bedauern müssen wir zur Kenntnis nehmen, was während der Nazi-Diktatur auch von Österreichern anderen Österreichern oder Dritten angetan wurde. Die Namen österreichischer Nazischergen sind hier stellvertretend ebenso anzuführen wie die von Helmut Qualtinger meisterlich gezeichnete Figur des Herrn Karl. Der Herr Karl ist die Inkarnation des Untertanen. Fünf Eide hat er leisten, fünf Nationalhymnen hat er lernen müssen. Mit der roten Dominanz hat er sich arrangiert, mit der schwarzen Diktatur hat er sich's gerichtet, von den Nazis hat er sich, darin Symbol für viele, viel zu viele Österreicher, zum Mitläufer instrumentalisieren lassen, mit den Besatzungsmächten hat er sich fraternisiert. Kein Schwein. Aber ein armer Kerl. Der Anti-Held par excellence. Im Grunde eine tragische Figur, die nicht nur bei uns zu finden war.

Dem Befund der Betroffenheit aus dem Geschehenen erwächst gleichzeitig auch die Verpflichtung, die Erinnerung daran wach zu halten und ein «Niemals wieder» entgegenzuhalten. Der Reminiszenz der nationalsozialistischen Ideologie sowie antijüdischen Vorurteilen und Stereotypen gilt es den Boden zu entziehen. Die zunehmende zeitliche Distanz zu den traumatischen Geschehnissen des Grauens darf nicht zu deren bloßer Historisierung und Relativierung im geschichtlichen Kontext verkümmern, nur weil wir der Medusa nicht mehr direkt ins Gesicht sehen (Eric Hobsbawm). Das Vermächtnis der Opfer, der Verfolgten sowie deren Nachkommen ist: «niemals zu Vergessen»! Diese Verpflichtung wurde vom ehemaligen KZ-Häftling und Friedensnobelpreisträger Elie Wiesel jüngst bei dem von der schwedischen Regierung veranstalteten «Internationalen Forum über den Holocaust» erneut nachdrücklich eingefordert.

Das «Niemals vergessen» als Verpflichtung und Verantwortung, alles zu tun, um eine Wiederholung zu verhindern, muss zum Manifest einer der Humanität verpflichteten globalen Zivilgesellschaft werden. Mit dieser Verpflichtung müssen wir den Millionen jüdischen Opfern der ungeheuerlichen nationalsozialistischen Ausrottungspolitik und ihren Nachkommen im Wort stehen. Dazu mahnt mit zwingender Eindringlichkeit eine Aufschrift am griechischen Mahnmal im Konzentrationslager Mauthausen: «Das Vergessen des Bösen ist die Erlaubnis zu seiner Wiederholung.» Unser Auftrag und unsere Aufgabe ist es, bei unseren Kindern und Kindeskindern die Erinnerung an die wahr gewordene Apokalyse wach zu halten, zur Warnung und als Auftrag, auch den kleinsten Anfängen zu wehren.

Es ist unmöglich, den Genozid nicht absolut zu verdammen. Nicht zulässig aber ist die Zuweisung einer kollektiven Schuld, denn diese würde die Einzelverantwortung aufheben, worauf Kardinal König in einer moraltheologischen Darlegung schon 1946 hingewiesen hat. Dem Prinzip der Kollektivschuld und Erblast hat jüngst erst auch der ungarische Schriftsteller Péter Nádas (in einer kritischen Erörterung der Debatte zwischen Martin Walser und Ignatz Bubis in der «Neuen Zürcher Zeitung» unter dem Titel «Die geheimen Tresore des Rassismus») eine deutliche Absage erteilt. Für Nádas ist das Prinzip der Kollektivschuld im Grunde selbst ein Instrument des Rassismus. Es gibt und gab keine Sippenhaftung und keine vererbbare Schuld. Es gilt die Formel: «Kollektivscham und Kollektivtrauer ja – Kollektivschuld nein».

Auch wenn korrekterweise nicht außer Acht gelassen werden

darf, dass Österreich während der sieben Jahre nationalsozialistischer Herrschaft als eigener Staat und juristische Rechtspersönlichkeit zu existieren aufgehört hatte, bleibt die Verantwortung. Es enthebt uns daher nichts von der moralischen Verpflichtung gegenüber den Opfern für das ihnen angetane unvorstellbare und unfassbare Leid. Dabei kann es für die heutige Generation nicht darum gehen, Verantwortung für das Geschehene zu übernehmen, sondern aus dem Geschehenen heraus Verantwortung zu fühlen. In diesem Sinn verstanden gibt es auch keine Gnade der späten Geburt. Sehr wohl aber ist es unsere Pflicht und Schuldigkeit, den Opfern und ihren Nachkommen unsere ehrliche Betroffenheit und unser tief empfundenes Bedauern zu vermitteln, und wir dürfen auch nicht anstehen, sie um Vergebung zu bitten. Unser Bundespräsident Thomas Klestil sowie die beiden Bundeskanzler Franz Vranitzky und Viktor Klima haben vor dem österreichischen Parlament und in Israel wichtige Schritte der geschichtlichen Einbekenntnis und Aufarbeitung gesetzt.

Nur auf Basis einer echten, reuevollen Betroffenheit kann das Fundament für eine gemeinsame Erinnerungsarbeit geschaffen werden, um im gemeinsamen Bemühen eine Wiederholung der Geschichte, in welch zeitgeistlich modifizierter Form auch immer, zu verhindern.

Martin Buber hat geschrieben: «Alles wirkliche Leben ist Begegnung.» Es liegt vor allem an uns, vermehrt auf unsere jüdischen Mitbürger sowie die zur Emigration Gezwungenen und deren Familien zuzugehen und einen neuen lebendigen Dialog mit Verständnis für die Last der Vergangenheit, aber mit dem Lichtblick eines neuen und verstärkten Miteinanders auf der Basis dessen, was schon geschehen ist, Wirklichkeit werden zu lassen.

Dieser Dialog erfordert neben einer genauen Kenntnis der Geschichte insbesondere auch eine hohe Sensibilität der Sprache. Dabei geht es nicht nur um die Vermeidung von Ausdrücken und Begriffen, die durch den Nationalsozialismus besetzt und entwertet wurden, sondern auch um die Unzulänglichkeit von Begriffen wie denen der «Vergangenheitsbewältigung» oder der «Wiedergutmachung». Unser historisches Gedächtnis und unsere historische Verantwortung existiert nicht ohne das schweigende Gedächtnis der Opfer. Niemand in Europa kann sich eine Normalität wünschen, in der das schweigende Gedächtnis der Opfer nicht laut wird (Péter Nádas). Auch gutgemacht kann nicht werden, was nicht gutzumachen ist (Erich Hackl). Um neue Sprachregelungen, die von negativ besetzten Korrelationen frei sind, muss vielfach noch gerungen werden. Diese Aufgabe wird nur über neue Formen des Dialoges möglich sein. Auch in dieser Hinsicht gilt es, sich noch unaufgearbeiteten und noch nicht bewältigten Aufgaben zu stellen.

Oft wird man von ausländischen Freunden gefragt, wie es kommt, dass wir so schlecht mit unserer jüngeren Geschichte zurande kommen. Dies lässt sich einfach erklären. Vor dem *annus mirabilis* 1955 gab es über eine längere Periode nichts, das zur österreichischen Identitätsstiftung hätte beitragen können.

Die Erste Republik, die nach dem Friedensvertrag von Saint-Germain am 10. September 1919 den verbliebenen Rest des einstigen Großreiches der Monarchie bildete, war ein Staat wider Willen, ein «Staat, den keiner wollte» (Hellmut Andics) und für den auch das Verbot eines Anschlusses an das ebenfalls republikanisch gewordene Deutschland bestand. Diesen hatten viele, darunter auch führende Sozialdemokraten wie Karl Renner, Otto Bauer oder Adolf Schärf damals für erstrebenswert gehalten. Als Konsequenz des Anschlussverbotes musste auch der ursprüngliche Name des neuen Staates von Deutsch-Österreich auf Republik Österreich umgewandelt werden.

Die wirtschaftliche Lebens- und Überlebensfähigkeit der jungen Republik wurde allenthalben tief bezweifelt. Die Wurzeln dieses Pessimismus lassen sich bis in die Habsburger Monarchie zurückverfolgen.

Die rückständige Donaumonarchie war zunehmend von nationalen Gegensätzen und ungelösten sozialen Problemen gekennzeichnet. Diese waren auch eine wesentliche Ursache für den Ausbruch des Ersten Weltkriegs.

Das Amalgam aus wirtschaftlicher Not und politischer Unzufriedenheit bildete im Zusammenwirken mit tradierten Vorurteilen und Verhaltensmustern leider auch den Nährboden für den Antisemitismus: Er hatte eine lange traurige, antijudaistische Tradition im Christentum, vor allem auch in seiner römisch-katholischen Linie. Im 19. Jahrhundert kam durch Gobineau, Darwin oder Chamberlain noch eine verhängnisvolle rassistische Linie dazu. Die verqueren Lehren von Schönerer und Vogelsang und deren Apologeten bildeten den Hauptgrund für Hitlers Rassenwahn und Antisemitismus, wie Brigitte Hamann nachgewiesen hat. Sie waren neben dem Dreyfus-Prozeß aber auch mit ein Grund für die zionistische Bewegung von Theodor Herzl.

Österreich war in der Ersten Republik ein wirtschaftlich zerrüttetes Land. Abgeschnitten von den einstigen wirtschaftlichen Zentren der Monarchie und belastet durch hohe Reparationsleistungen, drohte dem kleinen Land eine Hungerkatastrophe. Diese konnte nur durch Lebensmittelhilfen aus der Schweiz und den USA abgewendet werden. Eine vom Völkerbund in Genf 1922 gewährte Anleihe zur Eindämmung der Inflation bewirkte aufgrund der Auflagen zugunsten einer restriktiven Budgetpolitik schon in den zwanziger Jahren eine anhaltend hohe Arbeitslosigkeit, die durch die Weltwirtschaftskrise von 1929 dramatisch verschärft wurde.

1933 waren in Österreich bei 1,6 Millionen unselbständig Beschäftigten 557000 Menschen ohne Arbeit, von denen rund 40 Prozent keine staatliche Unterstützung mehr erhielten. Die wirtschaftliche Abwärtsspirale wurde zusätzlich noch durch die im Mai 1933 erlassene Tausend-Mark-Sperre des soeben in Deutschland an die Macht gekommenen NS-Regimes verschärft. Jeder nach Österreich reisende Deutsche musste eine Abgabe von 1000 Reichsmark zahlen. Die Folgen für den österreichischen Fremdenverkehr, schon damals ein wichtiger Wirtschaftszweig, waren verheerend. Diese Gegebenheiten trugen entscheidend zur innenpolitischen Destabilisierung der jungen parlamentarischen Demokratie und der Verschärfung der innenpolitischen Lage bei. Es kam zur Ausbildung paramilitärischer Wehrverbände, des Republikanischen Schutzbundes der Sozialdemokraten sowie der Heimwehr- und Frontkämpferverbände der Christlichsozialen. Diese standen sich bald unversöhnlich gegenüber.

Nach der Ausschaltung des Parlaments und der Etablierung des autoritären Ständestaates 1933 kam es im Februar des Folgejahres zu einem kurzen, aber folgenschweren Bürgerkrieg, der zum Verbot der Sozialdemokraten führte. Im selben Jahr, am 25. Juli 1934, fand der Putschversuch der Nationalsozialisten statt. Dieser wurde blutig niedergeschlagen, mit fast 300 Todesopfern, darunter auch Bundeskanzler Engelbert Dollfuß. Die Nazipartei wurde daraufhin verboten, viele ihrer Mitglieder interniert, zahlreiche Nazis flüchteten nach Deutschland.

Der kleine Staat Österreich konnte sich dem Druck Hitlers noch vier Jahre widersetzen. Die nationalsozialistische Partei selbst hat bis zu ihrem Verbot nie besonderen Zulauf gehabt. Bei den letzten freien Nationalratswahlen im November 1930 errang die NSDAP nur drei Prozent der abgegebenen Wählerstimmen. 1938 gab es knapp 13 000 zahlende, illegale Mitglieder der NSDAP, das waren weniger als 0,2 Prozent der Bevölkerung. Als Hitler im Frühjahr 1938 Bundeskanzler Kurt Schuschnigg in Berchtesgaden für den Anschluss an Deutschland unter Druck setzte, verlangte dieser eine Volksabstimmung. Weil Hitler wusste, dass diese Abstimmung mit Sicherheit eine klare Mehrheit gegen den Anschluss bringen würde, wurde der gewaltsame Anschluss angeordnet. Schuschnigg beschloss seine letzte Rede im Radio mit den Sätzen: «Wir weichen der Gewalt» und «Gott schütze Österreich». Am 12. März 1938 erfolgte der Einmarsch deutscher Truppen in Österreich. Damit war die Annexion, Eingliederung und Gleichschaltung in das Deutsche Reich vollzogen. Nicht einmal der Name Österreich blieb erhalten und selbst die Bezeichnung Ostmark wurde rasch durch Namen von Alpen- und Donaugauen ersetzt.

Von Mexiko abgesehen protestierte kein Drittstaat gegen die Annexion Österreichs (sehr zum Unterschied zur jetzigen Protest- und Isolierungsfront). Im Ausland hat man den Austrofaschismus, der illegal die Macht an sich gerissen hat, ebenso akzeptiert wie Hitler als Reichskanzler, seine antidemokratische Politik und seinen Unrechtsstaat. Fast sieben Jahre lang wurde Hitler hofiert, wie etwa bei der Olympiade 1936. Trauriger Höhepunkt dieser Politik war das Münchner Abkommen und seine Folgen.

Es ist eine Tatsache, dass der am 13. März 1938 militärisch vollzogene Anschluss Österreichs von einem erheblichen Teil der einheimischen Bevölkerung begeistert begrüßt wurde (allerdings vor dem Hintergrund wirtschaftlicher Misere, innerer Zerrissenheit, politischer Polarisierung, Verfolgung Andersdenkender durch die austrofaschistische Diktatur). Der schmachvolle, beklemmende Höhepunkt fand am 15. März am Heldenplatz statt. Auch das Ergebnis der Volksabstimmung am 10. April 1938 mit einem Ergebnis von über 90 Prozent Ja-Stimmen dürfte korrekt gewesen sein. Allerdings war zuvor eine enorme Propagandawalze über das Land gerollt, und selbst Karl Renner und Kardinal Innitzer hatten die Empfehlung abgegeben, mit «Ja» zu stimmen.

Der jubelnden Menge auf dem Wiener Heldenplatz muss die große Zahl jener gegenübergestellt werden, die angsterfüllt und ahnungsvoll zu Hause saßen. Nicht zu vergessen ist auch, dass sich unmittelbar nach dem Anschluss Widerstand erhob, der ebenfalls seine Opfer forderte. Alleine zwischen dem Einmarsch der deutschen Truppen und der von Hitler inszenierten Volksabstimmung gab es rund 76 000 Festnahmen durch die Gestapo. Am 1. April, zehn Tage vor der Abstimmung, wurden die ersten politisch Verfolgten in das Konzentrationslager Dachau gebracht. Darunter befand sich ein großer Teil der politischen Führungsgarnitur der späteren Zweiten Republik. 65 000 österreichische Juden wurden in den folgenden Jahren verschleppt und in den KZs ermordet. Weitere 16 000 Österreicher starben in Gestapo-Haft, beinahe 20 000 kamen in den Konzentrationslagern ums Leben, knapp 3.000 wurden von den Volksgerichtshöfen zum Tode verurteilt und hingerichtet. 274 000 Soldaten und mehr als 24 000 Zivilisten kamen bei Kriegshandlungen ums Leben.

Von all diesen Geschehnissen ging keine identitätsstiftende Wirkung aus. Diese setzte nach dem Ende des Zweiten Weltkrieges und dem Ende der sieben Jahre währenden Nazi-Diktatur ein. Erst im Ringen um die Wiedererlangung der Freiheit, dem Bemühen um den Abzug der Besatzungsmächte sowie den Leistungen und Erfolgen beim Wiederaufbau des Landes entstand erstmals so etwas wie ein Österreich-Bewusstsein.

Österreich wurde erst nach 1945, vor allem nach 1955 zu einer Willensnation. Es bedurfte der Schrecken der Nazi-Zeit, des 2. Weltkrieges und der Besatzung, dass Sozialdemokraten und Christdemokraten, die politischen Gegner während der Ersten Republik, zusammenfanden. Beide Gruppierungen waren Opfer der Nazis geworden, ihre Vertreter landeten in den Gefängnissen und den Konzentrationslagern. Es sei aber auch erlaubt, daran zu erinnern, dass Sozialdemokraten allerdings bereits während der Zeit des Austrofaschismus, also zwischen 1934 und 1938, der politischen Verfolgung ausgesetzt waren.

Ich will zur Verdeutlichung dieses Wandels eine berührende Episode berichten, die Rosa Jochmann, bedeutende ehemalige Frauenvorsitzende der SPÖ, Überlebende des KZ Ravensbrück, in ihrer letzten Rede als sozialdemokratische Nationalrats-Abgeordnete am 1. Dezember 1966 vor dem hohen Haus angeführt hat. Nach der Befreiung des KZ Ravensbrück ist Rosa Jochmann nach Wien gefahren und hat zwei Autobusse organisiert, um die Kameradinnen aus dem Lager heimzuführen. Als der Bus in Berlin einen Zwischenstopp machte, standen hunderte Menschen vor den Autobussen und baten, sie doch in die Heimat mitzunehmen. Darunter war auch ein Mann, der vom Leid gezeichnet war. Als

Rosa Jochmann ihm sagte, sie dürften nur verfolgte KZler mitnehmen, da zeigte er ihr seinen Ausweis, auf dem der Name Josef Reither stand. Er war der ehemalige christlichsoziale Landeshauptmann von Niederösterreich. Rosa Jochmann wies ihm den besten Platz im Autobus an. Als sie ihn darauf ansprach, ob er noch immer glaube, dass Sozialdemokraten schlechte Menschen seien, erwiderte er: «Nein, ich habe da draußen im Konzentrationslager viel gelernt.» Die von ihm gewonnene Erfahrung teilte er mit vielen Sozialdemokraten, Kommunisten, Monarchisten, aber auch mit einigen früheren Nationalsozialisten, die in Ungnade gefallen waren und ins Konzentrationslager kamen.

In der Zweiten Republik wurde die Koalition zwischen den beiden Großparteien SPÖ und ÖVP zur vorherrschenden Regierungsform. Diese Konkordanzpolitik hatte allerdings den Preis, die Geschichte vor 1938 zu tabuisieren. In der Folge kam es zwar zunächst zu einer strengen Verfolgung der ehemaligen Nationalsozialisten durch die Regierung, nicht aber zu einer Verfolgung der Verbrechen des Austrofaschismus, obwohl dies ursprünglich von Renner in dem von ihm entworfenen Regierungsprogramm enthalten war. In diesem Papier stellte Renner Nationalsozialisten und Faschisten auf eine Stufe. Von dieser rigorosen Haltung ist Renner 1946 allerdings wieder abgerückt. Er trat in der Folge dafür ein, das Nazi-Problem in einer differenzierten, der Mitverantwortung und Schuld des Einzelnen angepassten Weise zu lösen.

Am rigorosesten gingen die Amerikaner gegen die ehemaligen Faschisten in unserem Land vor. Diese Aufgabe war dem CIC, dem «Counter Intelligence Corps», übertragen worden, das jeder amerikanischen Armee angegliedert war. Wie hart vom CIC durchgegriffen wurde, beweist die Verhaftung von Verwaltungsbeamten, auch wenn diese nicht NSDAP-Mitglieder waren. Das CIC führte Listen von Personenkategorien mit sich, die automatisch zu verhaften waren. Diese als «Automatic Arrest List» bezeichnete Aufstellung schloss ursprünglich auch die Führer der

Heimwehren bzw. der seinerzeitigen bürgerlichen Wehrverbände ein. Sie wurden als «Faschisten» in die gleiche Kategorie wie die «Nationalsozialisten» gestellt. Es stellte sich allerdings bald heraus, dass dieses Ansinnen nicht in aller Rigorosität durchzuziehen war, weil dann zahlreiche Regierungsmitglieder und ehemalige KZ-Insassen wie Figl und Raab ebenfalls verhaftet hätten werden müssen. Von den 17 Regierungsmitgliedern der ersten Nachkriegsregierung waren 12 ehemalige KZ-Häftlinge. Dies förderte die Tabuisierung der austrofaschistischen Ära und ihrer Wurzeln.

Was die nationalsozialistische Vergangenheit betrifft, so erließ die erste österreichische Regierung harte Gesetze zur Bestrafung von Nazis und Kriegsverbrechern. Das Verfassungsgesetz über «Kriegsverbrechen und andere nationalsozialistische Untaten» aus dem Jahr 1945 war überaus streng. In mehr als 130 000 Fällen kam es zu Verfahren wegen Verbrechen nach dem Verbotsgesetz und wegen Verbrechen nach dem Kriegsverbrechergesetz. Im Rahmen der Straf- und Sühnegesetze für alle, die im Namen des Nationalsozialismus persönliche Schuld auf sich geladen hatten, wurden knapp 600 000 Österreicher registriert. 100 000 von ihnen wurden aus öffentlichen Ämtern entlassen, fast ebenso viele erhielten Berufsverbot. Diese Verfahren, über die die Medien ausführlich berichteten, erregten in der Öffentlichkeit große Aufmerksamkeit. Zur Bestrafung der Nazis gehörte auch das Verbot der Teilnahme an der ersten freien Wahl im November 1945.

Nicht nur aus heutiger Sicht ist aber das gravierende Versäumnis zu beklagen, dass im Rahmen der Entnazifizierung und der gerichtlichen Verfolgung österreichischer Kriegsverbrecher ausschließlich auf deren persönliche Schuld abgestellt wurde und eine Diskussion über eine gemeinsame österreichische Sühnepolitik gegenüber den Opfern des Holocaust und den Vertriebenen weitgehend unterblieb.

Österreich zog sich auf die Position der Opfer-These zurück, wonach die Eigenständigkeit Österreichs durch die gewaltsame Annexion durch Hitler-Deutschland ausgelöscht wurde und dem

Staat Österreich keine Schuld am Anschluss und an den sich daraus ergebenden Folgen erwuchs. Dieser Auffassung wurde auch durch die alliierten Mächte in der Moskauer Deklaration von 1943 entsprochen, in der Österreich als erstes Opfer Hitlers bezeichnet wird. Die Alliierten sahen sich Österreich gegenüber als Befreier und machten sich folglich die Wiederherstellung eines unabhängigen Österreich zur Aufgabe. Die Mitglieder der ersten österreichischen Nachkriegsregierungen kamen fast alle aus den Gefängnissen und Konzentrationslagern des NS-Regimes. Sie waren als Todgeweihte selbst zu Opfern geworden. Die meisten Abgeordneten zum ersten Nationalrat nach dem Krieg waren zum Teil mehrfach politisch Verfolgte.

Im Zuge des demokratischen Festigungsprozesses in der Nachkriegsära erwies es sich als immer schwieriger, die rund 550 000 registrierten Nazis, beinahe ein Zwölftel der österreichischen Bevölkerung, auf Dauer auszugrenzen. Zudem führte der gewaltige Aderlass Österreichs an geistigem und menschlichem Potential sehr bald zu Engpässen in allen Bereichen von Wirtschaft und Gesellschaft. So gab es einen beträchtlichen Mangel an Lehrern, Ärzten, Apothekern, Beamten, Wirtschaftsführern.

Dies machte Amnestien notwendig. Bei den Wahlen zum Parlament 1949 waren auch die ehemaligen Nationalsozialisten wieder zugelassen. Zwischen den politischen Parteien, einschließlich der Kommunisten, setzte ein Buhlen um deren Wählerstimmen ein. Bei dieser Wahl trat erstmals auch der neugegründete VdU – Verband der Unabhängigen – an. Deren Gründung wurde vor allem von der SPÖ mit dem Ziel unterstützt, der ÖVP die Stimmen ehemaliger Nazis zu entziehen und das bürgerliche Lager zu spalten. Der VdU erzielte bei den Nationalratswahlen am 9. Oktober 1949 mit einer Wahlbeteiligung von fast 97 Prozent einen prozentuellen Anteil von knapp 12 Prozent.

Die Beendigung der Ausgrenzungspolitik gegenüber den registrierten Nationalsozialisten wurde auch durch den Beginn des Kalten Krieges beschleunigt. Im Zuge dieser Entwicklung gaben die Westalliierten ihre Vorbehalte gegenüber den Nazis weitgehend auf und erblickten in ihnen zuverlässige Antikommunisten. So bekam etwa der SS-Spionagechef Höttl von den Amerikanern in Gmunden eine Villa zugewiesen, um sein altes SS-Agentennetz gegen den Osten wieder zu aktivieren.

Österreich wird immer wieder mit dem Vorwurf konfrontiert, es hätte nicht genug zur Aufarbeitung seiner Geschichte getan. Genug sicherlich nicht, obwohl eine Vielzahl von Fachpublikationen und Dokumentationen zur neueren österreichischen Geschichte vorliegt. Das Problem stellt sich offensichtlich vielmehr so dar, dass zwar große Teile der Geschichte aufgearbeitet wurden, diese Ergebnisse aber nicht popularisiert und somit viel zu wenig im allgemeinen Bewusstsein verankert sind.

Österreich ist seit 1945 zu einem bedeutenden Asylland in Europa geworden. Seit 1945 sind fast zwei Millionen Menschen durch und über Österreich in die Freiheit gelangt. Darunter waren 500 000 Juden (allein 400 000 in den siebziger Jahren) aus der Sowjetunion und anderen osteuropäischen Staaten. 1956 kamen rund 256 000 Ungarn, nach 1968 etwa 100 000 Tschechen und Slowaken und nach 1979 etwa 60 000 Polen nach Österreich. Zuletzt hat Österreich 80 000 Flüchtlinge aus Bosnien aufgenommen. Seit Jahren beteiligt sich Österreich zudem auch an Blauhelm-Einsätzen und leistet hohe Spenden an die Not leidende Bevölkerung von Nachbarstaaten.

Gerade in der jetzigen politischen Befindlichkeit unseres Landes ist es besonders wichtig, über alle geographischen und sonstigen Grenzen hinweg einen Dialog einzufordern, der einer Wissens-, Kultur- und Geisteshaltung des Erinnerns verpflichtet ist und von entsprechenden Handlungsinitiativen begleitet wird.

Vom österreichischen Staat wurden seit 1945 eine Reihe von Gesetzen erlassen, die Entschädigungsleistungen und die Restitution von Eigentum vorsahen. Diese erwiesen sich in der Rückschau vielfach als ungenügend. Es sollte in diesem Zusammenhang aber das Faktum nicht gänzlich unbeachtet bleiben, dass Österreich, so wie die meisten europäischen Staaten auch, eine schwierige Nachkriegsperiode zu bewältigen hatte.

Österreich steht vor der Aufgabe, so rasch wie möglich und unter Berücksichtigung all dessen, was durchaus auch schon geschehen ist, bei den noch offenen Fragen, die unter dem unzulänglichen Begriff der so genannten «Wiedergutmachung» zu subsumieren sind, eine abschließende, rechtsverbindliche und globale Lösung herbeizuführen. (A global settlement with final legal closure, knowing that these can never be a moral closure for what had happened but without further claims in order that further generations can join forces to avoid repetition, with the understanding not only of tolerance but mutual respect for being different.)

Ein solcher Beschluss ist vom österreichischen Parlament verbunden mit der Bitte um Vergebung zu fassen und vom Bundespräsidenten gegenüber den Vertretern der Opfer zum Ausdruck zu bringen.

Zu einer abschließenden Regelung wird gehören müssen, alle materiellen Werte, wo dies noch möglich ist und noch nicht geschehen ist, an die eigentlichen Eigentümer und deren Erben zurückzustellen. Wo dies nicht mehr möglich ist, sind mit rechtlicher Wirkung abschließende Entschädigungen vor allem an noch lebende Opfer einschließlich der Zwangsarbeiter zu leisten.

Die jungen Menschen und die nachfolgenden Generationen müssen unbelastet von der Vergangenheit gemeinsam dafür wirken können, eine Wiederholung der Geschichte niemals wieder zuzulassen. Das namenlose Leid der Opfer des Nationalsozialismus darf aber niemals dem Vergessen anheim fallen. Wie meinte doch Nahum Goldmann: Jedes Opfer ist erst dann endgültig gestorben, wenn es vergessen wird.

Über den Holocaust und dessen Ursachen gibt es eine unüberschaubare Fülle von Literatur, Dokumentsammlungen und Forschungsberichten. Das Allgemeinwissen zu dieser Thematik greift allerdings noch immer zu kurz, vor allem auch das Wissen um Zusammenhänge. Daher wäre nicht nur in Österreich die Initiative des schwedischen Ministerpräsidenten Göran Persson aufzugreifen und das Buch «Erzählt es euren Kindern. Der Holocaust in Europa» sowie ein ungeschminkter Abriss zur Zeitgeschichte der Jugend über die Schulen und der interessierten Öffentlichkeit zur Verfügung zu stellen.

Mit der Bildung der neuen Regierung am 4. Februar dieses Jahres scheint Österreich wieder von seiner Geschichte eingeholt worden zu sein. Die mit Intoleranz und Unwissenheit gepaarten atavistischen Vorurteile scheinen den geheimen Tresoren des Rassismus entwendet worden zu sein. In unserem Land verunsichern keine Neonazis die Straßen, brennen keine Asylantenheime, werden keine jüdischen Friedhöfe geschändet, sind 10 Prozent unserer Einwohnerschaft Zuwanderer, wovon die Hälfte nach 1990 zugezogen ist. Dennoch werden wir nicht nur in Europa, sondern weltweit als Hort des Rechtsextremismus hingestellt.

Die wahren Verhältnisse in unserem Land scheinen nicht mehr zu interessieren. Das Österreich-Bild, auf das man sich international verständigt, gleicht einer virtuellen Welt, konstruiert aus Vorurteilen und Stereotypen. Das Prinzip der gründlichen Recherche scheint – zumindest was Österreich betrifft – aufgehoben. Die politische Situation in Österreich ist jedenfalls um vieles differenzierter zu betrachten, als sich in einem Schwarz-Weiß- oder, oder aktuell gesagt, einem Schwarz-Blau-Raster zeichnen lässt. Die Wahlen zum Nationalrat am 3. Oktober des Vorjahres haben den ehemaligen Koalitionspartnern, SPÖ, ÖVP wie auch dem LIF deutliche Verluste beschert. Gewonnen haben die Grünen und die FPÖ, die den zweiten Platz erreichen konnte. Die ÖVP ist, wenn auch knapp, nur mehr auf dem dritten Platz gelandet. Der Grund für diesen Wahlausgang war eine zunehmende Unzufriedenheit im Land, obwohl sich dieses auszeichnete durch hohen Wohlstand, breite Wohlfahrt, hohe Lebensqualität, niedrige Arbeitslosigkeit, geringe Inflation sowie ein hohes Maß an innerer Sicherheit, sozialem Frieden und einer vielleicht zu festgefahrenen politischen Stabilität.

Ungeachtet dieses positiven Befundes spürten zunehmend viele Menschen den Anbruch neuer Zeiten, die Wandel und Modernisierung einfordern. Die ehemals große Koalition bot dafür keine Visionen, Perspektiven oder Antworten. Es fehlte an zukunftsorientierter und zukunftsgestaltender Orientierung, an *leadership* für die kraftvolle Überwindung ausgeprägter Beharrungselemente. In diesem Teich der Unsicherheit und Unzufriedenheit war es für demagogische Populisten ein Leichtes, ohne Rücksicht auf irgendwelche Werte erfolgreich zu opponieren und im Wahlgang Proteststimmen einzusammeln.

Bei der letzten Nationalratswahl wollte die überwiegende Zahl der FPÖ-Wähler sicherlich der SPÖ und ÖVP nur einen Denkzettel erteilen, bildlich gesprochen, den Hecht im Karpfenteich stärken. Das Gros der Protestwähler stimmte nicht zugunsten einer schwarz-blauen Regierung, wie das Abschneiden der ÖVP deutlich genug belegt. Trotzdem wurde diese Regierungskoalition von Dr. Schüssel eingegangen. Dr. Haider nahm diese Option mit der Zielsetzung, die Salonfähigkeit für die FPÖ zu erreichen, sich selbst aber in Reserve zu halten, selbstredend an. Sein Scheinrücktritt ist eine Bestätigung dieser Strategie.

Für den Fall der Bildung einer Koalitionsregierung zwischen ÖVP und FPÖ war schon frühzeitig klar erkennbar, dass diese in den USA, in Israel und vor allem den anderen EU-Mitgliedsländern auf negative Reaktionen stoßen wird. Das wusste auch der Bundespräsident, der mit der Aufbietung der ganzen Kraft seines Amtes versucht hat, Schaden von Österreich abzuhalten. Das Faktum war auch dem früheren Außenminister bekannt, der unter anderem von Chirac und Juncker mehrfach eindringlich vor einer Regierungsbeteiligung der FPÖ gewarnt worden war. In diesem Kontext ist auch die Reaktion der EVP, der Europäischen Volkspartei, zu verstehen. Doch Dr. Schüssel meinte in seinen Ambitionen, dies alles ignorieren zu können. Ihn trieb das Kalkül, einmal in den Sattel gehoben, werde er Haider in der Wählergunst schon davonreiten können. Tatsächlich ist es aber ein Ritt auf dem Tiger, von dem man letztlich bekanntlich gefressen wird. In den bisherigen Wahlerfolgen Haiders von 5 Prozent im Jahr 1986 auf jetzt 27 Prozent kam ihm die gegen ihn eingesetzte Ausgrenzungspolitik und der hölzerne Versuch, ihn zu ignorieren, zugute. Die Versuche, ihn mit Argumenten zu stellen oder seine politische Problemlösungskapazität durch Einbindung auf die Probe zu stellen, unterblieb. Immer dann, wenn es um konkrete Themen ging und die politische Auseinandersetzung entschieden geführt wurde, musste Haider blamable Niederlagen einstecken, wofür die Ergebnisse des EU-Referendums, des Anti-Euro-Volksbegehrens oder des Anti-Ausländer-Volksbegehrens zum Beweis stehen. Am Aufstieg von Dr. Haider und seiner FPÖ hatten aber auch viele Medien keinen geringen Anteil. Inzwischen werden die heimischen Medien in ihrer Bereitschaft, Haider eine Plattform zu bieten, von den internationalen bei weitem übertroffen. Erschreckend ist dabei das oftmals hohe Maß an Uninformiertheit und mangelnder Faktentreue. «Lernen Sie Geschichte», dieser legendäre Satz von Bundeskanzler Kreisky sollte nicht nur in Österreich Gültigkeit haben.

Die gegenwärtige Regierung ist nach parlamentarischer Arithmetik sicher legitim. Sie ist aber sicher nicht durch das Wahlvolk, den Souverän, legitimiert worden, denn der Hinweis auf die parlamentarische Mehrheit ist bestenfalls der halbe Teil der Wahrheit. Die ganze Wahrheit ist: Diese Koalition stand am 3. Oktober nicht zur Wahl, und – folgt man den Meinungsumfragen – diese Regierung findet auch jetzt keine Mehrheit in der österreichischen Bevölkerung. Wie wir wissen, hatte es an rechtzeitigen Warnungen vor den Folgen für unser Land nicht gefehlt. Sie wurden mit kaum zu überbietender Leichtfertigkeit in den Wind geschlagen.

Was das Verhalten der 14 EU-Mitgliedsländer anbelangt – diesbezüglich ist genau zwischen ihnen und der EU als Gemeinschaft zu unterscheiden –, so sind als Ursache für deren Verhalten wohl folgende Schlüsse zulässig:

Die anhaltend bewussten Provokationen Haiders und anderer, sein inakzeptabler Umgang mit den dunklen Seiten unserer Vergangenheit, seine Ausländerfeindlichkeit, seine Beschimpfungen und Bedrohungen haben genug Anlass für Reaktionen geboten, verständlicherweise insbesondere auch in den aus historischer Erfahrung sensibilisierten Kreisen von Opfern des Nationalsozialismus und deren Nachfahren.

Es ist aber auch anzumerken, dass der oft beleidigende und dumpfe Verbalradikalismus, wie er immer aus der FPÖ dröhnt, nicht die einzige Ursache für die heftigen Reaktionen der EU-Staaten ist. Die Mitgliedsländer wollten nicht zuletzt wegen vielfältiger eigener Probleme mit rechtsradikalen Gruppierungen auch mit Signalwirkung gegenüber den Beitrittsländern ein Exempel statuieren und ihre eigenen Probleme nach außen projezieren. Ob man sich dabei alle weiteren Konsequenzen hinlänglich überlegt hat, darf bezweifelt werden. Auch dann, wenn man in Überwindung nationalstaatlicher Souveränitätsillusionen akzeptiert, dass heute alle Angelegenheiten in Europa innere Angelegenheiten darstellen. Dennoch ist es aber das Recht jedes Landes, auf demokratischer Grundlage seine Regierung zu bilden.

Für die Bereitschaft Haiders, dem Vorsitzenden der drittstärksten Parlamentsfraktion zum Amt des Bundeskanzlers zu verhelfen, war dieser bereit, jeden Preis zu zahlen, auch die wissentliche Missachtung und Verletzung der Spielregeln der Europäischen Union und damit die bewusste Inkaufnahme weitreichender Reaktionen zum Schaden Österreichs. Daran ändert die Tatsache nichts, dass diese überzogen, pauschal, unangemessen und damit ungerecht sind. Man straft nicht eine missliebige Regierung, sondern ein ganzes Land und seine Bewohner, stempelt es als ein Land von Neonazis, Rechtsextremen und Antisemiten ab.

Tatsache ist im Ergebnis, dass Österreich nach außen zunehmend isoliert wird und sich im Inneren die politischen Kräfte polarisieren. In der Tat eine Wende, allerdings nicht zum Besseren, was immer an Erstarrung es in der SPÖ gegeben hat. Es sind nicht nur die eindrucksvollen, friedvollen Demonstrationen, die deutlich machen, wie wenig diese Regierung über Integrationsfähigkeit und gestaltende Regierungsfähigkeit verfügt.

Es ist zu hoffen, dass wenigstens der beschämende Versuch deutscher Neonazis, den Tag des Einmarsches von Hitlers Truppen in Österreich vor nunmehr 62 Jahren zu einer Sympathiekundgebung für die derzeitige Regierung zu wählen, Österreichs gegenwärtigen Vorsitzenden der Bundesregierung bewusst werden lässt, was er in Europa angestellt hat und welchen Schaden er Österreich zufügt.

Ungeachtet dessen kann vor den Gefahren einer pauschalen und unreflektierten Verurteilung Österreichs nicht genug gewarnt werden. Sie kann bei Teilen der Bevölkerung zu einer nicht zu unterschätzenden Trotzhaltung führen und damit einen Solidarisierungseffekt provozieren. Nichts lenkt von der mangelnden Performance dieser Regierung mehr ab als die undifferenzierten Maßnahmen und Reaktionen der 14 EU-Staaten. Mit seinem Rücktrittsmanöver hat Haider sehr deutlich signalisiert, was er selber von dieser Regierung hält.

Die große Distanzierung der österreichischen Bevölkerung von dieser Regierung droht in der Verteidigung und Selbstbehauptung gegenüber der Diskriminierung Österreichs unterzugehen. Österreich braucht daher mehr und verdient auch mehr internationale Solidarität und internationale Fairness. Die Mehrheit der Österreicher will ihr Land verteidigen und nicht diese Regierungskoalition.

Peter Pelinka

Ein Hasardeur als Dompteur

Wolfgang Schüssel: Politik im Schatten Jörg Haiders?*

Freitag, 21. Jänner 2000, 3 Uhr 15 früh. Die österreichische Nachkriegsära scheint endgültig zu Ende, jedenfalls ihre dritte Phase, geprägt von der Neuauflage der einstmals großen Koalition. Bundeskanzler Viktor Klima verkündet den wartenden Journalisten in der SPÖ-Zentrale in der Wiener Löwelstraße das Aus. Die überwältigende Mehrheit des SPÖ-Parteipräsidiums war dagegen, jenen zwei Forderungen nachzugeben, die ÖVP-Obmann Wolfgang Schüssel nach Annahme eines neuen Regierungsprogramms durch die Spitzengremien beider Parteien noch nachgeschoben hatte. Erstens: Ein unabhängiger Finanzminister solle den bisherigen, den Sozialdemokraten Rudolf Edlinger, ersetzen. Und: Auch der Vorsitzende der SPÖ-Gewerkschaftsfraktion, Rudolf Nürnberger, solle wie alle anderen Verhandler dieses Abkommen unterschreiben, obwohl der ÖGB und damit auch dessen Mehrheitsfraktion Punkte davon (vor allem eine Anhebung der Altersgrenze für Frühpensionierungen) ablehnte.

Freitag, 28. Jänner 2000, 17 Uhr. Ich sitze Wolfgang Schüssel gegenüber. Noch im Außenministerium, nur wenige Gänge von seinem wohl künftigen Arbeitsplatz, jenem des Bundeskanzlers, entfernt. Er wirkt wie stets bei längeren Interviews: Wieder sitzt er

* Dieser Beitrag orientiert sich an einem Kapitel aus dem demnächst erscheinenden Buch von Peter Pelinka «Österreichs Kanzler – von Leopold Figl bis Wolfgang Schüssel».

vor dem Gemälde seines Lieblingsmalers Max Weiler in seinem Designer-Büro, er formuliert eloquent; einer, der zuhören kann, aber von vornherein genau weiß, welche Botschaft er unterbringen will. Diesmal: Nein, er habe nicht seit Monaten an einer Koalition mit den Freiheitlichen Jörg Haiders gerbeitet, ja, er sei trotz aller Probleme zur Fortsetzung der Koalition mit den Sozialdemokraten bereit gewesen. Schon weil er wisse, dass auch viele seiner Wähler eine Zusammenarbeit mit Haiders Partei nicht gerne sehen. Und eine solche sicher auch auf internationale Sorgen stoßen könne, die es durch gute Arbeit für das Land auszuräumen gelte. Mein Eindruck: Der «kleine Prinz», wie Schüssel nach seinem Lieblingsbuch von Saint Exupery gern genannt wird, gewinnt seine Kraft nicht nur durch den winkenden Kanzlersessel – die wahre (Selbst)sicherheit gewinnt Wolfgang Schüssel aus einer selbst gestellten Aufgabe, die er als staatspolitisch wesentlich, wohl sogar entscheidend für das Land, versteht: Er will Jörg Haider, den – wertfrei und rein parteipolitisch betrachtet – seit Bruno Kreisky erfolgreichsten Politiker dieser Zweiten Republik, in die staatspolitische Verantwortung einbinden und dadurch zähmen, wohl auch in seinem, Schüssels, eigenen Interesse. Ein Hasardeur als Dompteur.

Montag, 31. Jänner 2000, 17 Uhr. Noch sitzt Viktor Klima im riesigen Arbeitszimmer des Bundeskanzlers. Er gibt ein Interview, das letzte in dieser Funktion, während auf der anderen Seite des Ballhausplatzes Bundespräsident Thomas Klestil neuerlich mit Schüssel konfereriert – kurz vorher hat er Haider für dessen mehrfache Ausfälle gegen ausländische Spitzenpolitiker den Kopf gewaschen. Klima reflektiert noch einmal den nicht nur für ihn, sondern für die gesamte österreichische Öffentlichkeit quälenden Verlauf der vergangenen Wochen («Gemeinsam mit dem Bundespräsidenten habe ich versucht, der ÖVP aus ihrem selbst gewählten Oppositionseck zu helfen»), will sich für seine eigene Zukunft noch alle Optionen offen lassen («Alle meine Parteifreunde haben mich gebeten, die SPÖ jetzt nicht im Stich zu lassen») und fühlt sich – speziell zwei Tage nach seiner Teilnahme an einer internationalen Holocaust-Konferenz in Stockholm – bestätigt in seinen Warnungen vor einer Regierungsbeteiligung der FPÖ. Wie sehr, wird noch während unseres Gesprächs deutlich: Klimas Pressesprecher Josef Kalina stürzt mit einer Meldung der APA (Austria Presseagentur) herein. Die Erklärung des portugiesischen EU-Ratsvorsitzenden Antonio Guterres, ausdrücklich abgestimmt mit – allen außer Österreich –, 14 Mitgliedsstaaten der Union, klingt dramatisch: Österreich wird für den Fall einer schwarzblauen Regierungskoalition eine weitgehende diplomatische und politische Isolierung angedroht.

Freitag, 4. Februar 2000, 11 Uhr. Wolfgang Schüssel wird als neunter Bundeskanzler der Zweiten Republik vom Bundespräsidenten angelobt. Thomas Klestil versucht gar nicht erst, seinen Unwillen über dieses neue Regierungsbündnis zu verbergen. Seit Wochen hat der erfahrene Diplomat nicht zuletzt wegen des zu erwartenden internationalen Echos gegen jede Koalition mit Jörg Haiders Partei gearbeitet, hinter und vor den Kulissen. Mit steinerner Miene vereidigt er nun die neue Regierung, deren Mitglieder durch einen unterirdischen Korridor in seine Residenz gekommen sind. Draußen demonstrieren Tausende, protestieren mit Transparenten und Sprechchören, erinnern vor allem an Haiders frühere Verharmlosungen des NS-Regimes, die immer wieder in seinem Milieu hochkommenden ausländerfeindlichen und antieuropäischen Haltungen. Diesen beiden Punkten hat Klestil Rechnung zu tragen versucht: Er hat zwei besonders umstrittene Ministerkandidaten, von Haider nominiert und von Schüssel auf seine Liste genommen, gestrichen. Nationalratspräsident Thomas Prinzhorn, der in einem Interview gemeint hatte, Ausländer würden gratis Hormonpräparate zur Steigerung ihrer Fortpflanzungsfähigkeit erhalten, wird nun nicht Finanzminister. Und Hilmar Kabas, als Chef der Wiener FPÖ für deren Anti-Ausländer-Wahlkampf im Vorjahr verantwortlich, nicht Verteidigungsminister. Klestil hat die beiden auch zur Unterzeichnung einer Präambel zu ihrem Koalitionsvertrag gezwungen, die eigentlich demokratische Selbstverständlichkeiten enthält: Bekenntnisse zum europäischen Wertekatalog von Menschen- und Bürgerrechten, zum historischen Erbe Österreichs inklusive jenem der NS-Epoche, auch eine Zustimmung zur Erweiterung und Vertiefung der EU, vom Euro bis zur Osterweiterung. Mehrere Interviews Haiders danach scheinen zu beweisen, dass die Bedenken Klestils berechtigt waren. Und anhaltende Demonstrationen danach belegen, wie tief das Land, seine Politik, seine gesamte Gesellschaft gespalten sind.

Eine ungewohnte Situation für diese Zweite Republik. Schließlich war sie in den 55 Jahren bis zum Jahr 2000 – wenn auch mit abnehmender Tendenz – durch das Gegenteil gekennzeichnet: durch ein hohes Maß an Konsens, eine Mixtur aus historischen Lernprozessen und äußerem Druck. Aus dem «Staat, den keiner wollte» von 1918 und der Demokratie, die 1933 eingeschränkt und 1934 beseitigt worden war, entstand das Desaster von 1938: Der Staat Österreich wurde beseitigt und aus dem autoritären Regime ein totalitäres, das seine Gegner nicht einzusperren, sondern auszurotten versuchte. Dass viele Österreicher dabei nicht nur zu Opfern wurden, sondern auch zu Tätern, dass viele mitgemacht haben, als Mitglieder und Mitläufer, auch als Exekutoren, wurde von den nach 1945 Regierenden lange Zeit – auch wegen des von den Allierten mitgetragenen Opfermythos des Landes – verdrängt. Erklärbar, wenn auch nicht entschuldbar: Die Nachkommen der Christlichsozialen und Sozialdemokraten waren vorrangig mit dem Wiederaufbau des Landes beschäftigt und mit dem Bemühen, seine volle Souveränität von den allierten Befreiern/Besetzern zu erreichen. Dazu bedurfte es eines starken inneren Zusammenhalts der beiden großen Lager, fundiert durch den «Geist der Lagerstraße», welcher die KZ-Generation aneinander band. Und dazu schien den meisten von ihnen eine tiefer gehende, über die Verweigerung des Wahlrechts 1945 hinausgehende Auseinandersetzung mit den Wurzeln des Nazismus zu schwierig, gar schädlich, hätte sie doch auch auf das von Friedrich Heer oder Brigitte Hamann beschriebene konservativ-katholische Klima eingehen müssen, das Wien (samt dem Postkartenmaler Adolf Hitler) schon in den ersten Jahr(zehnt)en des vergangenen Jahrhunderts geprägt hat. Die Folgen spürt die Republik bis heute: Sie reichen vom Wettlauf beider Großparteien um die Stimmen ehemaliger oder fortwährender Nazis in den folgenden Wahlen und ihrem permanente Schielen auf die dritte, als deren Sammelbecken gegründete Partei über die Waldheim-Debatten der Achtziger bis zu den Haider-Debatten der Neunziger (und wohl noch folgenden) Jahre.

ÖVP wie SPÖ arbeiteten in dieser ersten, von 1945 bis 1966 anzusetzenden Phase der Zweiten Republik lange Zeit höchst erfolgreich an der ökonomischen und sozialen Erfolgsstory der Zweiten Republik, getragen von einer bisweilen absolutistisch anmutenden Absicherung ihrer Einflusssphären, von vielen «Herrn Karls» (so der von Helmut Qualtinger gezeichnete austriakische Idealtypus des ewigen Opportunisten) und einem höchst stabilen politischen System. Dessen sozialpartnerschaftliche Nebenregierung hielt es auch in Balance, als nach der ersten großen Legitimationskrise der großen Koalition das Land in der zweiten Phase der Zweiten Republik mittels dreier unterschiedlicher Formen regiert wurde: zweier Reformregierungen unter alleiniger Verantwortung, einer kurzfristigen unter konservativer und einer tiefer gehenden unter sozialdemokratischer Führung; sowie einer erstmaligen kleinen Koalition, die nicht zuletzt wegen der langen Schatten der Ära Kreisky nur kurz Bestand hatte. Der Auslöser der Krise der SPÖ-FPÖ-Koalition, Jörg Haider, engte dann entscheidend auch die Wirkungsweise der neuen großen Koalitionen in der dritten Phase der Zweiten Republik zwischen 1986 und 2000 ein: Das demokratiepolitisch fraglich gewordene

Bündnis zwischen SPÖ und ÖVP wurde immer mehr nur durch den Kitt der drohenden Heraufkunft eines radikalen Außenseiters zusammengehalten, der lange Zeit einen Wechsel als zu riskant und schädlich erscheinen ließ, nicht nur für seine Konkurrenten, sondern für das ganze Land.

Diese dritte Phase ging heuer zu Ende, wie lang die vierte, jene unter ÖVP-FPÖ-Führung dauern wird, ist nicht einmal in Ansätzen abzuschätzen. Auch nicht, ob sie letztlich doch ein Ende der Zweiten und den Start der von Jörg Haider lange Zeit angekündigten und derzeit wieder in den Hintergrund gestellten «Dritten Republik» bedeuten wird. Sehr wohl dagegen sind die Begleiterscheinungen der jetzigen Wende spürbar, die in ihren Konsequenzen mindestens mit jener der Jahre 1955 (Staatsvertrag), 1966 (Ende der ersten Nachkriegsära), 1970 (Beginn der Ära Kreisky), 1986 (Waldheim-Krise, Beginn der zweiten Phase der großen Koalition) und 1996 (EU-Beitritt) vergleichbar scheint: Österreichs offizielle Politik steht international weitgehend isoliert da, seine Gesellschaft ist in zwei größere Blöcke gespalten. Was Hoffnung macht, ist eine tiefer gehende Politisierung seiner Einwohner, nicht im Sinne einer altbackenen und gefährlichen Ideologisierung, sondern eines aktiven Eingreifens in Richtung einer Zivilgesellschaft (west)europäischen Formats. Ob dieser Prozess in einer bloßen Frontstellung verharrt, sich gar zu einem gefährlichen «Stellungskrieg» verhärtet, oder ob er in eine produktive, die neuen Lager durchsetzende Bewegung mündet, liegt an der demokratischen Reife aller Beteiligten: der Regierung, der Opposition und der wachsenden Schar jener, die sich von keinem der «Lager», ob alt oder jung, vereinnahmen lassen wollen.

Wolfgang Schüssel ließ sich weder von diesen Demonstrationen noch von den Sanktionen der anderen EU-Staaten beeindrucken. Nur einen Tag nach deren Androhung verkündete er spätabends im Parlament zweihundert Journalisten den Koalitionspakt mit den Freiheitlichen. An seiner Seite: Jörg Haider. Demonstrativ vor beiden am Tisch platziert: die Fahne der EU. Und während der Kärntner Landeshauptmann – wie immer, wenn er sich bedrängt fühlt, mal gezwungen lächelnd, mal aggressiv formulierend – seine früheren Verharmlosungen der NS-Ära, seine antieuropäischen und ausländerfeindlichen Äußerungen interpretierte, leugnete und entschuldigte, formulierte Schüssel – fast väterlich-milde auf den undisziplinierten Sprössling an seiner Seite blickend – entspannt, locker, staats- und weltmännisch zugleich.

Ein einziges Mal in seiner politischen Karriere soll der liberale Katholik, seit April 1995 als Nachfolger von Erhard Busek Parteiobmann der ÖVP und Vizekanzler, diese Rollendisziplin vergessen haben: Am 17. Juni 1997 soll Schüssel am Rande einer EU-Tagung vor mehreren österreichischen Journalisten im Amsterdamer Hotel Hilton beim Frühstückskaffee den deutschen Bundesbankpräsidenten Tietmeyer eine «Sau» und einen schwedischen Kollegen einen «Trottel» genannt haben. Ein Sturm der Entrüstung mit dazu passenden Rücktrittsforderungen brach los, die ÖVP fiel erstmals in Umfragen auf Bundesebene auf Platz drei hinter SPÖ und FPÖ zurück. Schüssel dementierte stets energisch, klagte aber die «Salzburger Nachrichten» nicht, die ihn auf der Titelseite einen «Lügner» genannt hatten. Kanzler Klima stellte sich damals hinter seinen Außenminister. Er konnte bleiben, sein Verhältnis zu den Medien blieb aber längere Zeit getrübt.

Eigentlich ungewöhnlich für einen unbestreitbar blitzgescheiten, weltoffenen und gebildeten Mann, der neue Informationen im Schnellverfahren zu druckreifen Formulierungen vor aufgeschlagenen Notizblöcken und laufenden Kameras verarbeiten kann und der auch – etwa als Zeichner treffender Karikaturen oder als Boogiespieler am Klavier – seine mediengerechten Seiten zu pflegen versteht. Freilich: Ähnlich wie Busek zuvor passte (und passt) sich Schüssel im Unterschied zu seinen Hauptkonkurrenten Klima und Haider, aber auch im Unterschied zu den erfolgreichen Landeshauptleuten seiner eigenen Partei nur widerwillig den Gesetzlichkeiten der Mediendemokratie an, besuchte selten Bierzelte und hob nur ungern Babys aus ihren Kinderwägen. Und ähnlich wie sein einstiger Mitstreiter aus der Katholischen Jugend – Busek war nicht zuletzt an seiner «schlechten Presse» gescheitert – zahlte er dafür jenen Preis, den jeder Nichtpopulist zu leisten hat: Er galt bald als sehr intelligent, aber wenig «volksnah» – daran änderten auch Versuche nichts, sich als Märchenerzähler für Kinder (authentisch, denn Schüssel ist wirklich ein Familienmensch) oder als Volkslieder pflegender Akkordeonspieler (weniger authentisch, denn Schüssel ist ein urbaner Typ) zu präsentieren.

In einem unterscheidet sich Schüssel aber stark von Busek: Er ist ein harter Kämpfer, saß Affären wie jene von Amsterdam scheinbar locker aus, pokerte ein Stück cooler um die Macht als der «bunte Vogel» zuvor. Und mit langem Atem: 1995 war Schüssel noch mit dem Plan gescheitert, als Sanierer der Staatsfinanzen die SPÖ erstmals seit 1966 wieder zu überrunden, um sie in die Rolle des koalitionären Juniorpartners zu drängen. 1996 konnte Schüssel nach dieser Schwächung trotz des die Koalition extrem belastenden CA-Deals (Verkauf der zweitgrößten, historisch dem «schwarzen» Lager zugeordneten Bank an den Bestbieter, die ehemals «rote» Bank Austria) weder eine Neuwahl noch einen fliegenden Schwenk zur FPÖ zustande bringen, dazu kamen Sparpakete und Euro-Vorbereitung. 1997 stellte sich die Koalitionsfrage schon deshalb nicht, weil sich «die Arbeit mit dem neuen Kanzler Klima anfangs sehr gut anließ, wir beide wollten eine neue und effektive Form der Zusammenarbeit» (Schüssel heute). Das Jahr 1998 brachte den letzten Honeymoon der Regierung: Im Frühjahr war der von beiden Parteispitzen unterstützte Thomas Klestil mit Zweidrittelmehrheit als Bundespräsident wieder gewählt worden, im zweiten Halbjahr ließ die EU-Präsidentschaft Österreichs die beiden Koalitionsparteien, speziell ihre Chefs Klima und Schüssel, wieder ein Stück zusammenrücken.

1999 sah die Perspektive Schüssels für einen Wechsel vor der Nationalratswahl am 3. Oktober besser aus. In der Regierung ging nichts mehr voran, die Koalitionsparteien verstrickten sich in einen veritablen Streit um die weitere Sicherheitspolitik Österreichs. Die ÖVP, vor allem Außenminister Schüssel selbst, wollte die Perspektive einer späteren NATO-Mitgliedschaft Österreichs ausdrücklich festschreiben lassen; die SPÖ, auch Kanzler Klima, wollte genau das nicht. Jörg Haider, bis dahin persönlich Haupthindernis jeder schwarz-blauen Einigung, hatte sich für eine zweite Funktionsperiode als Landeshauptmann ins Kärntner Hinterland zurückgezogen. ÖVP wie SPÖ hatten seine Wahl angesichts seines Wahltriumphes am 7. März (die FPÖ erreichte bei der Landtagswahl 42 Prozent) nicht blockiert, obwohl Haiders erste Amtsperiode 1991 mit einem internationalen Skandal (Haider hatte in einer hitzigen Landtagsdebatte die «ordentliche Beschäftigungspolitik im Dritten Reich» gelobt) abrupt zu Ende gegangen war – und obwohl Haider dadurch wieder entscheidend an innenpolitischer Reputation gewann.

Bei der Nationalratswahl am 3. Oktober 1999 erreichte die Volkspartei mit ihrem Spitzenkandidaten Wolfgang Schüssel ihr schlechtestes Ergebnis seit 1945 : 27 Prozent der Stimmen, um 416 Stimmen von der FPÖ Jörg Haiders auf den dritten Platz der Wählergunst verwiesen. Dass die Sozialdemokraten unter Viktor Klima mit 33 Prozent ebenfalls ihr schwächstes Ergebnis bei einer Nationalratswahl erzielten (nur bei der EU-Wahl 1996 schnitten sie noch schlechter ab), relativierte das Tief des Koalitionspartners nur wenig. Wohl aber der starke Endspurt ihres Spitzenkandidaten: Schüssel hatte zwei Wochen vor der Wahl, als seine Partei den Umfragen zufolge auf 22 bis 23 Prozent abgerutscht war, eine Festlegung getroffen: Entweder erreiche die ÖVP noch Platz zwei oder sie werde dem Wählervotum entsprechend in Opposition gehen. Etliche zehntausend Wähler sahen sich dadurch veranlasst, doch noch für die Volkspartei zu votieren, um sie in der Koalition mit der SPÖ zu halten und eine solche mit der FPÖ zu verhindern. Unter Berücksichtigung des dadurch erreichten Mobilisierungseffektes für die ÖVP gab es drei Sieger bei dieser Nationalratswahl zu konstatieren, zwei arithmetische und einen strategischen: Die

FPÖ Jörg Haiders hatte in jenem Maß zugelegt, das die Demoskopen prognostiziert hatten, ebenso die Grünen.

Der wirkliche Sieger hatte aber – leicht – Stimmen verloren: Wolfgang Schüssel. Nur wenige hatten ihm zugetraut, seine Partei fast gleichauf mit den Freiheitlichen zu halten. Viele hatten bereits politische Nachrufe auf die Volkspartei verfasst, einige hatten jene, die Schüssels Schachzug mit der Oppositionsdrohung für klug gehalten haben, verlacht. Mit diesem Ergebnis konnte ihn parteiintern niemand ernstlich infrage stellen – und Schüssel hatte plötzlich strategisch viele Trümpfe in der Hand. Einige Wochen schien die Oppositionsdrohung das einzige Band, das Schüssels zerklüftete Partei zusammenhalten konnte. Dann riss es, schon aus Zeit- und Budgetgründen. Schüssel musste langsam Farbe bekennen. Seine Doppelrolle – Vizekanzler der provisorisch weiter amtierenden Regierung und angesagter Oppositionsführer – war immer schwieriger zu spielen. Ein Großteil der politischen Öffentlichkeit, darunter der Bundespräsident und mit der «Kronen Zeitung» die größte Tageszeitung des Landes, machte Schüssel für das eingetretene Patt verantwortlich und übte Druck aus, die rot-schwarze Koalition fortzusetzen. SPÖ und FPÖ trennte zu viel zur Bildung einer gemeinsamen Regierung, beide buhlten um die ÖVP als Regierungspartner.

Dass Schüssel diese Position zur eigenen Kanzlerkür nutzen wollte, war ihm nicht vorzuwerfen. Schließlich ist dies das legitime Ziel aller Parteien, im Übrigen war es der ÖVP auch in Kärnten schon einmal gelungen, als drittstärkste Partei zwei Perioden lang mit Christof Zernatto den Landeshauptmann zu stellen. Und schließlich wurde Schüssel nicht nur von persönlichem Ehrgeiz getrieben, sondern auch von inhaltlichen Zielen. Er machte zunehmend deutlich, dass er die SPÖ im Allgemeinen und Viktor Klima im Besonderen für unfähig hielt, nötige Reformen mitzutragen und umzusetzen. Und er hielt und hält es für möglich, in einer Koalition mit der FPÖ den scheinbar unaufhaltsamen Aufstieg des rabiaten Oppositionschefs Jörg Haider stoppen – ungeachtet dessen (oder gerade deshalb dazu motiviert), dass die Freiheitlichen vor allem in Wien mit einschlägigen Plakaten («Stopp der Überfremdung») einen eindeutigen Anti-Ausländer-Wahlkampf führten und von ihrer EU- und Euro-kritischen Linie, insbesondere ihrer Gegnerschaft zu einer Osterweiterung der Union, nicht abgingen. Und ungeachtet dessen, dass Jörg Haider auch bei einer groß angekündigten «Klarstellung» am 12. November – am Tage einer vornehmlich gegen die Freiheitlichen gerichteten antirassistischen Demonstration mit 70 000 Teilnehmern – sich hörbar nur widerwillig von früheren «mir zugeschriebenen Äußerungen» distanziert hatte, von seinem Lob für die «ordentliche Beschäftigungspolitik im Dritten Reich» (1991) und für die Angehörigen der Waffen-SS (1995).

In der Zeit zwischen Weihnachten und Neujahr begannen die «echten» Regierungsverhandlungen zwischen SPÖ und ÖVP. Gleichzeitig ließen Funktionäre der Volkspartei den Kontakt mit solchen der Freiheitlichen nicht abreißen. Bereits um die Jahreswende machten in Wien Gerüchte die Runde, wonach es zwischen den beiden Parteien ein Geheimabkommen gebe: Schüssel werde Klima bei den Koalitionsverhandlungen scheitern lassen und danach eine Koalition mit Haider abschließen. Der Pakt werde auf acht Jahre abgeschlossen werden, zuerst solle Schüssel Kanzler werden, nach den nächsten Wahlen dann der Obmann der stärkeren von den zwei Parteien.

In den ersten Tagen des neuen Jahres schien es aber doch anders zu kommen: Die Verhandlungsteams von SPÖ und ÖVP einigten sich auf ein Koalitionsabkommen, das auch von den Parteigremien abgesegnet wurde. Dennoch scheiterte, wie eingangs beschrieben, die Fortsetzung der Koalition, Blau und Schwarz waren am Zug, Rot und Schwarz gescheitert. Gescheitert an demokratiepolitisch natürlichen Abnutzungserscheinungen, an strategischen Fehlern und taktischen Irrtümern, an menschlich verständlichen, politisch aber unentschuldbaren Eitelkeiten, auch an wachsenden inhaltlichen Differenzen.

Noch wurde die alternative Zusammenarbeit zwischen Volkspartei und Freiheitlichen behindert. Vor allem vom Bundespräsidenten, der den inhaltlich bald einigen Parteiobmännern Schüssel und Haider alle Prügel in den Weg legte, die er finden konnte. So viele, dass konservative Kommentatoren ihm die Ausnutzung seiner verfassungsmäßigen Macht vorwarfen. Der Vorwurf stimmte auch in seiner realistischeren Form des möglichen Machtmissbrauchs nicht, weder formal noch inhaltlich. Formal hat der Bundespräsident eben auch bezüglich der Regierungsbildung weit gehende Kompetenzen. Er kann als Kanzlerkandidaten benennen, wen er will, solange dieser sich eine Chance auf eine parlamentarische Mehrheit – oder zumindest eine zeitweilige Tolerierung – für sein Team ausrechnen kann. Klestil lieferte auch eine Begründung für sein Tun: Er wolle eine Regierung mit tragfähiger Mehrheit im Inland und großer Akzeptanz im Ausland. Beides garantierte eine Regierungsbeteiligung der FPÖ nicht, wie man heute weiß: Sie polarisiert im Inland und isoliert im Ausland.

Die nächste Hürde für eine blau-schwarze Koalition war noch höher: Am Montag, den 31. Jänner 2000, verkündete Portugals Regierungschef Antonio Guterres, Ratspräsident der EU, die Sanktionen der 14 anderen EU-Mitgliedsländer gegen Österreich – für den Fall einer Regierungsbeteiligung der als antieuropäisch und chauvinistisch eingeschätzten FPÖ. Die scheinbar aus heiterem Himmel kommende Erklärung der EU war tatsächlich eine «schallende Ohrfeige für die österreichische Diplomatie» (ORF-Kommentator Paul Lendvai). Schüssel wagte dennoch das Risiko, sich mithilfe der FPÖ zum Kanzler küren zu lassen. Er sei von der Schärfe der prompt sofort in Kraft gesetzten Sanktionen überrascht worden, gab er später zu, nicht aber vom Unwillen der anderen EU-Staaten. Man kann deren Maßnahme für überzogen halten – schließlich gibt es in anderen Mitgliedsländern viel deutlichere Exponenten antieuropäischen Geistes, wenn auch nicht eine Regierung mittragend. Vielleicht erweisen sie sich für die Österreich-spezifischen Intentionen der EU sogar als kontraproduktiv – schließlich gedeihen gerade in Österreich Dolchstoßlegenden prächtig. Man sollte nur eins nicht tun: die Drohungen der anderen Mitgliedsländer als nebensächlich abtun, als Druck des «Auslands», dem «wir Österreicher» nur mannhaft entgegentreten müssten, damit er wieder vergehe.

Abgesehen davon, dass schon die Causa Waldheim anderes bewies, entwickelte sich die schwerste außenpolitische Krise Österreichs seit Erlangung der vollen Unabhängigkeit 1955. Und sie ist in jeder Hinsicht gewichtiger als die damalige Äffäre: Kurt Waldheims Problem lag im Umgang mit seiner Vergangenheit, seine akute Politik bot keinen Anlass für internationale Sanktionen. Jörg Haiders Problem – vor allem das Problem der Umwelt mit ihm – liegt dagegen sehr wohl in seiner gegenwärtigen politischen Konzeption und seiner persönlichen Konstitution: Offenbar halten die maßgeblichen europäischen Politiker seine Entschuldigung für «missverständliche» Ausrutscher in Sachen NS-Verharmlosung für unglaubwürdig. Und offenbar hat er sich auch nicht an der Schwelle zur Regierungs(mit)verantwortung nur einigermaßen «staatsmännisch» im Griff. Anders wären seine Attacken – wie jene anlässlich seines 50. Geburtstages – auf ausländische Kritiker nicht zu erklären, die noch dazu sachlich unsinnig waren: Die gegenwärtige belgische Regierung ist gerade deshalb gewählt worden, weil die alte das getan hat, was Haider polemisch Belgien vorwarf (Versagen in der Kinderpornoaffäre, Korruption). Und Jacques Chirac mag Fehler gemacht haben, hat aber, zweimal gewählt, immerhin mehr als zehn Jahre eines der bedeutendsten europäischen Ämter inne.

Wer konnte garantieren, dass Haider, der gleich darauf in der «Zeit» die EU mit einem Hühnerstall verglich und sich selbst mit einem «Fuchs» (was der wohl in einem Hühnerstall anfängt?), nicht bei der nächsten Gelegenheit wieder die Sprache des vernünftigen politischen Umgangs durch jene des Bierzeltes ersetzt? So bei seiner Aschermittwochrede 2000 in Ried, wo er Wiens Bürgermeister Michael Häupl nachsagte, er sei dick und blöd (die persönliche Verunglimpfung seiner Widersacher zählt zu Haiders Standardrepertoire), wo er über den neuen SPÖ-Vorsitzenden Alfred Gusenbauer kalauerte, dieser esse «mit Hammer und Sichel», wo er Frankreichs Chirac indirekt, aber eindeutig als «Westentaschen-Napoleon des 21. Jahrhunderts» bezeichnete und sich ebenso diebisch wie kindisch darüber freute, bei Marathons schneller zu laufen als Deutschlands Joschka Fischer oder Amerikas Bill Clinton. Natürlich: Keine Staatsaffäre, eher eine Selbstentlarvung. Mit solchen Sprüchen liefert Haider nur bestes Material gegen sich selbst. Vor diesem Hintergrund sind auch Appelle für einen «nationalen Schulterschluss» sinnlos. So unsinnig manche Töne aus EU-Ländern gegen österreichische Zustände, so schädlich manche Maßnahmen zur Einschränkung des Kultur-, Sport- oder Schüleraustausches auch sind: Fast jeder Auftritt Haiders leistet ihnen neuen Vorschub. Wiens Kardinal Christoph Schönborn hat in diesem Zusammenhang zu Recht vor der Suche nach Sündenböcken für die eigene Misere gewarnt: «Zurzeit sind wir sehr in Versuchung, Sündenböcke in ganz Europa zu suchen dafür, dass man uns scheel anschaut.»

Auch Wolfgang Schüssel kann Haiders Töne nicht dämpfen. Dennoch glaubte er, das Risiko Haider zwecks Regierbarkeit des Landes und zwecks Domestizierung der FPÖ in Kauf nehmen zu können. Trotz der vorhersehbaren innenpolitischen Entwicklung: 200 000 Gegner der neuen Regierung demonstrierten gegen sie am 19. Februar am traditionsreichen Wiener Heldenplatz, auf dem im März 1938 die Massen dem triumphierenden Adolf Hitler zugejubelt hatten, Tausende setzten die Proteste seither wöchentlich fort. Das Land scheint politisiert wie seit den Hochzeiten Bruno Kreiskys nicht mehr, von einer dezentralen Welle von Widerstandsgeist erfasst: Artikuliert von Schülerkundgebungen, Protestkundgebungen von Künstlern, Inseraten von Wissenschaftern, unterstützt von neuen Methoden der Diskussion und Mobilisierung, die Thomas Macho, Professor für Kulturgeschichte an der Berliner Humboldt-Universität, in der «Zeit» vom 9. März 2000 auch als Antwort auf die digitalen Konstruktionen künstlicher Persönlichkeiten («Avataren») und die diesbezüglich politisch bahnbrechenden Methoden Jörg Haiders einschätzt: «In wenigen Wochen sind im österreichischen Web zahlreiche neue Seiten aufgetaucht, die den Widerstand gegen die schwarz-blaue Regierungskoalition unterstützen und verbreitern. Daraus lässt sich die Hoffnung ziehen: Womöglich ist eine künftige Mediendemokratie nicht ausschließlich auf die Modelle der Werbung, des Star- und Prominentenkults oder der Propagandakünste politischer Avataren angewiesen. Die mediendemokratischen Verhältnisse implizieren auch die Etablierung zentraler, subversiver Netzwerke, und vielleicht kann der Kärntner Avatar mit seinen eigenen Waffen geschlagen werden.»

Wolfgang Schüssel, durchaus sensibel für neue Technologien und Trends, durchaus auch sensibel für die gefährliche Unberechenbarkeit Haiders und mancher seiner Mannen (der neue Infrastrukturminister Michael Schmid hatte Schüssel noch wenige Tage vor der Wahl als «Feindbild der FPÖ» bezeichnet) spürt die Gefährlichkeit dieser Strömung für seine Regierung. Sie ist derzeit dennoch auf Gedeih und Verderb von der Gunst Haiders abhängig, der auch als «einfaches Parteimitglied» (nach seinem taktisch motivierten Rücktritt als Parteiobmann) in der FPÖ (fast) alle Fäden zieht. In einer ersten Reaktion versuchte Schüssel die Großdemonstration am 19. Februar als letztes «Austoben von Altachtundsechzigern und der Internetgeneration» abzutun, heute ironisiert er diese auch in seiner Partei heftig kritisierte Stellungnahme: «Ich bin ja selbst ein Achtundsechziger und surfe gern im Internet.» Zweite Stufe von Schüssels Kampf gegen diese gesellschaftliche, weit über den üblichen parteipolitischen Rahmen hinausgehende Opposition: Aus einer Debatte über die Berechtigung der Sanktionen von 14 EU-Mitgliedsstaaten gegen Österreichs neue Regierung, aus der internationalen Diskussion über die Einschätzung Jörg Haiders, aus der Auseinandersetzung über die Weiterentwicklung der Europäischen Union zu einem politischen Verband, dem auch die so genannte Innenpolitik seiner einzelnen Teile nicht ganz egal sein kann, sollte ein Streit darüber werden, wer was wann wem «im Ausland» zugeflüstert hat.

Die Taktik, insbesondere die SPÖ und Ex-Kanzler Klima und (so nicht von der ÖVP, wohl aber ihrem Koalitionspartner FPÖ betrieben) auch Bundespräsident Klestil als Drahtzieher der Sanktionen darzustellen, schien zunächst aufzugehen. Genauere Recherchen führten bald zu einer differenzierteren Betrachtungsweise: Natürlich hatten die beiden bei internationalen Treffen die Lage im Inland besprochen und dabei auch ihre Skepsis gegenüber einer FPÖ-Regierungsbeteiligung nicht verschweigen. Aber seit dem 3. Oktober wussten alle verantwortlichen Politiker (auch der damalige Außenminister Schüssel), dass eine Regierung mit Haiders FPÖ starken Gegenwind zu erwarten hätte.

An der außenpolitischen Misere ändert die für den 1. Mai 2000 angekündigte Übergabe des FPÖ-Parteivorsitzes von Jörg Haider zu Susanne Riess-Passer nichts. Nationalratspräsident Thomas Prinzhorn hatte bereits bei der Ankündigung dieses Schrittes klargestellt: «Es gibt keinen Rücktritt, Haider ist stärker als je zuvor.» Exakter: Haider versuchte, dadurch wieder stärker zu werden. Denn nur mehr die treuesten Fans konnten ihm glauben, dass er sich aus Rücksicht auf die Regierung von der vordersten Front verabschiedet. Der Ex-FPÖ-Obmann agiert stets nur in einem Interesse – seinem eigenen. Diesmal aus drei Motiven: Haider hatte erstens den schwachen Start seines teilweise unerfahrenen Regierungsteams satt. Er war zweitens verärgert darüber, dass er ein parteiinternes Scharmützel gegen den stärksten FP-Minister, Finanzminister Karl-Heinz Grasser (der französische Philosoph Bernard-Henri Lévy sieht in ihm schon den Erben Haiders) verloren hat: Die für FPÖ-Politiker zugelassene Gehaltsobergrenze wurde von 60 000 auf monatlich 66 000 Schilling netto erhöht. Und Haider weiß drittens von seiner zentralen Rollenstärke: Nur in der Opposition wirkt er gut, seine Versuche als Staatsmann schlagen regelmäßig fehl. Daher will er auch gegen die eigene Koalition Opposition spielen können, vor allem dann, wenn sie Unpopuläres plant. Schon einmal, zwischen 1983 und 1986, hatte er von Kärnten aus ein (damals unter rechtsliberaler Ägide stehendes) FPÖ-Regierungsteam systematisch demontiert. Der Rücktritt Haiders scheint also wenig zu ändern, weder an seiner Stärke noch an der Schwäche der Regierung, zumindest vorläufig auch nichts an der Isolation Österreichs. Erwartbar wird nur eine Dynamik zunehmen: Haider wird noch öfter und schärfer Zwischenrufe gegen Wien, Brüssel und Paris abgeben. Die Spannungen in der FPÖ werden steigen und entsprechend auch die in der Regierung.

Dennoch will Schüssel Haider zumindest entzaubern. Man kann dieses Ziel für illusionär halten. Aber man sollte sich ernstlich damit auseinander setzen und seine Motive dafür nicht bloß im Persönlichen suchen. Hinweise auf den «Ehrgeizling» Schüssel (so der Titel eines Porträts von Inge Santner in der «Weltwoche») oder seine äußere Erscheinung («Wie man sich einen Kanzler vorstellt, sieht Schüssel wirklich nicht aus. Klein gewachsen, zappelig und scheinbar unerschütterlich heiter, hat er eines jener Gesichter, die so lange knabenhaft bleiben, bis sie abrupt vergreisen», so Armin Thurnher in der «Woche») können das Bild Schüssels nur abrunden, treffen aber nicht den Kern. Dazu ist Schüssel zu sehr *Zoon politicon*, das seine politischen Ziele zäh verfolgt. In Bezug auf die neue Regierung könnte sein Plan aufgehen. Während «sein» Team bisher keine großen Fehler gemacht hat, agiert der blaue Teil mit Ausnahme Grassers und der geschickten Vizekanzlerin Susanne Riess-Passer schwach. Das mögen Startprobleme einer bis vor kurzem leicht punktenden Oppositionspartei mit extrem geringem Kompetenzpotential sein. Aber auch eine besser funktionierende FPÖ wird in der Regierung einen Teil ihres Protestbonus und – objektiv auch dank Schüssel – ihrer Attraktivität verlieren. Jörg Haider ist dadurch allerdings nicht einzubinden. Der schlaue «Fuchs» hat sich rechtzeitig ganz nach Kärnten abgesetzt. Von dort wird er weiter Opposition gegen alles Unpopuläre machen, das die Regierung plant, wird ihre internationale Isolierung mit starken Sprüchen verstärken. Und wird – speziell gegen Wolfgang Schüssel – 2003 als Kanzlerkandidat antreten. Falls es dazu nicht kommen sollte, falls die radikal-rechtspopulistische FPÖ eine normale, von Haider emanzipierte rechtskonservative Partei wird, muss man den Hut vor Wolfgang Schüssel ziehen. Wenn nicht, wenn der Hasardeur Schüssel als Dompteur Haiders versagt, könnte die düstere Prognose Thurnhers Wirklichkeit werden: «Der kleine Prinz wird nicht zum guten König; er küsst bloß den Drachen wach.»

II. DIE FPÖ UND HAIDER

Brigitte Bailer/Wolfgang Neugebauer/
Heribert Schiedel

Die FPÖ auf dem Weg zur Regierungspartei

Zur Erfolgsgeschichte einer rechtsextremen Partei

Die Titel der Beiträge über die FPÖ in den vom Dokumentationsarchiv des österreichischen Widerstandes (DÖW) herausgegebenen Werken «Rechtsextremimus in Österreich nach 1945» und «Handbuch des österreichischen Rechtsextremismus» spiegeln die Entwicklung der FPÖ wider: «Zwischen Rechtsextremismus und Liberalismus» (1979), «Die FPÖ: Vom Rechtsextremismus zum Liberalismus?» (1981), «Vom Liberalismus zum Rechtsextremismus» (1993).

Die FPÖ versteht sich als Repräsentantin des «Dritten Lagers», das in der Monarchie von Schönerers «Alldeutschen» und anderen Deutschnationalen und in der Ersten Republik von der «Großdeutschen Volkspartei» und dem «Landbund» verkörpert wurde, in den dreißiger Jahren im Nationalsozialismus aufging und sich 1949 im «Verband der Unabhängigen» (VdU) wiederfand. Historisch, soziologisch und politisch-ideologisch ist die FPÖ keine homogene, geschlossene Partei, sondern ein Sammelbecken verschiedener sozialer Gruppen und unterschiedlich orientierter politischer Strömungen auf zunächst deutschnationaler Grundlage, die sich zwischen den – keinesfalls gleich starken – Polen Rechtsextremismus und Liberalismus bewegen.

Die FPÖ ging 1955/56 aus dem VdU, einem Konglomerat von Altnazis, Deutschnationalen und einigen wenigen Liberalen hervor. Der zurückgetretene Parteigründer des VdU, der dem liberalen Flügel zuzuzählende Abgeordnete Herbert Kraus, fällte nach dem Gründungsparteitag der FPÖ folgendes Urteil: «Das Ergebnis des FPÖ-Parteitags veranlasst mich, die mir angebotene Kandidatur zur Nationalratswahl abzulehnen und aus der FPÖ auszutreten. Dieser Parteitag war die Bestätigung der lange vorbereiteten ‹Machtübernahme› durch einen kleinen Kreis von Rechtsextremisten und ehemaligen Naziführern. Die in der FPÖ verbliebenen gemäßigten Vertreter des VdU sind praktisch zur Bedeutungslosigkeit verurteilt. (...) Unter dem Titel einer Sammlung auf breitester Basis ist aber nun eine vornehmlich auf die Vergangenheit ausgerichtete Partei auf engster Basis entstanden. Die offiziellen Erklärungen der FPÖ von ‹Absage an den Extremismus› und ‹Partei der Mitte› entspringen dem Bedürfnis nach einer sehr notwendig gewordenen Tarnung.»[1]

Tatsächlich wurde die FPÖ als deutschnationale, weit rechts stehende Partei gegründet, in der ehemalige, zum Teil schwer belastete Nationalsozialisten führende Stellungen einnahmen. Mit Anton Reinthaller trat ein hoher NS-Funktionär an die Spitze der FPÖ: Er war Mitglied der Landesleitung der NSDAP Österreich, gehörte im März 1938 als Landwirtschaftsminister der Hochverräterregierung Seyß-Inquart an und wurde SS-Brigadeführer. Sein Nachfolger Friedrich Peter, Obmann von 1958 bis 1978, Angehöriger der berüchtigten 1. SS-Infanteriebrigade, hatte 1956 zu seiner Vergangenheit in einer SS-Zeitschrift erklärt: «Ich bin nicht jenem Kreis zuzuzählen, der ‹gepresst und gezwungen› wurde, sondern ich bekenne auch heute, dass ich freiwillig gegangen bin.

1 «Wiener Zeitung», 13. 4. 1956

Und dem Vaterland zu dienen, war zu keiner Zeit eine Schande.»[1] Haider-Berater Andreas Mölzer, vormaliger FPÖ-Bundesrat und -Chefideologe, kommentiert die Wahl Peters mit folgendem, für das Selbstverständnis der FPÖ aufschlussreichen Satz: «(Seine) Vergangenheit als Offizier in der Waffen-SS erschien den Parteifunktionären seinerzeit zu garantieren, dass der 37-jährige, neue Parteiobmann die politische Linie, unter der die FPÖ angetreten war, einhalten würde.»[2]

Die Ära Peter: Die FPÖ wird koalitionsfähig

Die Beteiligung am parlamentarischen Leben und der Wunsch, aus dem politischen Abseits herauszukommen, führten ab 1960 zu taktischen Anpassungen und auch zu echten ideologischen Veränderungen in der FPÖ. Namentlich Parteiobmann Peter erkannte die Notwendigkeit, «auch mit Freimaurern und Juden am selben Tisch (zu) sitzen»[3], und bemühte sich, der FPÖ ein liberales Image zu geben – in den Augen von Mölzer ein «existenzgefährdendes Aufweichen»[4]. Auf dem Parteitag 1964 erklärte Peter erstmals, dass «Nationale und Liberale in der FPÖ gemeinsam Platz haben»[5]. Im Zuge der Habsburg-Krise 1962/63 kam es zu einer Annäherung an die SPÖ, deren Spitzenfunktionär Franz Olah der FPÖ eine Million Schilling aus Gewerkschaftsgeldern zukommen ließ, um sie für eine Koalition zu gewinnen.

Diese Entwicklung stieß einen Teil der rechtsextremen Ele-

1 «Wiking-Ruf», Feber 1956
2 Andreas Mölzer, Jörg! Der Eisbrecher. Jörg Haider und die Freiheitlichen – Perspektiven der politischen Erneuerung, Klagenfurt 1990, S. 45
3 «Expreß», 9. 10. 1963
4 Mölzer, Eisbrecher, a.a.O., S. 45
5 Frischenschlager, Funktions- und Inhaltswandlungen von Parteiprogrammen am Beispiel der FPÖ-Programme, in: «Österreichische Zeitschrift für Politikwissenschaft», 7. Jg., 2 (1978), S. 212

mente in der FPÖ, vor allem jüngere, aus der «nationalen» Studentenbewegung kommende Aktivisten vor den Kopf und führte schließlich 1966/67 zur Abspaltung dieser Gruppierung. Die Initiative zur Gründung einer neuen rechtsextremen Partei ging vom Kreis der Südtirol-Terroristen um Norbert Burger aus, die 1966/67 die NDP ins Leben riefen. Die Burger-Partei konnte jedoch trotz großer Bemühungen um den «nationalen» FPÖ-Flügel aufgrund ihres Extremistenimages nie zu einer ernsthaften Konkurrenz für die Mutterpartei werden. Nachdem dieser Flügel 1986 mit Jörg Haider an der Spitze neuerlich die Macht in der FPÖ übernommen hatte, galt die 1988 auch behördlich aufgelöste NDP als Auslaufmodell.

Ab 1970 kam es zu einer starken Aufwertung der FPÖ, vor allem durch Bundeskanzler Bruno Kreisky, dessen Minderheitsregierung 1970/71 von Peter um den Preis einer die FPÖ begünstigenden Wahlrechtsreform toleriert wurde. Kreisky wollte sich für den Fall des Verlustes der absoluten SPÖ-Mehrheit die FPÖ als Koalitionspartner in Reserve halten.

Der sehr allmähliche Wandel der FPÖ ging im Wesentlichen ohne größere innerparteiliche Konflikte vor sich. Lediglich Einzelpersonen und kleine Gruppen stellten sich dem Kurs Peters entgegen. Antisemiten wie der stellvertretende Wiener Landesobmann, Gemeinderat Hans Klement, der eine «Koalition mit dem Juden Kreisky» ablehnte, wurden von Peter aus der FPÖ geworfen, während einige andere FPÖ-Funktionäre von sich aus den Übertritt zur NDP vollzogen.

Mit dem tagespolitischen Anpassungsprozess der Parteiführung unter Peter war jedoch keine entsprechende ideologisch-programmatische Entwicklung der FPÖ verbunden. Insbesondere die Geisteshaltung vieler Funktionäre änderte sich nicht in Richtung Liberalismus. Für die Entwicklung, die schließlich zu den dramatischen Ereignissen im September 1986 führte, war die Weiterexistenz und Aktivität starker «nationaler» Zentren in der FPÖ von entscheidender Bedeutung.

Hauptexponent des rechten Flügels in der FPÖ war viele Jahre lang der Kärntner Nationalratsabgeordnete und stellvertretende Parteiobmann Otto Scrinzi, auf dessen ideologische Auffassung die wichtigsten Definitionskriterien des Rechtsextremismus zutreffen und der offen mit der extremen Rechten zusammenarbeitet. In der FPÖ hatte Scrinzi nach seinem Konflikt mit Parteiobmann Peter schon Ende 1975 seine Funktion verloren und radikalisierte sich nach seinem Ausscheiden aus dem Nationalrat 1979 und der Obmannwahl von Norbert Steger 1980 zunehmend. Er gründete 1984 die «National-Freiheitliche Aktion» (NFA), nach den Worten Mölzers eine «Sammlungsbewegung», die «durch die zunehmend neoliberale Politik der Wiener FPÖ-Spitze unter Steger» notwendig wurde.[1] Ziel der NFA war, so Mölzer, nicht eine Spaltung der FPÖ, sondern eine vom «nationalen Flügel» getragene «innerparteiliche Reform»[2], wie sie schließlich 1986 erfolgen sollte. Höhepunkt von Scrinzis NFA-Aktivitäten war seine gegen den Willen der FPÖ-Führung erfolgte, von der extremen Rechten getragene Kandidatur bei der Bundespräsidentenwahl 1986, bei der Scrinzi jedoch – nicht zuletzt infolge der Waldheim-Auseinandersetzung – das angepeilte Wahlziel von 200 000 Stimmen klar verfehlte (55 940 Stimmen).

Die FPÖ Kärnten hat sich trotz des Druckes der Bundespartei von Scrinzi nie völlig getrennt; selbst während seiner statutenwidrigen Präsidentschaftskandidatur ruhte bloß seine Mitgliedschaft. Der damalige Kärntner FPÖ-Abgeordnete und stellvertretende Landesobmann Alois Huber leistete Scrinzi mit seiner Unterschrift (die 25 000 Unterstützungserklärungen von «Normalsterblichen» aufwog) die entscheidende Schützenhilfe bei der Kandidatur. Die Sympathien für den Parteirechtsaußen Scrinzi verwundern nicht, wenn man die Schreibweise des FPÖ-Organs «Kärntner Nachrichten» in den siebziger und achtziger Jahren

1 «Deutsche Wochen-Zeitung», 2. 11. 1984
2 Ebd.

analysiert. Diese Wochenzeitschrift erfüllte sämtliche Kriterien des Rechtsextremismus. Der damals für die Blattlinie politisch verantwortliche Jörg Haider ließ jede Kritik am rechtsextremen Charakter der «Kärntner Nachrichten» unbeantwortet. Erst später, als die FPÖ ihre Position in der «Liberalen Internationale» behaupten wollte bzw. als die Landeshauptmannfunktion von Parteiobmann Haider Rücksichtnahmen erforderte, mäßigten die «Kärntner Nachrichten» ihre extremistische Schreibweise.

Hochburgen und Rekrutierungsfelder der extremen Rechten innerhalb der FPÖ waren stets die «nationalen» Studenten- und Akademikerverbände. Nicht wenige führende FPÖ-Funktionäre kommen aus dem «Ring Freiheitlicher Studenten» (RFS) und den Burschenschaften, die in den fünfziger und sechziger Jahren an den österreichischen Hochschulen noch eine wichtige Rolle spielten und damals Hauptträger rechtsextremer Aktivitäten waren. Viele jugendliche Extremisten von damals sind heute in die «Freiheitlichen Akademikerverbände» integriert, die als FPÖ-Vorfeldorganisationen angesehen werden können. Die Teilnahme des damaligen Kärntner Landesparteisekretärs Haider an einem Burschenschaftstreffen in Leoben 1981, bei dem NDP-Führer Burger ein stürmischer Empfang bereitet und das SS-Lied «Wenn alle untreu werden» gesungen wurde, war kein Zufall, denn Haider ist in diesem Milieu herangewachsen und steht bis heute dazu. In diesem Zusammenhang kam und kommt der Zeitschrift «Aula» eine entscheidende Funktion zu; als Integrationsorgan schlägt sie die Brücke vom gemäßigten Deutschnationalismus über die FPÖ bis zum Neonazismus. Die «Aula» blieb auch in der Ära Steger ein Hort der rechtsextremen Kräfte der FPÖ. In ihrer 40-Jahr-Jubiläumsausgabe, zu welcher neben den Größen der rechtsextremen Szene auch Haider ein Grußwort beisteuerte, rühmte sich die «Aula» 1991, zum Sturz Stegers beigetragen zu haben.

Auch wenn von Äußerungen einzelner Funktionäre oder von Teilen der Partei nicht ohne weiteres auf die Gesamtpartei geschlossen werden darf, musste sich diese auch während der «liberalen» Phase zumindest den Vorhalt gefallen lassen, dass von den verschiedenen rechtsextremen Aktivitäten und Äußerungen in der Regel keine Distanzierung erfolgte.

Die Episode Steger: Der vermeintliche Durchbruch des Liberalismus

Nach dem überraschend schnellen Scheitern des Bundesobmannes Alexander Götz (1978–1980) schien – zumindest an der Parteispitze – der Durchbruch der jungen, liberaleren Kräfte in der FPÖ gekommen zu sein. Auf dem Parteitag im März 1980 standen einander die beiden Hauptflügel in den Personen des Liberalen Steger, Landesparteiobmann von Wien, und des «Nationalen» Harald Ofner, Obmann der FPÖ Niederösterreich, in einer Kampfabstimmung gegenüber, wobei sich Steger – freilich nur knapp – durchsetzte. Von Anfang an stand der als «linksliberal» diffamierte Steger-Kurs im Kreuzfeuer sowohl aller rechtsextremen Organisationen als auch der FPÖ-Rechten und wurde insbesondere von Scrinzi, Götz und Haider bekämpft. So war Steger immer wieder gezwungen, Zugeständnisse an die «nationalen» Kräfte in der FPÖ zu machen. Steger, der als Wiener FPÖ-Obmann die «alten Keller-Nazis» aus seiner Partei entfernen wollte und einen «Wähleraustausch» – liberal statt national – anstrebte, musste als Bundesobmann deutlich zurückstecken.

Mit der noch von Kreisky in die Wege geleiteten Bildung der kleinen Koalition 1983 war Steger zweifellos der größte politische Erfolg in der Geschichte seiner Partei gelungen, wurde doch damit das Ghetto, in dem sich das «Dritte Lager» seit 1945 befunden hatte, endgültig überwunden und die ersehnte Machtbeteiligung erreicht. Bereits im Oktober 1979 war die FPÖ nach langjährigen Bemühungen in die «Liberale Weltunion» (später: «Liberale Internationale») aufgenommen worden, was später, unter der Obmannschaft Haiders, zu Auseinandersetzungen und schließlich zum Austritt führte. Zwar konnte Steger viele Liberale in wichtige Positionen bringen, ein entscheidender ideologischer Durchbruch bei der Masse der Parteianhänger und -funktionäre gelang jedoch auch ihm nicht. Dies wurde unter anderem in der von Steger herbeigeführten Parteiprogrammdiskussion 1985 sichtbar, als zwar einige liberale Positionen durchgesetzt werden konnten, das traditionelle ideologische Fundament der FPÖ, das Bekenntnis zur «deutschen Volks- und Kulturgemeinschaft», aber beibehalten wurde. Mölzer erblickt in dem Salzburger Parteiprogramm «ein Scheitern jener (liberalen, Anm.) Kräfte», «die die völlige Abnabelung der Freiheitlichen Partei von ihren nationalliberalen Wurzeln gepredigt hatten»[1]. Zu Recht hat Alfred Stirnemann in seiner kritischen Analyse des FPÖ-Programms festgestellt, dass «die Verwandlung in eine liberale Partei nicht geglückt erscheint» und «die nationalen Elemente umfang- und schwerpunktmäßig eher eine Ausweitung erfahren haben»[2].

Dass sich die FPÖ bestenfalls verbal liberalisiert hatte, wurde 1985 in der Reder-Frischenschlager-Affäre deutlich. Nachdem ein FPÖ-Paradeliberaler wie Frischenschlager den Handschlag mit dem SS-Kriegsverbrecher (und damit symbolisch mit der nazistischen Vergangenheit) vollzogen hatte, kam es zu positiven Reaktionen vieler FPÖ-Funktionäre – allen voran Haiders, der Frischenschlagers Fehlverhalten «vorbildlich» nannte und diesen wegen seiner (unter dem Druck der SPÖ zustande gekommenen) Entschuldigung scharf kritisierte. Schon in dieser Krisensituation wurde deutlich, dass sich zwischen der Führung und der Basis eine Kluft aufgetan hatte.

Dennoch vollzog sich der Sturz Stegers und mit ihm das Ende des liberalen Kurses nicht nur für den Vizekanzler überraschend,

1 Mölzer, Eisbrecher, a.a.O., S. 7
2 Alfred Stirnemann, Das neue Parteiprogramm der FPÖ – eine kritische Analyse, in: Österreichisches Jahrbuch für Politik 1985, München–Wien 1986, S. 657 ff.

sondern auch für die Beobachter, die dem FPÖ-Liberalismus immer schon skeptisch gegenübergestanden waren. Die Tatsache, dass die meisten führenden FPÖ-Funktionäre den Regierungskurs unterstützten oder zumindest nicht bekämpften, ließ Steger offenbar den infolge Wahlniederlagen und schlechter Umfragedaten (zwischen 1 und 2 Prozent) eintretenden Stimmungsumschwung in weiten Parteikreisen verkennen. Christian G. Allesch, Mitbegründer des liberalen «Atterseekreises» in der FPÖ, analysierte diese Entwicklung folgendermaßen: «Ausschlaggebend für die Niederlage des durch die Person Dr. Stegers gekennzeichneten prononciert liberalen Kurses war die Tatsache, dass die ideologischen Veränderungen, die sich in den letzten Jahren in der Parteispitze und in der Programmatik der FPÖ abzeichneten bzw. ereigneten, von der vielzitierten ‹Parteibasis› allenfalls toleriert, aber nicht innerlich nachvollzogen wurden. In der Struktur der Parteitagsdelegierten, bei deren Analyse überdies die höchst inhomogene regionale Gewichtung zu berücksichtigen ist, hat sich trotz eines gewissen Generationswechsels kein spürbarer Wandel der ideologischen Kräfteverhältnisse vollzogen.»[1]

Haider nutzte die zunehmenden Probleme Stegers ohne Skrupel. Er ließ keine Gelegenheit aus, um Steger auch öffentlich zu attackieren, und verschärfte im Laufe der Jahre 1985/86 seine Angriffe, wobei er bis an die Grenze eines Parteiausschlusses bzw. einer Parteispaltung ging. Ein Höhepunkt der Anti-Steger-Kampagne war der Landesparteitag der Kärntner FPÖ im Frühjahr 1986, als ein Delegierter, ohne von Haider zurechtgewiesen zu werden, verkündete: «Mit dem Haider tät i wieder nach Russland ziehen, mit dem Steger tät i nit amol auf Urlaub gehn.»[2]

1 Christian G. Allesch, Zur aktuellen Situation des politischen Liberalismus aus der Sicht des Atterseekreises, in: Politisch-Wissenschaftliche Arbeitsgemeinschaft Atterseekreis, Die Liberalen auf der Suche nach der verlorenen Identität?, Wien 1987, S. 16f.

2 Zitiert nach: Viktor Reimann, Fünf ungewöhnliche Gespräche, Wien 1991, S. 222

Fritz Plasser charakterisiert die Haider-Anhänger folgendermaßen: «Jene Funktionäre, aufgewachsen im reaktionär-dumpfen Umfeld diverser ‹Heimatdienste›, ‹Abwehrkämpfer›, ‹Turnerbünde›, schlagender Verbindungen, teutonischer Phrasen, chauvinistischer Deutschtümelei, Geschichtsverzerrung, der bizarren Subkultur ehemaliger Nationalsozialisten, unbelehrbarer Ex-Parteigenossen, übelkeitserregender Veteranenrituale – jener inferiore Funktionärstyp, der in emphatischer Begeisterung nach eigenen Angaben mit einem Mann wie Jörg Haider ‹jederzeit wieder nach Russland marschieren würde›, jenes Spektrum, das der FPÖ bis heute den Ruf eingetragen hatte, eine Partei der Ehemaligen, der Unverbesserlichen, des schrillen Nationalkonservatismus zu sein, entdeckte in Jörg Haider seinen lang ersehnten Führer.»[1]

Die Haider-Partei ...

Entscheidend für die «Wende» in der FPÖ war das Weiterwirken der «nationalen» Kräfte in der FPÖ und das Unvermögen der Steger-Gruppe, diesen Parteiflügel zu marginalisieren oder auszuschließen. Die Landesorganisation Kärnten unter Haider, Teile der steirischen und besonders der oberösterreichischen FPÖ opponierten (und konspirierten) gegen Steger und untergruben dessen Basis in der Partei. Hierbei ist ein Bericht des VdU-Mitbegründers Viktor Reimann über ein Geheimgespräch zwischen Haider, zwei weiteren Exponentinnen und Exponenten des rechtsextremen FPÖ-Flügels und Scrinzi in dessen Haus im Verlauf des Bundespräsidentschaftswahlkampfes 1986 von Belang, weil darin die Methoden der FPÖ-Rechten sichtbar werden. Bei diesem Treffen erhielt das Unterstützungskomitee für Scrinzi, der von der

1 Fritz Plasser, Die populistische Arena. Massenmedien als Verstärker, in: Anton Pelinka (Hg.), Populismus in Österreich, Wien 1987, S. 89

FPÖ offiziell abgelehnt und wegen seiner unerlaubten Kandidatur mit Parteiausschluss bedroht wurde, Adressen freiheitlicher Funktionäre, die dann auch angeschrieben wurden. Reimann über die weitere Vorgangsweise: «Je nach der Antwort, die auf das Schreiben einlangte, zog man Schlüsse über die Richtung der einzelnen FPÖ-Funktionäre. Diejenigen, deren Antwortschreiben positiv bewertet wurde, bildeten den Grundstock für den Sturz Stegers und die Wahl Haiders auf dem Parteitag in Innsbruck. Dabei spielte Haider ein Doppelspiel. In der Bundesparteileitung beantragte er nämlich den Ausschluss Scrinzis, der nicht angenommen wurde.»[1]

Während die überwältigende Mehrheit der Parteiführung hinter Steger stand, schwenkte die Mehrheit der Parteibasis zum rechtsextremen Lager um. Am 14. September 1986 wählten 263 Delegierte (59,5 Prozent) des Innsbrucker Parteitages Haider zum neuen Obmann, auf Steger entfielen nur 179 Stimmen (40,5 Prozent). Auf dem Parteitag vollzog sich zweifellos weit mehr als ein Personenwechsel; gerade die Umstände signalisierten eine grundlegende Richtungsänderung: Unter an faschistische Kundgebungen erinnerndem Gejohle wurde ein neuer Parteiführer erkoren, während der unterlegene Steger als «Jud'» mit Erschießen und Vergasen bedroht wurde. Selbst der FPÖ-freundliche Reimann schreibt von einer «biergeschwängerten Stimmung, von Zwischenrufen und Verbalinjurien, die an nationalsozialistische Zeiten erinnerten».[2]

Die entscheidende Niederlage des Liberalismus in der FPÖ wurde von Steger und anderen auch eingestanden, zahlreiche Funktionäre traten danach aus der Partei aus. Der «Atterseekreis» trennte sich Anfang 1987 «angesichts der seither deutlich gewordenen Hinwendung der FPÖ zu einem rechtspopulistischen Kurs» organisatorisch und ideologisch von der FPÖ, wobei die

1 Reimann, Ungewöhnliche Gespräche, a. a. O., S. 219
2 Siehe dazu: ebd., S. 226

«historische Vermengung liberaler und deutschnationaler Strömungen» – das Grundkonzept der FPÖ – als «Fehlentwicklung» qualifiziert wurde.[1] Haider versuchte hingegen, die Ausschaltung der Liberalen zu leugnen, wobei ihm frühere «Steger-Leute», die sich aus verständlichen Gründen (Karrieresicherung) mit der neuen Parteiführung arrangierten, die Mauer machten. Zur Paradeliberalen wurde Heide Schmidt aufgebaut, an deren FPÖ-Austritt 1993 freilich das endgültige Scheitern des Liberalismus in der Partei deutlich sichtbar wurde. Schmidt hatte einen nicht geringen Teil ihrer öffentlichen Auftritte dazu verwenden müssen, sich von extremistischen Äußerungen von FPÖ-Funktionären zu distanzieren.

Obwohl die FPÖ drei Jahre Juniorpartner einer SPÖ-geführten Regierung war, die FPÖ-Regierungsmitglieder auch nach der Koalitionsaufkündigung durch Bundeskanzler Vranitzky im September 1986 im Amt blieben und Haider die Koalition mit der SPÖ fortsetzen wollte, verstand er es, im Nationalratswahlkampf 1986 die FPÖ als Oppositionspartei zu präsentieren und einen ersten beachtlichen Erfolg (9,7 Prozent, Verdoppelung des Wähleranteiles) zu erzielen. Haider leitete damit eine dynamische Aufwärtsentwicklung seiner Partei ein, wobei er nicht nur die Wähler- und Mandatezahl nahezu bei allen Wahlen beträchtlich vergrößern, sondern auch bei wichtigen politischen Themen die Initiative an sich reißen konnte. Dies gilt insbesondere für die so genannte «Ausländerfrage», die von der FPÖ nun in das Zentrum ihrer Agitation gerückt wurde.

Mit dem «Ausländervolksbegehren» vom Jänner/Februar 1993 verschärfte Haider den ausländerfeindlichen Kurs der FPÖ dramatisch. Heide Schmidt hat in der TV-Konfrontation mit Haider am Tag ihres Bruches mit der FPÖ aufgedeckt, dass Haider in

1 Zitiert nach: Stirnemann, Die Freiheitlichen – Abkehr vom Liberalismus? Zu einigen Aspekten der FPÖ unter Jörg Haider, in: Österreichisches Jahrbuch für Politik 1987, Wien–München 1988, S. 171

einer FPÖ-Vorstandssitzung erklärt hatte, auch Ausschreitungen im Zuge der Volksbegehrenskampagne in Kauf zu nehmen. Dabei startete Haider die bisher aggressivsten Angriffe auf politische Gegner und schreckte auch vor Beleidigungen unumstrittener Persönlichkeiten wie Kardinal König und Bundespräsident Klestil nicht zurück. Die nicht mehr zu übersehende Radikalisierung Haiders mobilisierte freilich seine Gegner in einem für ihn unerwarteten Ausmaß; selbst bisherige publizistische Verharmloser Haiders rückten nun von diesem ab. Eine breites Bündnis stellte sich dem «ersten gegen Menschen gerichteten Volksbegehren» (Bischof Kuntner) entgegen. Das Lichtermeer am 23. Jänner 1993 in Wien, mit 250 000 Teilnehmern die größte Kundgebung der Zweiten Republik, verfehlte seine Wirkung nicht. Statt der von Haider erwarteten 1,5 Millionen unterzeichneten lediglich 417 000 Personen. Dennoch erklärte Haider, «in der Ausländerfrage nicht locker» lassen zu wollen, und kündigte an, diese zum Thema der nächsten Nationalratswahlen zu machen [1] – eine Drohung, die in der Folge wiederholt in Taten umgesetzt wurde. Zuletzt bei den Nationalratswahlen 1999, als die FPÖ in Wien erfolgreich mit Parolen wie «Stopp der Überfremdung» oder «Stopp dem Asylmißbrauch» warb.

... als sozialpopulistische «Protestpartei»

Mit ausländerfeindlichen und den Nationalsozialismus verharmlosenden Sprüchen zielen Haider und die FPÖ-Spitze auf jenes nicht unbeträchtliche Potential in der Bevölkerung, das für Fremdenfeindlichkeit und eine positive Sicht des Nationalsozialismus empfänglich ist und aus dem sich ein Großteil der FPÖ-Sympathisanten rekrutiert. Nicht vollständig deckungsgleich mit diesem

1 «Basta», 3/1993, S. 38; »Neue Freie Zeitung», 2. 2. 1994; »Kurier», 2. 2. 1994

Potential ist jenes der vage Unzufriedenen, die ihren oberflächlichen Protest im Wählen Haiders ausdrücken. Als autoritärer Populist vermag es Haider, der sich als Rächer der vielfältig narzisstisch Gekränkten verkauft, die Ressentiments gegen die «da oben» zu schüren und für sich nutzbar zu machen. Tatsächlich stellen die «Bonzen» und «Bürokraten» neben den «Ausländern» die Objekte der FPÖ-Agitation dar. In Abgrenzung zu diesen und den öffentlichen Institutionen wie den Kammern oder anderen Interessenvertretungen wurde erfolgreich eine nationale Gemeinschaft der «Tüchtigen» und «Anständigen» konstruiert.

Die haidersche Inszenierung als «Anwalt der kleinen Leute» gehorcht folgendem Muster: «Die überzeichnete Kritik an den öffentlichen Institutionen und die damit verbundene Tabuisierung des privaten Unternehmertums und der in die Marktwirtschaft eingebauten Korruptions-, Ausbeutungs- und Überlistungsmechanismen sind somit zu einem großen Teil Resultat einer Verschiebung, die es erlaubt, stellvertretend an den öffentlichen Einrichtungen die im Arbeits-, Wohn- und Wirtschaftsalltag erfahrenen Demütigungen zu kompensieren.»[1] Die ökonomischen, gesellschaftlichen Zwänge werden personalisiert oder als politisch-institutionelle benannt und so einer Überwindung entzogen. Gleiches gilt für die Widersprüche zwischen Kapital und Arbeit: An ihrer Stelle bildet Haider das Gegensatzpaar Arbeit und Nicht-Arbeit. Anknüpfend an die antisemitische Unterscheidung zwischen «schaffendem» und «raffendem» Kapital wird von der FPÖ eine Interessengemeinschaft der Produktiven konstruiert.[2]

1 Hannes Krall, «Die Inszenierung des Politischen». Eine sozialpsychologische Studie am Beispiel des Jörg Haider, Klagenfurt 1992 (Diss.), S. 94

2 In der Propaganda der FPÖ werden aber auch schon mal unmittelbar NS-Töne angeschlagen: 1997 fand sich in einem regionalen Parteiblatt die graphische Darstellung der «arbeitende(n) Bevölkerung», wie sie von «Sozialismus» und «Kapitalismus» in die Zange genommen werde. Ersterer, so heißt es dort, betreibe die «Ausbeutung der arbeitenden Bevölkerung mittels Steuern durch die Umverteilungspolitik der eigentlichen Machthaber der internationalen sozialistischen Parteien und Gewerkschaften», zweiterer «mittels Zinsen durch die

Haider hat nicht nur die Inhalte der Politik und die Struktur der FPÖ grundlegend verändert, sondern auch die Hauptzielgruppen seiner Propaganda ausgewechselt. Waren es früher eher elitäre Gruppen wie traditionell deutschnationale Akademiker, Freiberufler, soziale Aufsteiger, Bürgerliche, denen die ÖVP zu wenig radikal war, die von Haider besonders angesprochen wurden, so richtet er seine Bemühungen nun hauptsächlich auf Protestwähler, auf von der Sozialdemokratie enttäuschte Arbeiter, so genannte «Modernisierungsverlierer». Die FPÖ-Propaganda greift dabei immer stärker zum Mittel der Sozialdemagogie. So sprach der Nationalrat Reinhart Gaugg davon, dass die FPÖ den «Klassenkampf wieder aufnehmen» werde, und kritisierte scharf den «Gewerkschaftsboss, der im Wiener Luxus-Penthouse» sitzt.[1] Auch mit dem als gescheitert zu betrachtenden Versuch, eine FPÖ-Gewerkschaft zu etablieren, sollte soziale Kompetenz simuliert werden.

Nicht zufällig sind die jüngsten Wahlerfolge der FPÖ vor allem dem geänderten Wahlverhalten der Arbeiter zuzuschreiben: «Haben vor 20 Jahren nur 4 Prozent der österreichischen Arbeiter die Freiheitliche Partei gewählt, waren es 1999 47 Prozent.»[2] Aber auch unter den Männern ist die FPÖ mit einem Stimmenanteil von 32 Prozent stärkste Partei. Gleiches gilt für die Gruppe der unter 29-Jährigen (35 Prozent) und der Wechselwähler (37 Prozent).[3]

Dem unorthodox operierenden Haider, der in Discos und auf Volksfesten Anhänger wirbt und politische Newcomer oder gar Nichtparteimitglieder in Funktionen und Mandate bringt, gelang

Profitgeldgeschäfte der die internationale Hochfinanz beherrschenden Banken und Spekulanten». Und darunter in bester NS-Tradition: «Der Sozialismus und der Kapitalismus teilen sich in geheimer Komplizenschaft die Ausbeutung der arbeitenden Bevölkerung.» (Steirischer Gemeindekurier, März 1997)

1 «Kärntner Nachrichten», 1. 10. 1992

2 Fritz Plasser; Peter A. Ulram; Franz Sommer, Analyse der Nationalratswahl 1999. Muster, Trends und Entscheidungsmotive, Wien 1999, S. 24; siehe auch den Beitrag von Fritz Plasser und Peter A. Ulram in diesem Band.

3 ebd., S. 21

es im Verlauf seiner Obmannschaft, ganz neue Schichten zu gewinnen. Es handelt sich um inhomogene Wählergruppen; vielfach sind es bislang wenig an Politik interessierte, keineswegs rechtsextrem oder deutschnational ausgerichtete Menschen, die vor allem von der Person Haider, seiner Rhetorik und seinen Parolen, seinem Auftreten und seinem Äußeren angezogen sind und in ihm einen neuen Politikertypus, einen Erneuerer und Kämpfer gegen das «System» zu erblicken glauben. Zu Recht konstatiert Kurt R. Luther, «daß die Loyalität vieler solcher Parteineulinge eher an der Person des BPO (Haider, Anm.) als an der FPÖ selbst orientiert ist»[1]. Diese neue Heterogenität der Anhängerschaft der FPÖ ist der Führung durchaus bewusst, die darauf auch ihre Politik und Propaganda ausrichtet. Es ist freilich zu befürchten, dass diese neuen, Protest- und Haider-orientierten FPÖ-Schichten durch entsprechende Beeinflussung in das «national-freiheitliche» Gedankengut (im schlechtesten Sinn des Begriffes) eingebunden werden. In Bezug auf solche Entwicklungen meint Armin Pfahl-Traughber, «dass entsprechende Wahlvoten mit der Zeit diffuse politische Proteststimmung in manifest politische Ideologien verwandeln und somit einen gefährlichen Rechtsruck in der politischen Kultur Österreichs bewirken – und genau hierin besteht die Gefahr des haiderschen Rechtspopulismus»[2].

... als autoritäre Führerpartei

Die FPÖ hat unter Haider Züge einer autoritären Führerpartei angenommen. Haiders Wahlerfolge und die von ihm geschaffenen Dankbarkeits- und Abhängigkeitsverhältnisse – nicht wenige

1 Kurt R. Luther, Die Freiheitliche Partei Österreichs, in: Herbert Dachs et al. (Hg.), Handbuch des politischen Systems Österreichs, Wien 1991, S. 251

2 Armin Pfahl-Traughber, Der Rechtspopulismus des Jörg Haider, in: «Vorgänge», H. 1081, Dezember 1990, S. 33

verdanken ihr Mandat direkt dem Parteiführer – ermöglichten es ihm, alle Gegner und Kritiker kaltzustellen, an den Rand oder aus der Partei zu drängen. Mit einem permanenten Köpferollen erzeugte Haider in der FPÖ ein Klima der Angst, sodass niemand mehr, ohne um seine politische (und oft auch berufliche) Existenz fürchten zu müssen, sich ein Wort gegen Haider zu sagen getraut. Der frühere FPÖ-Spitzenfunktionär Helmut Krünes, selbst ein Haider-Opfer, stellte zur 1992/93 vor sich gehenden «Schmidt-Treibjagd» fest: «Wenn das so ausschaut, dass eine Person allein die Einheitlichkeit fixiert und die Einheitlichkeit dann darin besteht, dass sich kein anderer mehr etwas zu sagen getraut, keiner mehr etwas sagen darf, dann wird es, dann ist es gefährlich.»[1]

Beim massenhaften Abservieren langgedienter FPÖ-Funktionäre ging es Haider nicht nur um die Beseitigung von potentiellen Konkurrenten oder Gegenspielern, vielmehr zielten diese Maßnahmen darauf ab, überhaupt alle FPÖ-Politiker, die eigenständiges Format und eigene Hausmacht besaßen, kaltzustellen. Unter den von Haider nach oben gehievten Nachwuchspolitikern, die meist erst seit kurzem der Partei angehörten, befindet sich fast kein einziger, der politisches oder intellektuelles Gewicht besitzt, sodass die gesamte Politik der FPÖ weitgehend von Haider allein bestimmt wird. In den Medien wird die Führungsgarnitur der FPÖ als Haiders «Buberlpartie» verhöhnt. Für den Industriellen Georg Mautner-Markhof ist Haider «ein armer Mensch», «der Widerspruch nicht vertrage» und die freie Meinungsäußerung in der FPÖ unterdrücke. Mautner-Markhof sprach in diesem Zusammenhang von «Parteidiktatur» und «Führerpartei»[2].

Diese Vorstellung von einer autoritären Führerpartei hat Haider auch mehrfach offen ausgesprochen. In einem Interview er-

1 «Die Furche», 22. 10. 1992
2 «Der Standard», 29. 2./1. 3. 1992 und 4. 3. 1992; «Kurier», 3. 3. 1992

klärte er drohend: «Wer sich von der politischen Linie absentiert, muss gehen. Da muss man Härte zeigen.»[1]

Für den Charakter Haiders bemerkenswert erscheint die Tatsache, dass er bei seinen – politischen – Liquidierungen auch vor Personen nicht zurückschreckte, die zu seinem Aufstieg entscheidend beigetragen hatten. Hatte er schon seine Förderer Peter und Mario Ferrari-Brunnenfeld ins politische Out manövriert, so ließ Haider 1992 auch Norbert Gugerbauer, dem er 1986 seinen Sprung an die Parteispitze verdankte, und Kriemhild Trattnig, die ihn in der Landesorganisation Kärnten groß gemacht hatte, eiskalt fallen. An dieser Stelle drängt sich die Frage auf: Wenn Haider schon seine Freunde so behandelt, zu welchen Handlungen ist er gegenüber politischen Gegnern und Andersdenkenden fähig, wenn er die Macht hat?

Haiders Umgang mit Menschen veranlasste Peter zu dem Ausspruch: «Haider ist bis jetzt der einzige Mensch aus dem Bereich der Politik, dem ich nicht die Hand geben möchte.»[2] Und Norbert Steger stellte fest: «Haider wendet Mechanismen und einen Stil an, die gar nicht liberal sind, die ich mir also in unserer Gesellschaft nicht wünsche.»[3]

... als rechtsextreme Bewegung

Die Entwicklung der FPÖ seit 1986 ist durch ein entscheidendes Anwachsen der deutschnational-rechten bis rechtsextremen Kräfte charakterisiert, die eindeutig die Hegemonie errungen und die noch vorhandenen liberalen Reste zunehmend an den Rand und Anfang 1993 endgültig aus der FPÖ hinausgedrängt haben.

1 «Basta», 6/1991
2 Friedrich Peter wörtlich. Aus seinem politischen Briefwechsel, «Forum», 16. 12. 1988, S. 10
3 «Neue AZ», 30. 6. 1989, S. XII

Früher außenstehende rechtsextreme, ja sogar neonazistische Elemente haben in der FPÖ Aufnahme gefunden und dort Funktionen und Mandate errungen, worauf ebenso wie auf die Kontakte zu rechtsextremen Gruppen und Publikationen im In- und Ausland sowie auf die ununterbrochene Kette von rechtsextremen Äußerungen und Handlungen von FPÖ-Funktionären andernorts eingegangen wurde.[1] Diese Integration von Rechtsextremen vollzog sich praktisch auf allen Ebenen der Partei und wird besonders in den bei Wahlen vorgelegten Kandidatenlisten sichtbar. Das DÖW hat wiederholt eine ganze Reihe von FPÖ-Kandidaten mit Kontakten zum Rechtsextremismus ausmachen können. Alles in allem sind seit 1986 Rechtsextremisten in solchem Ausmaß in die FPÖ eingesickert, dass man fast schon von einer Integration des traditionellen Rechtsextremismus in die FPÖ sprechen muss.

Die ideologische Ausrichtung der FPÖ hängt nahezu vollständig vom Parteiführer ab. Die Autoren dieses Beitrags meinen, dass die vielfach zur Interpretation der haiderschen Politik verwendeten Kategorien Rechtspopulismus und Stimmenmaximierung nicht ausreichen; denn Haider hat einen klar erkennbaren politischen Standort. Wir teilen die Auffassung Scharsachs[2], dass Haider nach den Definitionskriterien Willibald Holzers[3], die auch diesem Aufsatz zugrunde liegen, als rechtsextrem anzusehen ist. So kann die heute von Haider repräsentierte Hauptströmung der FPÖ im Lichte unzähliger einschlägiger Äußerungen Haiders unseres Erachtens nur als rechtsextrem qualifiziert werden. Politische Gegenpositionen und innerparteiliche Gegenspieler sind mit dem Austritt Schmidts u. a. weitgehend weggefallen. Neben den

1 Siehe dazu u. a.: Brigitte Bailer-Galanda; Wolfgang Neugebauer, Jörg Haider und die Freiheitlichen in Österreich, Berlin 1997

2 Hans-Henning Scharsach, Haiders Kampf, Wien 1992, S. 225 ff.

3 Willibald I. Holzer, Rechtsextremismus – Konturen, Definitionsmerkmale und Erklärungsansätze, in: Stiftung Dokumentationsarchiv des österreichischen Widerstandes (Hg.): Handbuch des österreichischen Rechtsextremismus, Wien 1993

Haider-Getreuen gibt es zwar noch FPÖ-Funktionäre, die sich und ihre Partei nicht als rechtsextrem verstehen, aber offenbar vor der Realität die Augen verschließen, jedenfalls die Politik Haiders nicht infrage stellen und in dieser weit nach rechts gerückten Haider-FPÖ, aus welchen Gründen immer, mitmachen. Es bleibt abzuwarten, ob sich diese nach dem Abgang Haiders als Parteiobmann im Februar 2000 als eigenständig profilieren können. Bis dato weisen aber alle Anzeichen auf eine fortgesetzte, nun informelle innerparteiliche Dominanz Haiders hin.

Da dieser spektakuläre Rückzug von Anhängern wie Kritikern als taktische Frontbegradigung begriffen wird und alle davon ausgehen, dass Haider bei den nächsten Nationalratswahlen als Kanzlerkandidat der FPÖ zurückkehren wird, muss hier zudem von einem bloßen Intermezzo ausgegangen werden. Angesichts der – sich vor allem an der Person Haiders festmachenden – heftigen Kritik an der Regierungsbeteiligung der FPÖ gehorcht der Rücktritt dem Ziel, einen Gewöhnungseffekt zu erreichen. Jedoch dürfte die Persönlichkeit des nun angeblich «einfachen Parteimitglieds» dem entgegenstehen: Die Aschermittwochsrede Haiders vom 8. März 2000 artete einmal mehr zum Rundumschlag gegen politische Gegner, Kritiker und ausländische Politiker aus.

... als Bündnispartner

Haiders Ziel erschöpft sich nicht darin, ausschließlich den äußersten rechten Rand des politischen Spektrums zu erfassen. Sein strategisches Konzept zielt auf die Etablierung einer großen Koalition aller Rechten – mit ihm als Führer. Dies nötigt der FPÖ einen Spagat zwischen der Selbstdarstellung als bessere Sozialdemokratie und als wahre Konservative ab. Letzterem gehorcht das neuerdings im Parteiprogramm formulierte Bekenntnis zu einem «Christentum, das seine Werte verteidigt», was eine Abkehr vom notorischen Antiklerikalismus des «Dritten Lagers» bedeutet. Der Weg zur staatstragenden Rechten führt über den Beweis der Regierungsfähigkeit und den Umweg der Koalition mit der ÖVP. Diese wurde mithilfe neuer Bündnispartner im Bereich Rechtskonservatismus und -katholizismus seit geraumer Zeit vorbereitet.

Der Regierungsbeteiligung der FPÖ stand weniger ihr Charakter, wie er sich zuletzt in der ausländerfeindlichen Agitation während des Nationalratswahlkampfes 1999 offenbarte, als ihre Anti-EU-Position im Weg. Nach dem unter Haider eingeleiteten Schwenk von euphorischer Zustimmung zur europäischen Integration hin zu Ablehnung der EU erfolgte daher prompt eine neuerliche Richtungsänderung. Wurde 1997 noch ein Volksbegehren gegen den Euro durchgeführt – übrigens unter Verantwortung der nunmehrigen Vizekanzlerin Riess-Passer – und 1999 gegen die EU-Osterweiterung agitiert, gibt sich die FPÖ-Spitze wieder proeuropäisch. Die neue Sprachregelung hat sich aber noch nicht bei allen FPÖ-Funktionären durchgesetzt. So hielt Infrastrukturminister Schmid an der Ablehnung der EU-Erweiterung fest, der burgenländische Klubobmann Rauter wollte gar eine Volksabstimmung über den Austritt aus der EU initiieren.

Zunächst blieb der Rechtsruck der FPÖ aber nicht ohne Folgen für das Verhältnis zu den übrigen Parteien. Während die SPÖ unter Vranitzky die Koalition mit der FPÖ schon nach den Vorfällen auf dem Innsbrucker Parteitag aufgekündigt hatte und seitdem die Haider-Partei ausgrenzt, hat sich die ÖVP eine Koalition mit der FPÖ als zweite Option neben der großen Koalition lange offen gehalten und 1989 Haiders Wahl zum Kärntner Landeshauptmann ermöglicht. Erst Haiders Äußerung über die «ordentliche Beschäftigungspolitik» des «Dritten Reiches» 1991 im Kärntner Landtag führte zu einem Meinungsumschwung in der ÖVP und zur Aufkündigung der Koalition in Kärnten. Haider wurde von SPÖ und ÖVP als Landeshauptmann abgewählt und erlitt damit seinen bisher schwersten politischen Rückschlag.

Die Durchführung des «Ausländervolksbegehrens» und die damit zusammenhängenden verbalen Attacken Haiders gegen Kardinal König, Bundespräsident Klestil, Vizekanzler Busek und andere verstärkten die Isolierung. Der damalige ÖVP-Obmann Busek meinte, dass Haider «eine Art politischer Quarantäne» brauche und als «politischer Spieler» ausscheide.[1] Es zeigte sich jedoch bald, dass die Ablehnungsfront gegen die FPÖ in einzelnen Bundesländern keineswegs so gefestigt ist wie auf der Bundesebene. Den Anfang machte Haiders Wahlheimat Kärnten: Nach dem FPÖ-Wahlsieg im Frühjahr 1999 (42 Prozent) fand hier die Ausgrenzung ein Ende, und Haider wurde neuerlich zum Landeshauptmann gekürt. Während die SPÖ ihre Ablehnung einer Koalition mit der FPÖ unter Haider bekräftigte, hielt sich die ÖVP unter Obmann Schüssel diese Option nun wieder offen.

Seitens der FPÖ wurden dafür neben den bereits erwähnten inhaltlichen Schwenks auch personelle Vorbedingungen erbracht. So wurde der als Scharfmacher bekannte Ewald Stadler im Frühjahr 1999 vom Posten des FPÖ-Klubobmannes im Parlament in den niederösterreichischen Landtag abgeschoben. Haider selbst verkündigte wiederholt seine Mäßigung zum Staatsmann, um kurz darauf den gegenteiligen Beweis anzutreten. Am deutlichsten offenbart sich die Tendenz Haiders zur Camouflage seiner politischen Absichten an seinem 1996 entdeckten «Österreichpatriotismus». Der traditionelle, die FPÖ seit ihrer Gründung und Haider seit seiner Kindheit prägende Deutschnationalismus, der modifiziert auch im neuen Parteiprogramm enthalten ist, erwies sich in der politischen Auseinandersetzung zunehmend als hinderlich, zumal er nur das stagnierende Segment der FPÖ-Kernwählerschicht ansprach, jedoch bei den von der FPÖ neu gewonnenen oder zu gewinnenden Wählerschichten im Wege stand. Diese Einsicht führte zu Haiders «Absage» an die «Deutschtümelei». Eine genaue Analyse der Aussagen Haiders und diverser

1 «Profil», 8. 3. 1993

FPÖ-Politiker und -Zeitungen zeigt, dass sich aber im Grunde an der deutschnationalen Grundeinstellung wenig geändert hat. Haider selbst hat beim 120. Stiftungsfest seiner Burschenschaft «Silvania» «im traditionellen Schwur erneut bekräftigt, für die Erhaltung des deutschen Volkstums zu stehen»[1]. Der neu entdeckte Österreich-Patriotismus der FPÖ erfüllt zwei Hauptfunktionen: die Täuschung der Öffentlichkeit über die ungebrochen deutschnationale, letztlich österreichfeindliche Grundeinstellung und die leichtere Mobilisierung bzw. Vereinnahmung ausländerfeindlicher Haltungen in der Bevölkerung.

Überhaupt setzt Haider große Anstrengungen, das politische Spektrum seiner Partei zu erweitern und angesehene Personen des öffentlichen Lebens, nicht ohne Erfolg, als Kandidaten zu gewinnen. In diesem Sinne kann die FPÖ auch als Repräsentantin einer «Neuen Rechten», einer Spielart des Rechtsextremismus, aufgefasst werden, die mittels einer äußerlichen Modernisierung versucht, das politisch stigmatisierte Feld des herkömmlichen Rechtsextremismus zu verlassen, um auf diese Weise Bündnispartner gewinnen und zu politischem Einfluss gelangen zu können.

Leider mit Erfolg: Unter Bruch des Wahlversprechens, bei einem Rückfall der ÖVP auf den dritten Platz in Opposition zu gehen, verwirklichte Schüssel im Februar 2000 seinen Traum von der Kanzlerschaft und beteiligte – gegen den Widerstand des demokratischen Europa – eine rechtsextreme und ausländerfeindliche Partei an der Regierung.

1 «Junge Freiheit», 15. 11. 1996

Fritz Plasser/Peter A. Ulram

Protest ohne Parteibindung

Die Wählerschaft der FPÖ

Der Wahlerfolg der FPÖ bei der Nationalratswahl 1999, bei der die FPÖ mit 26,9 Prozent knapp zur zweitstärksten Partei aufstieg, und ihr Eintritt in eine Koalitionsregierung mit der ÖVP im Februar 2000 haben in der internationalen Öffentlichkeit große Besorgnis und Kritik ausgelöst. Nicht nur die Regierungen der 14 EU-Mitgliedsstaaten haben gegen die neue österreichische Regierung einschneidende diplomatische Sanktionen beschlossen, auch die USA haben mit deutlichen Worten ihre Kritik und Missbilligung über die aktuelle Entwicklung in Österreich ausgedrückt. Israel hat seinen Botschafter aus Wien abgezogen, und in den internationalen Massenmedien überwiegt eine negative Berichterstattung, die dem internationalen Ansehen der Republik Österreich schweren Schaden zufügt. Im vorliegenden Beitrag wird versucht, die Hintergründe des Aufstieges der FPÖ differenzierter darzustellen. Wer sind die Wähler und Wählerinnen der FPÖ, und warum haben sie diese Partei gewählt? Der vorliegende Beitrag versucht diese Fragen auf Basis empirischer Daten zu beantworten und ein Profil der mit Abstand erfolgreichsten rechtspopulistischen Partei in Westeuropa zu zeichnen.*

* Der vorliegende Beitrag ist eine gekürzte und überarbeitete Fassung eines Kapitels für das von Fritz Plasser und Peter A. Ulram herausgegebene Buch «Das österreichische Wahlverhalten», das im April 2000 im Signum-Verlag (Wien) erschienen ist.

1. Rahmenbedingungen und Strategien des Rechtspopulismus in Österreich

Das österreichische Parteiensystem galt jahrzehntelang als eines der stabilsten in Westeuropa. Diese Stabilität war nicht zuletzt die Folge einer festen Verankerung der Traditionsparteien SPÖ (Sozialdemokratie) und ÖVP (Volkspartei, Christdemokraten) in gesellschaftlichen Subkulturen («Lager») und einer großflächigen Personalpolitik wie parteipolitischen Steuerung weiter Teile der öffentlichen Verwaltung, des öffentlichen Wirtschaftssektors und der Massenmedien. Seit den späten siebziger Jahren sieht sich dieses einst «hyperstabile» Parteiensystem mit einer fortschreitenden Erosion der traditionellen politischen Subkulturen, einer Abnahme der (affektiven wie organisatorischen) Parteibindung und einer zunehmenden wahlpolitischen Mobilität konfrontiert. Parallel dazu kam es zu einer Veränderung politisch-kultureller Orientierungen: Stilistische und moralische Parteien- und Politikerkritik nahmen zu und erreichten beinahe «italienische Dimensionen»; die substantielle Leistungsfähigkeit von Parteien und Sozialverwaltung wurde infrage gestellt; Protesthaltungen gewannen an Schärfe, die aus Unzufriedenheit im Bereich hoch emotionalisierter Themen- und Politikbereiche resultierte (Ausländerpolitik, Folgen wirtschaftlicher Internationalisierung und kultureller Öffnung etc.). Die verschiedenen Unzufriedenheits- und Protestmotive gingen dabei oft ein explosives Mischungsverhältnis ein, das von den in Österreich weit verbreiteten Sonderformen der Boulevardpresse orchestriert wurde.

Für den Parteienwettbewerb von zentraler Bedeutung war die Neuauflage der «großen» SPÖ-ÖVP-Koalition 1987, die Oppositionsparteien unterschiedlicher Couleur stärker aufkommen ließ, aber de facto den «normalen» Vorgang des Regierungswechsels fast unmöglich machte. Eine parlamentarische Mehrheit für SPÖ und Grüne war und ist seit 1986 nicht vorhanden; die FPÖ galt lange Zeit auf Bundesebene als nicht koalitionsfähig – sie war und ist allerdings in mehreren Landesregierungen mit Landesräten vertreten und stellt in der Person von Jörg Haider den Landeshauptmann im Bundesland Kärnten.

Die FPÖ hat auf die veränderte politische Situation in zweifacher Weise reagiert: zuerst durch eine Anpassung an die Situation eines offenen Wählermarktes und die Suche nach politischen «Marktnischen» (Neuformulierung des personellen, symbolischen und inhaltlichen Angebotes); in der Folge zunehmend aber auch durch eine Strategie der «aktiven Marktbeeinflussung» (Kreierung bzw. Verstärken von politischen Themen, Beeinflussung von Angebot und Strategie der politischen Mitkonkurrenten). Diesem Wandel der Strategie entspricht auch eine Verschiebung des Bildes der FPÖ (wie ihres Obmannes) in der Öffentlichkeit und ein Wandel der freiheitlichen Wählerschaft.

In der *ersten Phase* – zeitlich etwa von der Übernahme der Parteiführung durch Haider 1986 bis zum Ende der achtziger Jahre eingrenzbar – präsentierte sich die FPÖ vor allem als neue, innovative, verändernde Kraft, die ihre «jugendliche Dynamik» gegen die «Unbeweglichkeit der Altparteien» ausspielte. Im öffentlichen Erscheinungsbild dominierten die Person Haiders und ein aggressiv-pointierter politischer Stil. Das thematische Profil beschränkte sich fast ausschließlich auf den Komplex «Parteienverdrossenheit», «politische Moral» und «Verschwendung bzw. Fehleinsatz von Steuergeldern». Andere sachpolitische Argumente, aber auch der Appell an spezifische Gruppen(interessen) kamen kaum zum Tragen. Ideologische Auseinandersetzungen spielten in der Selbstdarstellung eine nachrangige Rolle: Sie dienten eher der Bestärkung der freiheitlichen Stammklientel (Bekenntnis zur deutschen Nation, «Verteidigung der Kriegsgeneration» etc.) oder wurden bewusst als öffentlichkeitswirksamer «Tabubruch» («Der Jörg, der traut sich was») eingesetzt. Für Teile der österreichischen Wähler stellte sich die FPÖ so primär als Möglichkeit dar, den traditionellen Parteien einen «politischen Denkzettel» bzw. Anstöße zur Veränderung zu erteilen.

Die FPÖ appellierte vor allem an jüngere, politisch mobile und erneuerungswillige Wähler bzw. an verärgerte Wähler unterschiedlichster Provenienz (Schließung einer losen Protestwählerkoalition).

In der *zweiten Phase* – deren Beginn etwa 1990/1991 angesetzt werden kann – wurde die Politik der FPÖ inhaltlich-thematisch stärker konturiert, der Erneuerungs- und Innovationsanspruch verblasste bzw. wurde tendenziell in Richtung einer radikalen Systemkritik und Alternative transformiert; es dominierte die Politik der Ressentiments und der Appelle an diffuse Ängste insbesondere sozial schwächerer Bevölkerungsgruppen. Im öffentlichen Erscheinungsbild wirkte die FPÖ «härter» und polarisierender. Das thematische Profil der FPÖ war zwar nach wie vor begrenzt und zentrierte sich auf die Bereiche Korruptions- und Privilegienbekämpfung, Ausländer und die Verhinderung der Verschwendung öffentlicher Mittel, wo die Freiheitlichen als mit Abstand kompetenteste Kraft unter allen Parteien gelten. Allerdings hat die FPÖ in diesen Kernbereichen deutlich an Profil gewonnen, wie ihr auch im Zeitverlauf zunehmende Kompetenz bei den Themen Kriminalitätsbekämpfung, Steuersenkung und einzelnen sozialpolitischen Issues zugeschrieben wird. Die FPÖ betrieb hier auch ein «aktives Themen-Management» – im Sinne einer Schwerpunktverlagerung innerhalb der einzelnen Themenblöcke (Wechsel der populistischen Attacke von den «Politikern der Altparteien» zu den «Bürokraten in Brüssel»; von den «Privilegienrittern in den Interessenvertretungen» wieder zu den «Politikern der Altparteien» usw.) – und begann – teilweise im Gleichklang (und damit in wechselseitiger Verstärkung) mit der Boulevardpresse –, die politische Diskussionslandschaft (neu) zu strukturieren.

Seit Mitte der neunziger Jahre zeichnete sich zudem *ein weiterer Versuch einer politischen Neupositionierung* ab. Die FPÖ war offensichtlich bemüht, sich von ihrer deutschnationalen Vergangenheit abzugrenzen – sowohl in programmatischer Hinsicht als auch durch eine Auswechslung alter Funktionskader – und an Kompetenz im sozialpolitischen Bereich wie bei der Arbeitsplatzsicherung zu gewinnen («Vertretung österreichischer Interessen gegenüber der EU», Eintreten für «die kleinen Leute»). Früher vorhandene wirtschaftsliberale Vorstellungen wurden zugunsten von Schutzversprechungen für Gruppen, die von Budgetsanierungsmaßnahmen negativ betroffen sind, zurückgestellt. Bei den Nationalratswahlen 1999 stand das Wechselthema (*it's time for a change*) im Vordergrund und wurde von Teilen der Wählerschaft, die mit dem Erscheinungsbild und der Politik der großen Koalition unzufrieden waren, auch honoriert.

2. Wahlmotive für die Haider-FPÖ

Bei den Nationalratswahlen 1986 – dem ersten bundesweiten Wahlgang der FPÖ unter ihrem neu gewählten Obmann Haider – waren vor allem die Person Haiders bzw. sein massenmedial vermitteltes Image und der Wunsch nach «frischem Wind», also das Aufbrechen traditioneller Strukturen des Parteienwettbewerbs, jene Punkte, die den Ausschlag zur Wahl der FPÖ gaben. In der Wahltagsbefragung (*exit poll*) 1986 begründete spontan jeder zweite FPÖ-Wähler seine Entscheidung mit der Person Haiders; unter den Wechslern von anderen Parteien zur FPÖ galt dies sogar für zwei Drittel; in der gestützten Frageversion traten Protest- und Denkzettelmotive, insbesondere bei den Parteiwechslern (54 Prozent), stärker in den Vordergrund. Ideologische Motive bzw. deutschnationale Tendenzen spielten hingegen kaum eine Rolle.

Bei den Nationalratswahlen 1990 erwies sich der Einsatz gegen Skandale und Privilegien bereits als das stärkste Wahlmotiv zugunsten der FPÖ, gefolgt vom Wunsch, den Großparteien einen Denkzettel zu erteilen, und der Persönlichkeit Haiders. Auch die Linie der FPÖ in der Ausländerpolitik spielte eine beträchtliche

Rolle. In der Bundeshauptstadt Wien war sie das zweitstärkste Motiv der FPÖ-Wähler. Die spontanen Beweggründe für die Wahl der FPÖ zeigten ein ähnliches Bild – Verdrossenheits-, Protest- und Denkzettelargumente rangierten vor der Person des freiheitlichen Spitzenkandidaten und dem «Erneuerungsimage» der Partei. Bei den Wiener Landtags- und Gemeinderatswahlen vom November 1991, wo die FPÖ mit 22,5 Prozent der abgegebenen Stimmen zur zweitstärksten Partei aufstieg, rangierte die Haltung der FPÖ zu den Ausländern bereits an zweiter Stelle der Pro-FPÖ-Motive (nach dem «Denkzettel» für die SPÖ und ÖVP); Parteiwechsler zur FPÖ begründeten ihre Entscheidung, ihre frühere Partei diesmal nicht mehr zu wählen, vor allem mit dem Ausländerthema sowie mit unterschiedlichen Kritik- und Verdrossenheitspunkten (leere Versprechungen, Unzufriedenheit mit der Politik der Parteien, Privilegien- und Parteibuchwirtschaft).

Die neuerliche massenmediale Thematisierung des Skandal- und Privilegienthemas im Zuge des Wahlkampfes für die Arbeiterkammerwahlen unmittelbar vor den Nationalratswahlen prägte auch das FPÖ-Votum von 1994. Zwei Drittel der FPÖ-Wähler begründeten ihre Entscheidung mit dem Kampf der FPÖ gegen Skandale und Privilegien. Etwa jede(r) Zweite verwies auf die Haltung der Freiheitlichen in der Ausländerfrage bzw. das Eintreten gegen die Allmacht der beiden Großparteien SPÖ und ÖVP. Jeweils vier von zehn FPÖ-Wählern nannten als wichtigstes Motiv den Wunsch, den Großparteien einen Denkzettel zu geben. Alles in allem konnte die Entscheidung für die FPÖ als besonders emotional aufgeladenes Protestvotum charakterisiert werden. Die Pro-FPÖ-Wahlmotive bei den Nationalratswahlen 1995 glichen jenen von 1994. Spontan verwiesen die FPÖ-Wähler vor allem auf Skandale/Privilegien/Korruption und die Person Haiders, gefolgt von der Hoffnung auf Veränderung und das Ausländerthema. Bei den Nationalratswahlen 1999 waren der Wunsch nach frischem Wind, Veränderung und die Ablehnung der großen Koalition die dominanten Motive. Es folgten Ausländerpolitik, die

Person Haiders und diverse Konzepte und inhaltliche Vorschläge der FPÖ. Ideologische Begründungen für die Wahl der FPÖ wurden nur von einem geringen Prozentsatz der FPÖ-Wähler vorgebracht.

3. Soziale Komposition der FPÖ-Wählerschaft

Traditionell repräsentierte die Freiheitliche Partei Österreichs Personen mit deutschnationalen und antiklerikal-wirtschaftsliberalen Orientierungen mit einem Schwerpunkt auf Angehörige des alten, selbständigen Mittelstandes. Eben diese Merkmale fanden sich auch in der freiheitlichen Wählerschaft Ende der siebziger Jahre: Die FPÖ-Wählerschaft wies einen starken Überhang an mittleren und älteren Jahrgängen sowie an Selbständigen und Freiberuflern auf. Mit der Übernahme der Parteiführung durch Jörg Haider und der damit eingeleiteten Wende änderte sich dieses Profil markant: Es wurde «männlicher», die Wählerschaft verjüngte sich, der Anteil an höher Gebildeten und *white collars* (größtenteils Angestellte) stieg deutlich an; umgekehrt sank der Prozentsatz an älteren Menschen der unteren Bildungsschichten und des alten Mittelstandes. Die Protestwählerkoalition des (Nationalratswahl-)Jahres 1986 wurde von jungen Männern aus den städtischen angestellten Mittelschichten dominiert. In den folgenden Wahljahren, die im Wesentlichen in die rechtspopulistische Periode der Partei fallen, sank der Anteil der oberen Bildungsschichten und der Angestellten wieder ab, jener der Arbeiter nahm zu. 1990 und 1994 war auch eine markante Zunahme an älteren Wählern, insbesondere männlichen Pensionisten zu verzeichnen – ein Trend, der nur 1995 eine vorläufige Unterbrechung erfuhr: Dies ist durch den spezifischen Kontext des Wahlkampfes 1995 erklärbar, als die Sozialdemokratie die Pensionssicherung zu einem Schwerpunkt ihrer Kampagne machte und so einen Teil ihrer Verluste an die FPÖ von 1994 in diesem Wählersegment wettmachen konnte. Unverändert bleibt der Männerüberhang in der FPÖ-Wählerschaft; bei den weiblichen FPÖ-Wählern ist eine Verlagerung weg von Hausfrauen und hin zu (speziell jüngeren) berufstätigen Frauen in den unteren Bildungs- und Sozialschichten feststellbar. 1999 gelang der FPÖ wieder eine Verbreiterung ihrer Wählerkoalition, die nun verstärkt Angestelltenberufe, Hausfrauen und selbständige Unternehmer einschließt.

Wie aus den Daten zur Zusammensetzung der freiheitlichen Wählerschaft abzulesen, ist die FPÖ nicht für alle Wählergruppen in gleicher Weise attraktiv. Zwischen 1986 und 1999 konnte die FPÖ ihren Stimmenanteil an der Gesamtwählerschaft verdreifachen. Die vergleichsweise schwächsten Zugewinne wurden bei Landwirten, qualifizierten Angestellten, Beamten und in den höchsten Bildungsschichten erzielt. Besonders erfolgreich war die FPÖ in der jüngsten Wählergeneration, speziell bei jungen Berufstätigen. In diesem Wählersegment liegt die FPÖ ebenso wie in der Gruppe der berufstätigen Männer und in der Arbeiterschaft nunmehr an der ersten Stelle, bei Selbständigen und Freiberuflern nimmt sie mit 33 Prozent die zweite Position ein.

Obwohl die FPÖ unter Haider in fast allen Bevölkerungsgruppen nennenswerte Stimmenanteile an sich ziehen konnte, lassen sich doch Strukturmuster im Wählerverhalten feststellen. Zum einen fungieren die Restbestände traditioneller politischer Milieus und weltanschaulich-organisatorischer Bindungen als Barrieren gegen eine Wahl der FPÖ: starke religiöse Bindungen (hier operationalisiert als regelmäßige Kirchgänger) und Gewerkschaftsmitgliedschaft von Arbeitnehmern korrelieren mit unterdurchschnittlichen FPÖ-Werten. In Bezug auf die Kirchenbindung sind dabei im Zeitverlauf kaum Veränderungen zu sehen, unter Gewerkschaftsmitgliedern hat die FPÖ seit 1990 ihren Stimmenanteil auf 21 Prozent praktisch verdoppelt. Freilich sind beide *alignments* im längerfristigen Zeitverlauf rückläufig: Etwas weniger als ein Vier-

Stimmenanteile der FPÖ nach soziodemographischen Gruppen (1986–1999)

In Prozent haben bei den NRW (Nationalrats-wahlen) gewählt	FPÖ 1986	FPÖ 1990	FPÖ 1994	FPÖ 1995	FPÖ 1999
Männer	12	20	28	27	32
Berufstätige Männer	13	20	28	30	33
Pensionisten	11	22	29	23	28
Frauen	7	12	17	16	21
Berufstätige Frauen	7	13	17	20	22
Hausfrauen	8	11	17	14	25
Pensionistinnen	5	12	19	10	19
Unter 30 Jahre	12	18	25	29	35
30–44 Jahre	11	15	22	24	29
45–59 Jahre	6	15	22	10	21
60 Jahre und älter	8	16	22	15	23
Landwirte	5	9	15	18	10
Selbständige/Freie Berufe	15	21	30	28	33
Beamte, öffentlicher Dienst	9	14	14	17	20
Angestellte	13	16	22	22	22
Arbeiter	10	21	29	34	47
Pensionisten	8	16	24	16	24
In Ausbildung	9	8	18	15	23
Pflichtschulbildung	6	14	21	18	25
Fachschule/Berufs-schule	11	19	26	27	31
Matura/Universität	11	13	19	16	22

Quelle: Fessel-GfK, Exit Polls (repräsentative Wahltagsbefragungen) zu den Nationalratswahlen 1986–1999.

tel der Österreicher besucht sonntags den Gottesdienst; der Anteil an gewerkschaftlich organisierten Arbeitnehmer hat sich in der letzten Dekade von ca. 50 Prozent auf ca. 40 Prozent verringert. Angehörige der obersten Bildungsschichten und Frauen, insbesondere aber höher gebildete Frauen, stehen der FPÖ deutlich distanzierter gegenüber als die unteren und mittleren Bildungsgruppen und Männer (speziell Arbeiter). Unübersehbar ist auch eine größere Bereitschaft zur FPÖ-Wahl bei Jungwählern; wobei allerdings einschränkend zu bemerken ist, dass das Wahlverhalten der älteren Generation erkennbaren Schwankungen unterliegt. In der Arbeiterschaft hat die FPÖ ihren Stimmenanteil seit den fünfziger Jahren von 3 Prozent auf 47 Prozent gesteigert (SPÖ 1999 nur noch 35 Prozent). Auch bei den unter 30-Jährigen ist die FPÖ mit 35 Prozent mittlerweile die stimmenstärkste Partei.

Zunehmendes wahlpolitisches Gewicht erhalten auch die Spannungen zwischen Beschäftigten im «geschützten» (öffentlichen) und im «ungeschützten» (privatwirtschaftlich-wettbewerbsorientierten) Sektor, wobei die FPÖ inzwischen zur zweitstärksten Kraft unter Beschäftigten im privatwirtschaftlichen Bereich aufgestiegen ist. Die Brisanz dieser Konfliktlinie wird umso deutlicher, als nicht nur der gewerkschaftliche Organisationsgrad, sondern auch die Wirksamkeit traditioneller sozialpartnerschaftlicher Politikformulierung im Wettbewerbssektor der Wirtschaft rückläufig ist; gleichzeitig eignet sich der öffentliche Sektor aufgrund seiner parteipolitischen Beeinflussung und Kolonisierung durch Klientelinteressen in besonderem Ausmaß als Zielscheibe für populistische Attacken.

4. Die FPÖ-Wählerschaft im politisch-ideologischen Raum

Sowohl die politischen Strategiewechsel als auch deren Resonanz in der Wählerschaft verweisen darauf, dass die wahlpolitische Attraktivität der FPÖ nicht eindimensional – etwa als Folge eines allgemeinen politischen Rechtsruckes oder fremdenfeindlichen Reflexes – erklärt werden kann. Dies wird noch deutlicher, wenn man den ideologischen bzw. gesellschaftspolitischen Raum der österreichischen Parteienkonkurrenz einer näheren Analyse unterzieht. Einen ersten Indikator für die ideologische «Landkarte» Österreichs stellt die Positionierung der Wählerinnen und Wähler auf dem Links-rechts-Kontinuum bzw. die Einstufung der Parteienpositionen dar. Mit Blick auf die Ego-Positionierung der österreichischen Wählerschaft kann von einem akzentuierten ideologischen Rechtsruck keine Rede sein: In längerfristiger Perspektive hat sich der Anteil der Wählerinnen und Wähler, die sich als mehr oder eher rechts einstufen, mehr als halbiert – von etwa einem Viertel der Wähler in den siebziger Jahren auf 11 Prozent in der zweiten Hälfte der neunziger Jahre; im gleichen Zeitraum ist die Selbstverortung in der Mitte des politischen Spektrums von 42 Prozent auf beinahe zwei Drittel angestiegen. Die FPÖ-Wählerschaft sieht ihre ideologische Position überwiegend in der politischen Mitte; im Regelfall etwas rechts vom Bevölkerungsdurchschnitt. «Sehr rechte» Orientierungen sind in nennenswertem Umfang nur in den siebziger und frühen achtziger Jahren nachweisbar: 1998 verorten sich 6 Prozent der FPÖ-Wähler links, 68 Prozent im Zentrum und 21 Prozent rechts. Eine markante ideologische Rechtsdrift ist somit in der Selbsteinstufung der FPÖ-Anhänger nicht nachweisbar.

Anders verhält es sich bei der Wahrnehmung der FPÖ-Position im ideologischen Spektrum durch die Österreicher: Die FPÖ wurde ursprünglich in der Mitte des politischen Spektrums stehend wahrgenommen – und damit bis 1985 «links» von der christlich-konservativen ÖVP. Nach der Übernahme der Parteiführung durch Haider trat eine zunehmende Rechtsverschiebung des FPÖ-Fremdbildes ein, die ihren vorläufigen Höhepunkt 1996 erreichte, als 35 Prozent der FPÖ eine sehr rechte und weitere 27 Prozent eine eher rechte Position zuordneten. 1998 schwächte sich diese Tendenz wieder etwas ab – möglicherweise eine Folge der Neupositionierungsversuche der FPÖ. In jedem Fall nimmt die Freiheitliche Partei in der Sichtweise der Österreicher nunmehr die rechte Flügelposition im Parteienspektrum ein. Auch aus der Sicht der FPÖ-Anhänger wanderte die FPÖ im Zeitverlauf nach rechts – schwächer allerdings als in der Gesamtbevölkerung.

Nun stellt das Links-rechts-Schema einen den Wählern vertrauten, nichtsdestoweniger aber vergleichsweise groben Raster dar. Für eine tiefer gehende Analyse bieten sich gesellschaftspolitische Orientierungen an, die zu Orientierungstypen – also Cluster oder Gruppen von Personen, die ähnliche Einstellungsmuster aufweisen – verdichtet werden können. Die Zusammensetzung der FPÖ-Wählerschaft nach Orientierungstypen lässt sich wie folgt beschreiben:

Knapp die Hälfte rekrutiert sich aus den Typen «Systemverdrossene Rechte» (27 Prozent) und «Wohlfahrtsstaatliche Chauvinisten» (21 Prozent) – deutlich mehr als in der Gesamtbevölkerung. Gemeinsam ist beiden Orientierungstypen ein hohes Ausmaß an Ethnozentrismus und Rigidität (Law-and-Order-Gesinnung), was dem traditionell «rechten» Stereotyp in soziokultureller Hinsicht entspricht. Autoritäre Orientierungen sind demgegenüber weit schwächer verbreitet (14 Prozent der FPÖ-Anhänger). In sozioökonomischer Hinsicht zeigt die «Systemverdrossene Rechte» gleichfalls ein «rechtes» Profil (Ablehnung von staatlicher Intervention und egalitären Bestrebungen, Sozialstaatskritik, während die «Wohlfahrtsstaatlichen Chauvinisten» mit ihrer sozialgarantistischen Grundhaltung und der Befürwortung von protektionistischen Interventionen im Wirtschaftsleben hier «links» profiliert sind).

Die andere Hälfte des FPÖ-Elektorats verteilt sich auf die übrigen fünf gesellschaftspolitischen Typen, die zwar (mit Ausnahme der «Sozialstaatlichen Traditionalisten») nur unterdurchschnittlich vertreten sind, aber doch relevante Wähleranteile stellen. Die Unterschiede zwischen den Angehörigen dieser Typen sind teilweise noch weit größer als im Falle der beiden Schwerpunktgruppen, sodass sich insgesamt das Bild erheblicher Heterogenität bis hin zu potentiellen Spannungslinien ergibt.

Am widersprüchlichsten sind dabei die sozioökonomischen Einstellungen, was sich im übrigen auch in den konkreten Politikangeboten der FPÖ etwa bei Wahlkämpfen niederschlägt – diese reichen von rechtspopulistischen wirtschaftlichen Vorschlägen («flat tax», generelle Steuersenkung) bis zu protektionistischen sozialpolitischen Vorschlägen («Kindergeld», verfassungsmäßige Verankerung von Subventions- und Pensionsregelungen etc.).

Inwieweit die Spannweite gesellschaftspolitischer Orientierungen in der FPÖ-Wählerschaft mit der neuen Rolle der FPÖ als Partner einer Regierungskoalition verträglich bleibt, muss zum gegenwärtigen Zeitpunkt offen bleiben, ebenso wie die Antwort auf die Frage nach den Reaktionen einzelner FPÖ-Wählergruppen auf zentrale – im Kern unpopuläre – Reformmaßnahmen des gemeinsamen Regierungsprogramms der FPÖ-ÖVP-Koalition. Statt Protesthaltungen zu verstärken, wird die FPÖ nunmehr als Regierungspartei mit der Herausforderung konfrontiert werden, Protest zu entschärfen. Wie die FPÖ mit dieser neuen Situation umgehen wird, dürfte die Handlungsfähigkeit der Koalitionsregierung maßgeblich bestimmen, wie auch insgesamt die Funktions- und politische Lebensdauer der Mitte-rechts-Regierung.

5. Zusammenfassung

Die FPÖ ist die bislang mit Abstand wahlpolitisch erfolgreichste rechtspopulistische Partei in Westeuropa. Mit einer Anhängerschaft von einem Viertel der Wahlberechtigten und 26,9 Prozent der abgegebenen gültigen Stimmen hat sie bei den Nationalratswahlen 1999 die Größenordnung der beiden österreichischen Traditionsparteien erreicht. Für diese Entwicklung zeichnet eine Reihe von Faktoren verantwortlich:

- Die *politische Gelegenheitsstruktur:* Dazu zählen insbesondere die Erosion traditioneller politischer Subkulturen und Parteibindungen wie eine ausgeprägte Wählerprotestkultur, die in der hypertrophen parteipolitischen Penetration von Teilbereichen der österreichischen Gesellschaft und des Verwaltungsapparates einen reichen politischen Nährboden findet. Dazu kommt die Regierungskonstellation einer – an zunehmender politischer Inkohärenz und Handlungsschwäche laborierenden – großen Koalition, die oppositionellen Bewegungen allgemein einen breiten Spielraum einräumt.
- Veränderungen in den gesellschaftlichen *cleavages*, sowohl im Hinblick auf sozioökonomische Interessenlagen (Sektorenkonflikte) wie auf soziokulturelle Orientierungen. Auf der Ebene der Politikfeldkultur finden diese Spannungslinien ihren Niederschlag in hoch emotionalisierten «neuen» politischen Themen und Problemlagen, die von den Traditionsparteien nur unzureichend politisch verarbeitet werden (können).
- Eine außergewöhnliche strategische *Adaptionsfähigkeit* der FPÖ – sei es in Form der Reaktion auf politische Problemlagen und der Kreierung von *Issues*, sei es in der Bildung von Wählerkoalitionen. Die FPÖ hat in der letzten Dekade mehrfach ihre politisch-strategische Ausrichtung gewechselt und die Zusammensetzung ihrer Wählerschaft, aber auch ihrer Funktionärskader geändert. Auch dies spricht gegen die Klassifizierung der FPÖ als «rechtsradikale» Partei. Ein zentrales Charakteris-

tikum der FPÖ ist ihre weitgehende praktische «Ideologielosigkeit», das heißt der rasche Positionswechsel in politischen Fragen. Gleichermaßen kann der Partei auch keine wirtschaftsliberale Orientierung zugeschrieben werden. Entsprechende programmatische Aussagen entstammen noch ihrer früheren Phase als liberale Honoratiorenpartei und sind für das öffentliche Erscheinungsbild wie für die Wahlmotivation entweder irrelevant oder bloß das Resultat einer situationsspezifischen Selbstdarstellung.

- Die außergewöhnliche *Medienzentrierung* der Partei und die Existenz einer charismatischen Führungspersönlichkeit: Nicht zuletzt aufgrund ihrer defizitären Organisationsstruktur und ihrer Abhängigkeit von mobilisierenden Stimmungen und Emotionen benötigt die FPÖ eine überdurchschnittliche massenmediale Resonanz. Diese erfährt sie sowohl von der populistisch agierenden Boulevardpresse wie vonseiten der «gegnerischen» linksliberalen Qualitätspresse und des Fernsehens. Die FPÖ präsentierte sich bis zu ihrem Eintritt in die Koalitionsregierung mit der ÖVP als symbolische Mobilisierungsagentur, die latente Protesthaltungen, Ressentiments, aber eben auch gesellschaftliche Konflikte gezielt in Gestalt einer medien- und kameragerechten Führungspersönlichkeit bündelt.

Eben diese Erfolgsfaktoren sind aber auch potentielle Schwächen der österreichischen Freiheitlichen. Der Erfolg der FPÖ war bislang untrennbar mit der politischen Kommunikationsleistung, der populistischen Selbstinszenierung und der permanenten politischen Mobilisierung durch ihren Parteiführer Jörg Haider verbunden. Ihre Wählerschaft ist weit loser gebunden und fluktuierender als jene der traditionellen Parteien und wurde zu einem gut Teil durch den «oppositionellen Reflex» auf das traditionelle Parteien- und Verbändesystem wie die große Koalition zusammengehalten. Der überwiegende Protest- und «Anti»-Charakter des FPÖ-Votums stellt eine schwer wiegende Hypothek für die Regierungsbeteiligung der FPÖ dar.

Mit dem Eintritt in die Bundesregierung (Koalition ÖVP-FPÖ unter einem ÖVP-Bundeskanzler) steht die FPÖ somit vor einer neuen Situation. Ihr populistischer Appell mag zwar kurzfristig – nicht zuletzt als emotionale Reaktion auf die internationale Kritik an der neuen österreichischen Regierung – noch mobilisierend wirken, erscheint aber auf Dauer mit einer Regierungsbeteiligung nur in Grenzen vereinbar. Maßnahmen wie Budgetkonsolidierung (FPÖ-Finanzminister), Einschnitte ins Pensionssystem und einzelne Sozialleistungen (FPÖ-Sozialministerin) werden zwangsläufig zu Einbußen in freiheitlichen Wählerklientelen führen bzw. diese Wählerschaft mit dem Unterschied zwischen oppositionellen Wahlversprechen und konkreter Regierungspolitik konfrontieren. Dies bedeutet für die FPÖ die Notwendigkeit einer neuerlichen strategischen Positionierung und einer Neuausrichtung ihres politischen Erscheinungsbildes. Der Rückzug von Haider aus der Funktion des FPÖ-Obmanns kann als erster Schritt in diese Richtung gedeutet werden. Ob die internationale Öffentlichkeit durch diesen Rückzug ihre Einstellung zur FPÖ ändern wird, darf aus heutiger Sicht bezweifelt werden. Offen bleiben müssen auch Fragen nach der wahlpolitischen Zukunft der FPÖ als Regierungspartei wie ihrer Akzeptanz als demokratischer Gesprächs- und Verhandlungspartner in der Europäischen Union wie in der internationalen Öffentlichkeit.

Joachim Riedl

Der Dominator von Bad Goisern

Über die Versuchungen des jungen H.

> Alles fließt, aber der Fluss kommt jedes Mal von irgendwo her. Er nimmt von den Gegenden, die er durchlaufen hat, Stoffe mit, die färben sein Wasser noch lange. Ebenso sind in jeder neuen Form Reste einer älteren, zwischen heute und gestern ist kein unbedingter Schnitt. Es gibt keine völlig neue Arbeit, am wenigsten eine revolutionäre; die alte wird nur klarer weitergeführt, zum Gelingen gebracht. Die älteren Wege und Formen werden nicht ungestraft vernachlässigt, wie sich gezeigt hat. Besonders Träume, auch die allerwachsten, haben eine Vorgeschichte, und sie tragen sie mit sich. Bei zurückgebliebenen Schichten sind die Reste besonders stark. Die alten Formen helfen zum Teil, wenn richtig eingesetzt, am neuen mit.
> Ernst Bloch, «Originalgeschichte des Dritten Reiches» (1937)

Die Postalm liegt drei, vier Wegstunden hoch über dem Wolfgangsee im österreichischen Salzkammergut. Damals, in der zweiten Hälfte der sechziger Jahre, führte noch keine Straße auf die Anhöhe, und die Füchse aus der Burschenschaft «Albia» schulterten häufig ihre Rucksäcke und marschierten frisch, frei und fröhlich hinauf zu ihrer verschwiegenen Klause. Dort brüteten sie dann in nächtelangen Diskussionen über der Zukunft ihrer Heimat. Sie waren glühende Schwärmer und ihre Köpfe steckten voller Ideen, die Ehre, Pflicht, Treue, Mannesmut oder Vaterlandsliebe hießen. Schnell hatten sie sich in hitzige Erregung geredet.

Die Eltern der meisten jungen Gipfelstürmer waren Parteimitglieder der Nationalsozialisten gewesen und viele der alten Herren der «Albia» ebenso. Wie der honorige Apotheker beispielsweise machten sie in der Regel kein Hehl daraus, dass sie nicht viel von der Zweiten Republik hielten, von dem neuen Staat, in dem sie nach Kriegsende zu leben gezwungen waren. Gerne hielten sie ihrem hoffnungsvollen Nachwuchs lange Vorträge über die «Wahrheit». Über eine verbannte Wahrheit freilich, die so lange das Licht der Öffentlichkeit scheuen musste, solange die Lügen der Sieger und der ehrlosen Politiker, die nun regierten, den Menschen diktieren durften, was man zu denken hat. Eines Tages aber, eines Tages, so beschworen die Alten immer wieder die Jungen: All die Opfer sollten doch nicht vergeblich gewesen sein.

Manchmal legte man im Klub der toten Helden auf der Postalm heilige Eide ab. Manchmal schwärmten Geisterheere aus, stürmten in wilder Jagd tief hinein in das weite Russland und verbluteten Mann um Mann in der Eiswüste von Stalingrad. Dann erörterten die Söhne aus kriegerischem Haus taktische Manöver, durch die der Endsieg doch noch zum Greifen nahe zu liegen schien. Manchmal überprüften sie in ihrer Eigenbrötelei auch die Buchhalter des Todes: Höhnisch rechneten sie nach, dass es schon rein technisch vollkommen unmöglich gewesen sein musste, sechs Millionen Juden zu ermorden. Lauter Propagandalügen. Entschlossen verteidigten sie ihre Eltern gegen die Zeit. Zweifelsohne war ihren Vätern und Müttern großes Unrecht widerfahren. Doch trotzdem stimmte irgendetwas nicht. Aber wo lag der Haken? «In der Zweiten Republik konnten wir allerdings absolut keine Antworten auf unsere Fragen finden», erinnert sich heute einer aus dem Kreis, der damals 16-jährige Hoteliersssohn Helmut Peter.

Häufig wurden dann auf der Postalm Lieder angestimmt. Darin gelobten sie, «treu wie deutsche Eichen» zu sein, und riefen es im Chor in die Nacht hinaus: «Wir wollen das Wort nicht brechen, wollen predigen und sprechen, vom heiligen deutschen Reich!» Sie sangen es «mit nassen Augen» (Helmut Peter). Ein frommer Schauer fröstelte durch die Runde. Sie saßen um «das Feuer der heiligen Wahrheit» (Helmut Peter) und alle Zweifel waren zerstreut. Je stärker sie sich angegriffen fühlten, desto enger rückten sie zusammen. Sie schworen einander Kameradschaft für das Leben, die jedoch häufig in den kommenden Jahren wieder zerbrechen sollte.

Einen Stammplatz in diesem verschworenen Zirkel nahm der Schuhmachersohn Jörg Haider aus Bad Goisern ein, der im Gymnasium von Bad Ischl als Vorzugsschüler und Klassensprecher glänzte. Eines Tages gelang es ihm, den Anführer der «Albia» auszubooten: «Unsanft, aber elegant», wie sich sein ehemaliger Mitschüler Thomas Huemer erinnert. Jetzt war der ehrgeizige Jörg «Sprecher» und schließlich «Fuchsmajor» der Burschenschaft und verhalf der kleinen Gruppe zu unerwartetem Zulauf, indem er Mitglieder aus dem katholischen «Mittelschülerkartellverband» abwarb. «Als wir angefangen haben, waren wir in meiner Klasse nur vier», erzählte Haider einmal stolz: «Am Schluss waren es dann zwölf.» Er sei eben schon immer ein unglaublich talentierter Menschenfischer gewesen, meinen die Mitstreiter von damals.

Die Karriere des Jörg Haider ist in der österreichischen Nachkriegsgeschichte einzigartig: Mit brachialer Rhetorik und jugendlichem Elan rempelte sich der charismatische Einzelkämpfer nach oben. Er duldete nur Bewunderer um sich, wer nicht nach seiner Pfeife tanzte, wurde bislang stets auf ein Abstellgeleise manövriert. Er sei, so hörte man seine Anhänger immer wieder sagen, der neue «Schutzpatron für Österreich».

Der unaufhaltsame Aufstieg des jungen Gralshüters von der Postalm entzweit seit je entschieden die Meinungen in Österreich. In einem Brief aus seiner Zelle meldete einmal der zu acht Jahren Haft verurteilte Neonazi Hans-Jörg Schimanek junior seinen deutschen Kameraden von der «Hilfsorganisation für nationale politische Gefangene»: «Zwar ist der noch nicht das Gelbe vom Ei, aber zumindest ein Schritt in die richtige Richtung.»

Ist Jörg Haider also tatsächlich ein «Neofaschist» und der «geistige Ziehvater des rechten Terrors», wie nun die halbe Welt behauptet? Ist er bloß ein «alternder Playboy», der «nicht mehr auf dem Boden der Verfassung» steht, wie vor einigen Jahren noch der konservative Fraktionsführer im Wiener Parlament spottete? Oder hatte dessen sozialdemokratischer Kollege Recht, der meinte, dass der dämonisierte Kanzleranwärter «mehr als alles andere ein Opportunist» sei: «Er vereint in sich ein Amalgam aus gegenwärtigen und vergangenen Vorurteilen.»

Die kleine Gemeinde Bad Goisern im inneren Salzkammergut fällt aus der Reihe der österreichischen Provinzklischees. Jahrhundertelang wurden die Bewohner dieser Hofdomäne der Habsburger in faktischer Leibeigenschaft gehalten. Sie durften ohne höchste Genehmigung weder zuwandern noch fortziehen, sie mussten nicht zur Armee einrücken, verfügten allerdings auch nur über die sehr eingeschränkte Lebensperspektive, entweder Salzsieder oder kaiserlicher Förster zu werden. Ein dumpfer, rebellischer Oppositionsgeist gedieh in den Tälern am Fuße des Dachstein-Massivs. Das Wildern in den an ferne Jagdherrschaft verpachteten Revieren ist für viele noch immer ein Volkssport, den man hoch in Ehren hält. Hier hatte sogar der Augsburger Religionsfrieden keine Geltung, die Gegenreformation nie Fuß fassen können. Bad Goisern ist eine von drei Gemeinden im erzkatholischen Österreich, in denen die Protestanten nach wie vor die Mehrheit stellen. Und solange es demokratische Wahlen gab, war der Bürgermeister stets ein Roter.

Es muss von den Bad Goiserern als besondere Niedertracht empfunden worden sein, als die klerikalen Austrofaschisten während der Zwischenkriegszeit einen Katholiken im Rathaus verankerten. Fast naturgemäß sammelten sich die illegalen Nationalsozialisten um den protestantischen Pfarrer Johann Neumayer. Erst viel später vollzog der Gottesmann einen Gesinnungswandel. Er sei offensichtlich der Meinung gewesen, so meldete das Gendarmeriepostenkommando 1942, «mit der Machtergreifung durch den Nationalsozialismus wird alles Katholische ausgerottet und sein Stand wird als lachender Dritter dastehen». Nun sei die «innere Unzufriedenheit» des Pastors unübersehbar und mit kleinen Unbotmäßigkeiten unterlaufe er immer wieder die Anordnungen der braunen Machthaber.

Misstrauen scheint eine der Lehren zu sein, die man in Bad Goisern aus der Vergangenheit zieht. Manchmal hat sich in dem verschneiten Dorf sogar ein bisschen Bunkerstimmung ausgebreitet. «Kommunistische» Schnüffler hätten sich in der Dunkelheit herumgetrieben, sie hätten mit Taschenlampen in das Haider-Haus hineingeleuchtet. Es waren Dokumente aufgetaucht, Gerichtsakten aus dem Jahr 1934, die Robert Haider, den Vater des großen Sohns der Gemeinde, in Zusammenhang mit einem politischen «Meuchelmord» bringen (was wenige Jahre später den österreichischen Bundespräsidenten nicht hinderte, Haider senior, der seinen Lebensherbst der Pensionistenvertretung gewidmet hatte, einen Orden für Verdienste um die Republik anzuheften). Der Fotohändler Jörg Fettinger, ein früherer Klassenkamerad seines Namensvetters, sagte gleich unverblümt, was er denkt: «Eine hinterhältige Schweinerei ist das.»

Der damals 81-jährige Vater Robert Haider meinte unter Hinweis auf sein schlechtes Gehör, dass jede Unterhaltung sinnlos wäre. Mutter Dorothea, eine rüstige 77-jährige Dame, beteuerte, «daß man uns sowieso nur nachstellen will». Natürlich behauptete die ehemalige BDM-Führerin immer, von den Gräueln des Regimes, dem sie diente, erst nach 1945 aus der Zeitung erfahren zu haben. Natürlich klagte sie häufiger, so erinnert sich der Trauzeuge ihres Sohnes: «Ich weiß nicht, warum man uns nicht in Ruhe lässt.» Vater Haider, ein früher Anhänger der Hakenkreuzler, soll einst vor einer Entnazifizierungskommission ausgesagt haben: «Nur ein Esel begibt sich ein zweites Mal auf Glatteis.» Immerhin hatte er noch in den neunziger Jahren einer amerikanischen Besucherin gestanden: «Ich bereue nichts. Ich würde der Sache wieder dienen.»

Robert Haider wuchs als uneheliches Kind bei seinem Großvater, dem Metzger Josef Haider auf, einem passionierten Jäger, der einerseits sentimental der untergegangenen Monarchie nachhing, anderseits sich in den Wirtshäusern dafür stark machte, dass «Deutsch-Österreich», wie sich der überlebensverzagte Staat damals nannte, unter Führung der Hitler-Bewegung bald mit dem Reich vereint werde. Sein Enkel trat schon 1929, mit 15 Jahren, der Hitler-Jugend bei. Er ging bei dem weithin bekannten Schuhmachermeister Steflitsch in die Lehre; das war schon damals ein Großbetrieb, der acht Gesellen beschäftigte, und in den vor allem die Sommerfrischler aus der Großstadt kamen, um sich die begehrten Bergschuhe, die «Goiserer», anmessen zu lassen.

Bad Goisern zerfiel in den unruhigen Jahren zwischen den Weltkriegen in drei scharf voneinander getrennte Gesinnungsbezirke. Das zentrale Marktviertel nannten die Einwohner «Berlin», den Ortsteil Posern «Moskau» und die regimetreuen Wohngebiete «Rom». Die Familie Haider lebte in «Berlin».

Im Jahr 1933 errichtete die christlichsoziale Kanzlerpartei nach einem Staatsstreich ein autoritäres Regime in Österreich, das mit den Nationalsozialisten um die Gunst der Antisemiten buhlte und die katholische Kirche gegen die gottlosen Sozialisten mobilisierte. Alle Parteien wurden verboten, allein die patriotische «Vaterländische Front» von Kanzler Engelbert Dollfuß war zugelassen und mühte sich vergebens, ihre Staatsideologie eines «österreichischen Nationalbewusstseins» unter das Volk zu bringen.

In Bad Goisern spiegelte sich die große Wiener Politik. Die verfeindeten Gruppen lieferten einander einen zähen Kleinkrieg. Die Hakenkreuzler stiegen nachts in die Jochwand auf und malten ihr Emblem unübersehbar auf den Fels. Sie schmierten «Juda verrecke» und andere Parolen an die Mauern, und wenn sie ertappt wurden, landeten sie meist für einige Zeit im Gemeindekotter. Mehr als der tief verwurzelte Stammtisch-Antisemitismus wurde allerdings selten laut, erinnerte sich der verstorbene Schriftsteller Franz Kain, damals ein junger Kommunist und Holzknecht. Der einzig ortsansässige Jude, der Besitzer des Parksanatoriums, Dr. Anselm Horowitz (ein Cousin von Simon Wiesenthal), galt ohnehin als Zugereister und störte daher nicht weiter im Ort.

Robert Haider ist als besonders aufmüpfiger Hitlerjunge und SA-Mann in der Erinnerung haften geblieben. Häufig spazierte er provokativ in der Einheitsadjustierung der illegalen Nationalsozialisten, in weißen Kniestrümpfen und Windjacke, vor dem stattlichen Färberhaus auf und ab, in dem der Gendarmerieposten untergebracht war. Eines Tages wurde er bei einer Schmieraktion erwischt und sollte in das Bezirksgericht nach Bad Ischl verfrachtet werden, ein vergleichsweise hartes Vorgehen gegen dieses Kavaliersdelikt. Auf dem Weg zum Bahnhof gelang es ihm, sich loszureißen. Er floh über die grüne Grenze nach Bayern, wo sich seinesgleichen zur «Österreichischen Legion» formiert hatte. Diese Emigrantentruppe, von der Reichswehr ausgebildet und bewaffnet, wartete dort in ihren Auffanglagern auf den Einmarschbefehl in ihre Heimat.

Im Juli 1934 putschte die Untergrund-SS in Wien gegen die Regierung und ermordete Kanzler Dollfuß. Es war die Stunde der Legionäre. Noch hatte sich die Nachricht vom Scheitern des Aufstandes nicht herumgesprochen, da drang eine Gruppe von Hakenkreuzlern im Gebiet der Mühlviertler Grenzgemeinde Kollerschlag nach Österreich vor und griff einen Posten der Gendarmerie an. Der Überfall misslang, bei dem Scharmützel fielen zwei Hitler-Anhänger und ein österreichischer Revierinspektor. Wenig später schickten die Grenzbeamten eine Liste mit siebzehn Namen verdächtiger Legionäre an die Staatsanwaltschaft – darunter findet sich auch Robert Haider, amtlicher Zusatzvermerk: «unbescholten».

Während der Jahre der Unterwanderung des österreichischen «Systems» (so nannte der Nazi-Jargon das Wiener Regime) wurde das Warten in Bayern lang. Robert Haider leistete einen zweijährigen Militärdienst, trat formell der NSDAP bei (Mitgliedsnummer 4480849) und arbeitete anschließend bei «Agfa» in München. Nach der «Heimkehr» seiner Heimat in das Reich tauchte er im März 1938 als ziemlich unbedeutendes Rädchen der braunen Machtmaschine in Linz auf. Er war «Gaujugendwalter» der «Deutschen Arbeitsfront», also ein kleiner Funktionär der Einheitsgewerkschaft in Oberösterreich, das nun «Oberdonau» hieß. Schon zwei Jahre später ist der «Jugendwalter» entbehrlich, wird zu den Waffen gerufen und folgt seiner Jugend in den Schützengraben. Mehrfach an West- und Ostfront verwundet und mit Eisernen Kreuzen ausgezeichnet, wird er in den letzten Kriegsjahren noch zum Leutnant befördert.

Vielleicht verständlich, dass sein Sohn Jörg später bei Veteranentreffen und bei jeder sich bietenden Gelegenheit die heldenhafte Aufopferung der «Weltkriegsgeneration» rühmt, die Europa verteidigt hätte, und alle Bestrebungen geißelt, «wo plötzlich den jungen Menschen eingeredet werden soll, dass ihre Großeltern und Eltern nicht tapfere und anständige Soldaten, sondern Verbrecher gewesen sind» (Haider bei einer Sonnwendfeier im Juni 1995). Standen damals, als er in seiner berüchtigten Krumpendorfer Rede die Charakterfestigkeit einer Versammlung von SS-Veteranen rühmte, nicht seine eigenen Eltern vor seinem geistigen Auge? Wollte der Sohn nicht lediglich beweisen, dass die Hoffnungen, die vor allem seine Mutter stets in den Stammhalter gesetzt hatte, berechtigt gewesen waren? Wie seinen Eltern, so ist es auch dem gewandten Selbstdarsteller nie gelungen, den Schatten der Vergangenheit abzuschütteln.

In Linz hatte Robert Haider die «Bannmädchenführerin» Dorothea Rupp kennen gelernt. Noch kurz vor dem Zusammenbruch seiner Welt heiratete das Paar im Februar 1945, im gleichen Jahr wurde Tochter Ursula geboren. Selbst gemessen an den Untergangswirren, die für gläubige Nationalsozialisten apokalyptische Visionen ausgelöst hatten, war dies in der standesbewussten Region eine außergewöhnliche Verbindung: der Schustergeselle und die Großbürgertochter. Robert Haider hatte seinen Schwiegervater nie kennen gelernt. Karl Rupp war Gynäkologe und Primararzt, alter Herr der Burschenschaft «Arminia», er war als Schiffsarzt zur See gefahren, hatte in London ordiniert und im Ersten Weltkrieg an der Dolomitenfront als hoch dekorierter Regimentsarzt gedient. Aus Südtirol stammte auch Dorothea Rupps Mutter, eines von zehn Kindern aus der wohlhabenden Brunecker Kaufmannsdynastie Webhofer.

Nach dem unrühmlichen Ende des Regimes, dem sie bis zuletzt gedient hatten, hielt die jungen Eheleute nichts mehr in der Industriestadt Linz. Sie wurden von der Besatzungsmacht als «minderbelastet» eingestuft und kehrten nach Bad Goisern zurück. Dort lebten sie in beengten Verhältnissen, man musste sich das bescheidene Familienanwesen am Ortsausgang zu Losern mit der Halbschwester von Robert Haider teilen. Die Familie, gerade noch dem Untergang entronnen, fand in den knappen Räumlichkeiten im ersten Stockwerk Unterschlupf.

Im Salzkammergut wollte das Dritte Reich seine letzte Alpenfestung errichten. Daraus wurde nichts, doch allerlei lichtscheues Gesindel zog damals durch die malerische Landschaft. In einem Arbeitslager im nahen Ebensee, einer Außenstelle des Konzentrationslagers Mauthausen, hatten die Wachmannschaften bis zum letzten Tag Zehntausende Arbeitssklaven angetrieben, in eine Bergflanke ein tiefes Tunnelsystem für eine Raketenversuchsanlage zu brechen. Als die SS abzog, hinterließ sie einen Leichenberg. Die amerikanischen Befreier karrten nun aus der ganzen Umgebung die «Ehemaligen» heran, kleine Nazi-Funktionäre und Parteimitglieder, damit die Menschenkadaver zumindest beerdigt werden konnten. Auch Robert Haider hob in diesen Tagen Massengräber aus.

Diese Aktion war auch als Demütigung gedacht, und sie tat ihre Wirkung. Sie blieb im Gedächtnis haften. Mutter Dorothea wurde gezwungen, in einem ehemaligen Kinderheim der Volkswohlfahrt Putzarbeiten zu verrichten. Ältere Bewohner von Bad Goisern können sich noch dunkel daran erinnern, dass es in den ersten Nachkriegsjahren eine stumme Kluft in der Ortschaft gab.

Vielleicht auch nur, weil sich die Unbeteiligten und Mitläufer abheben wollten, umgab die «Minderbelasteten» eine verstohlene, kaum merkliche Ächtung.

Als Jörg Haider 1950 geboren wurde, war der erste Schock der Niederlage längst vergessen. Zwar zögerte der katholische Pfarrer kurz, als er den Knaben taufen sollte; waren die Eltern doch nach brauner Sitte zwar «gottgläubig», aber konfessionslos – in ihrem Glaubensbekenntnis war kein Platz neben dem Abgott Adolf Hitler gewesen.

Vater Haider hatte mittlerweile ein neues politisches Betätigungsfeld gefunden. 1948 erhielten in Österreich die früheren NSDAP-Mitglieder wieder ihr Wahlrecht zurück, und während die beiden Großparteien mit verschiedenen Zugeständnissen noch um die Stimmen der «Ehemaligen» buhlten, wurde in der amerikanischen Besatzungszone mit dem «Verband der Unabhängigen» das alte, deutschnationale Lager wieder belebt. Die Gründungsgeschichte dieser Partei ist einigermaßen verworren, die Beteiligung des amerikanischen Geheimdienstes CIC weitgehend ungeklärt. Vater Haider war ein Mann der ersten Stunde und machte schnell eine bescheidene Karriere. Nach einer rechten Kurskorrektur benannte sich der kleine Wahlverband in FPÖ um, und Robert Haider bezog im rund eine Zugstunde entfernten Gmunden das Büro des Bezirksparteisekretärs (ein politischer Bezirk entspricht in Österreich einem deutschen Landkreis).

Der Vater war viel unterwegs, die Erziehung der Kinder entfiel auf die Mutter, die gleichzeitig an der Hauptschule unterrichtete. Sie war eine resolute Persönlichkeit, die, so meinen zumindest dessen Jugendgefährten, auf ihren Sohn sanften Druck ausübte, damit er etwas vorwärts brachte. Sie legte großen Wert auf Zucht und Ordnung, auf Sauberkeit, gute Manieren und darauf, dass ihr Sohn seine Schulaufgaben anständig gemacht hatte, bevor er sich mit Gleichaltrigen in den Wäldern verlor. «Die Mutti war die Strenge, der Vati der Gute», plauderte Jörg Haider einmal aus seiner Kindheit.

Wenn die übrigen Buben die Umgebung nach altem Wehrmachtsschrott abgrasten, fehlte der Jörg zumeist. «Das hätte die Frau Haider niemals zugelassen», erinnert sich einer der Sammler von damals. Auch wenn sie wie die Indianer durch das Unterholz pirschten, erzählt einer der früheren Häuptlinge, war der Jörg anderweitig beschäftigt. Er hatte eine kleine Kinderarmee rekrutiert und die Jungs spielten Weltkrieg; für besondere Tapferkeit gab es Orden, die aus dem runden Stanniolverschluss von Milchflaschen bestanden.

Das Gymnasium in Bad Ischl, eine ehemalige Privatschule, besaß einen denkbar schlechten Ruf. Wer dort scheiterte, so hieß es, für den blieb nur noch ein einziger Weg in Österreich, in eine höhere Schule nach Bad Aussee, offen. Der Lehrkörper war teils katholisch, teils deutschnational geprägt und bestand entsprechend dem Image des Gymnasiums aus Professoren, «die wahrscheinlich anderswo nicht untergekommen wären», wie Jugendfreund Helmut Peter meint. Der Schulgründer war ein konservativer Katholik, der Administrator ein Burschenschafter und ehemaliger Nationalsozialist. Haiders Klassenvorstand war früher ein Mitglied der NSDAP gewesen, das bei der FPÖ untergekommen war. Die Deutschlehrerin, die ihrem Liebling Jörg bei Theateraufführungen immer die Hauptrolle zukommen ließ (den Berufswunsch Schauspieler musste ihm die Mutter anschließend wieder ausreden), hatte beim BDM und bei den NS-Studentinnen Karriere gemacht. Kurzfristig unterwies auch ein Bruder der Mutter den jungen Haider in Geschichte: ebenfalls Burschenschafter, ebenfalls nationalsozialistischer Parteigänger.

Jeden Morgen bestieg eine kleine Gruppe aus Bad Goisern den Lokalzug der Salzkammergutbahn und ratterte zum Unterricht. Die Fahrschüler aus den dörflichen Gemeinden fühlten sich den Bürgerkindern aus der Kurstadt immer ein wenig unterlegen. «Der Jörg hatte den brennenden Ehrgeiz, aus seinem engen, sozialen Milieu auszubrechen», sagt ein ehemaliger Klassenkamerad, der mit ihm gemeinsam das Abitur ablegte: «Er wollte um jeden Preis den Arme-Leute-Geruch loswerden, der uns damals anhaftete.»

Die besseren Ischler Kreise, die Ärztekinder und Anwaltssöhne, waren zumeist Mitglied beim «Turnerbund» (einer Art Dachverband der deutschnationalen Szene) und bei der «Albia». Es dauerte nicht lange, bis sich Jörg Haider in diese hermetischen Zirkel eingereiht hatte. Die alten Freunde bekamen ihn jetzt kaum noch zu sehen. Bei ihren Tanzabenden ließ er sich nie blicken. Er verkehrte fortan fast ausschließlich in seinen neuen Freundeskreisen.

Beides waren nur oberflächlich-harmlose Organisationen. Beide waren stramm deutschnational und balancierten häufig an der Grenze zur Wiederbetätigung. In ihrem Kalender markierten germanische Feste die Höhepunkte des Jahres, bei Jul-Feiern (heidnischer Ersatz für Weihnachten) und Sonnwendfeuer pflegten sie althergebrachtes Brauchtum. Bei den Turnern übte der in Jugendjahren etwas übergewichtige Jörg Haider nicht nur am Barren und am Reck, sondern auch seine geschliffene Rede. Schon mit 16 Jahren trumpfte er bei einem bundesweiten Vortragswettbewerb auf. Das obligate Thema: «Sind wir Österreicher Deutsche?» Die Standardantwort: Was sonst! Der Sieg war ihm sicher.

In der «Albia» hatte sich Haider zusätzlich in einem makabren Mannbarkeitsritual zu bewähren, das in diesen Jahren der heraufdämmernden Kulturrevolten schon ziemlich anachronistisch angemutet haben musste: Die jungen Teutonen schlugen «Mensur». Pennäler fechten noch nach der vergleichsweise harmlosen Variante «deutsch-mittel»: Die Kontrahenten tragen dabei Brustpanzer und einen Kopfschutz, «Stierkopf» genannt, und dreschen mit stumpfen Klingen aufeinander los. Ihr Ziel ist es, sich gegenseitig Platzwunden am nackten Bauch zuzufügen. Es handelt sich hierbei um kein Duell im herkömmlichen Sinn, sondern es geht um Ehre, Schweiß und Blut. Es gibt keinen Sieg, außer jenem über sich selbst: Nur die Memme, die zurückweicht, hat sich mit Schande besudelt.

Auf universitärem Boden wird der Waffengang blutiger. Bei «deutsch-hoch» sind die Säbelklingen geschliffen und die Schläger zielen auf das Gesicht. Bis zu vierzig Gänge zu je vier Hieben werden ausgetragen, rund zwei Stunden dauert das klirrende Ritual. Die Atmosphäre auf dem Paukboden ist feucht und angespannt, Ärzte stehen bereit, um die Schmisse anschließend zu vernähen – selbstverständlich ohne Anästhesie. Der Jusstudent Jörg Haider, nunmehr Mitglied der «Sylvania» und ehrgeizig wie stets, stand im Ruf, ein blendender und besonders aggressiver Fechter zu sein. Bei einem dieser Ehrenhändel spaltete er seinem Gegner, dem späteren FPÖ-Generalsekretär Norbert Gugerbauer (der nach einigen Jahren ebenfalls in Unfrieden schied), sogar das Ohr.

Auf der Hochschule zeigte Haider hingegen ein ganz anderes Gesicht. Im Gegensatz zu den meisten Provinzlern, die es in die Metropole verschlagen hat, schien der junge Pfiffikus keinerlei Anpassungsschwierigkeiten zu kennen. Er war schlagfertig, sofort mitten im Geschehen. In der Jugendorganisation der FPÖ stand er binnen kürzester Frist an der Spitze. Auch dem Staatsrechtler Günther Winkler, einem entfernten Verwandten, stach der smarte Aufsteiger schon nach wenigen Vorlesungen ins Auge: «Er hat mich immer zur Rede gestellt.» Der angesehene Jurist fühlte sich ihm bald väterlich verbunden, später wurde er sogar Trauzeuge und Taufpate der jüngsten Haider-Tochter. Er hielt seinen Lieblingsstundenten für «eine Bassgeige, die mit ganz großem Resonanzkörper spielt», und holte diesen «substantiellen und bildungshungrigen Menschen» alsbald als Assistenten an sein Institut.

Eine merkwürdige Bewunderung, fast schon verliebte Schwärmerei, verbindet den Professor noch heute mit seinem Adlatus. «Vielleicht hat er etwas von dem Revoluzzertum, das in mir steckt», sinniert Winkler. Als sich Haider nach wenigen Jahren endgültig entschied, in die Politik überzuwechseln, war sein Mentor enttäuscht: «Er ist doch ein Aufgabengläubiger gewesen, ein

Mensch mit Sendungsbewusstsein, und ein bisschen von seinem Idealismus hat er nun eingebüßt.» Dennoch stehen im Büro des Professors im Wiener Juridicum einige Ordner mit seinem privaten Haider-Archiv: Er behauptet, jeden Bericht über den berühmten Seelenfreund, der ihm in die Finger komme, hier einzukleben.

Auf der Wiener Universität gab es in Haiders Assistentenzeit mitunter auch turbulente Konfrontationen. Anlässlich eines Vortrages, den der mehr als umstrittene freiheitliche Erbgesundheitspfleger Otto Scrinzi zur Slowenenfrage halten wollte, die damals das ganze Land erhitzte, prügelten nationale und linke Studenten wild aufeinander ein. Der freiheitliche Jugendführer Jörg Haider fehlte allerdings bei dieser Aufsehen erregenden Saalschlacht. «Er war ja nie so einfaches Mitläufervolk», meint Winkler, der sich damals zwischen die wütenden Kämpfer warf. Tags darauf erschien ein gut gelaunter Haider im Institut und meinte verächtlich: «Diese alten Nazi-Trotteln, über die wird die Geschichte hinweggehen.»

«Er war ja damals ein Suchender», erinnert sich Peter Kostelka, heute sozialdemokratischer Fraktionsführer im Wiener Parlament, der zwei Jahre lang mit Haider ein Assistentenbüro teilte. Angeblich irrten alle irgendwo links von der Mitte herum. Denn abseits aller Parteibindungen fühlte man sich «einer größeren Familie» zugehörig, «die eine Öffnung des Landes mittragen wollte». Seitdem die Sozialdemokraten an die Regierung gelangt waren, wehte tatsächlich ein frischerer Wind durch die verzopften Institutionen in Österreich. Sogar der rote Sonnenkanzler Bruno Kreisky habe damals das Gespräch mit dem jungen Liberalen gesucht, aber dieser Vollblutpolitiker war in seinem Umgang selten sonderlich wählerisch. Haider war dem Charme des alten Fuchses sofort erlegen. «Sag einmal, warum sind wir eigentlich nicht beim Kreisky?», fragte er nach einer der Audienzen auf der Ledercouch am Ballhausplatz seinen Freund Karl Sevelda, mit dem gemeinsam er gerade den «Ring freiheitlicher Jugend» aufmischte.

Er habe sich damals in seinen Wiener Lehrjahren «Schritt für Schritt» von seinem nationalsozialistischen Elternhaus emanzipiert, glaubt Kostelka. Jedenfalls habe er seine Zeit bei der Burschenschaft nur noch «als Jugendtorheit» angesehen: «Das war sicherlich kein Thema mehr für ihn.»

Das kann nicht ganz stimmen. 1973 vereinigte sich die «Sylvania» mit einigen anderen Verbindungen zu der Korporation «Südmark». Verglichen mit ihrer Nachfolgeorganisation sei der Stammklub ein gemütlicher Försterverein gewesen, erzählt Helmut Peter: «Dort herrschte dann aber ein rabiater Antisemitismus, das waren richtiggehende Extremisten.» Er schrieb einen «bitterbösen Brief» und trat aus. Jörg Haider hingegen blieb dem Kameradschaftsbund erhalten.

Vielleicht hatte der Januskopf zu diesem Zeitpunkt bereits eine Verhaltensweise verinnerlicht, die später zu seinem Markenzeichen werden sollte: Ein Chamäleon geht auf Reisen. Wenn der Jugendfunktionär damals übers Land fuhr, dann packte er regelmäßig mehrere Garderobevariationen in seinen Mini und schlüpfte vor jeder Veranstaltung im Straßengraben in das jeweils entsprechende Kostüm: Trachtenjanker für die Dorfwirtshäuser, Jeans für die Disco, Anzug und Schlips für das liberale Seminar. Kleider machen Gesinnung: Man traf ihn nie im falschen Rock.

Die Freunde von einst sind alle längst auf Distanz gegangen. Norbert Gugerbauer sitzt verbittert in seiner Anwaltskanzlei im oberösterreichischen Schwanenstadt. Karl Sevelda, heute Banker, fühlte sich bald nur noch benutzt. Peter Kostelka erhielt noch einige Zeit von Haiders Frau Claudia «Jul-Briefe, in denen sie mir Jörgls Triumphe im BDM-Ton schilderte», und ist heute ein erbitterter politischer Widersacher. Den Schauspieler Michael Rastl, einen alten «Albia»-Recken aus den Bad Ischler Jahren, erfasst unkontrollierter Zorn, wird er auf seinen Jugendfreund angesprochen.

Am schwersten fiel Helmut Peter die Trennung, und er wartete lange, bis auch er sich dem «Liberalen Forum», das sich von der

FPÖ wegen ihrer ausländerfeindlichen Kampagnen abgespalten hatte, anschloss und seinen Abschied formulierte: «Du bist einer der bekanntesten und mächtigsten Menschen in Österreich geworden, aber gleichzeitig einer der einsamsten.» Gewiss, Haider mag darüber nur gegrinst haben, doch Peter, der Besitzer des viel besungenen «Weißen Rössl am Wolfgangsee», hat eine Menge Gedankenarbeit nachgeholt, private Bilanz gezogen, und die Abrechnung fiel nicht immer schmeichelhaft aus. Sich aus solch einer «gemeinsamen Gedankenwelt» zu lösen, sagt er, sei kein leichtes Unterfangen. Er weiß, dass er nun in den alten Zirkeln als Verräter gilt. Jörg Haider versuchte den Abtrünnigen zu treffen, indem er ihm nach dem Bruch öffentlich vorwarf, seinerzeit nicht einmal mannhaft gefochten zu haben. Eine codierte Schmähung, deren Tragweite wahrscheinlich nur Insider zu erfassen vermögen.

In vielen, scheinbar aus dem Ärmel geschüttelten Bemerkungen des Volkstribunen wittert Peter noch immer den alten Geist. Wenn Haider beispielsweise in einem skandalumwitterten Zwischenruf der Regierung empfahl, sich an «der ordentlichen Beschäftigungspolitik im Dritten Reich» ein Beispiel zu nehmen, so erinnert das fatal an die Argumente, mit denen die Hakenkreuzler in den dreißiger Jahren in Bad Goisern warben: Hier stünden die Arbeiter auf der Straße, im Reich hingegen baue der Führer die Autobahnen und schaffe Arbeit und Brot. Natürlich befleißigte sich auch Haider exakt dieser – nota bene: verdrehten – Beweiskette, um seinen Versprecher zu rechtfertigen. Wenn Haider auf den Marktplätzen im ganzen Land die «linken Pfifferlinge» beschimpfte, wenn er von «Parasiten» sprach und seine Bewegung als «Schädlingsbekämpfungsmittel» bezeichnete, so führte der Weg weit zurück auf die Postalm hinauf, wo «wir die Linken als Abschaum der Welt betrachtet haben» (Peter).

Oder wenn Jörg Haider im Wiener Parlament «Straflager» sagte, um mit diesem Begriff die Konzentrationslager und Todesfabriken des NS-Regimes zu bezeichnen, so sei dies «ganz genau der Burschenschafter-Jargon» (Peter). Mutter Haider gab einmal zu Protokoll: «Wir haben geglaubt, dass in Mauthausen Kriminelle sind.»

Du hast ja so Recht gehabt, Mamma. Wie kommt es, dass Helmut Peter mutmaßt, sein Jugendfreund Jörg Haider wäre schon immer ein «Muttersöhnchen» gewesen?

Als sich in den letzten Tagen vor der österreichischen Wende-Wahl die nervöse Spannung steigerte und die Trenddeuter in ihren Prognosen hin und her wankten, bewahrte Jörg Haider souveräne Gelassenheit. Der Sohn der strengen Lehrerin aus Bad Goisern wähnte sich am Ziel.

Er, der soziale und politische Außenseiter, hatte sich an die Spitze einer Bewegung gesetzt, die kein eigentliches politisches Ziel verfolgt. Sie ist sich lediglich in der Ablehnung des Bestehenden einig. Dieser Anti-Establishmentkurs ist sachlichen Argumenten nicht zugänglich, er lässt sich von Fakten nicht beeinflussen. Jede Tatsache, aus der Perspektive einer grundsätzlichen Ablehnung des Status quo betrachtet, dient ihm als Beleg dafür, dass die Zustände radikal verändert werden müssten. Das politische System in Österreich besteht aus einem Beharrungsmodell; es ist zäh, kaum flexibel und in einer Interessenkoalition begründet, die den verschiedenen eingesessenen Machtsegmenten erlaubt, ihre Besitzstände zu verteidigen.

Dagegen rannte Jörg Haider zeit seines politischen Wirkens mit erbitterter Entschlossenheit an. Er, ein Ausgeschlossener, der an den Verteilungsmechanismen der politischen Klasse nicht teilhatte, musste mit aller Kraft versuchen, das System insgesamt aus den Angeln zu heben, in dem für ihn keine Rolle vorgesehen war. Im demokratischen Prozess, in dem sich die Kräfteverhältnisse stets nur in einer langsamen Meinungsevolution verschieben können, bot sich ihm keine Erfolgsaussicht, seine ehrgeizigen Ansprüche zu befriedigen. Er musste ein gewagtes Spiel riskieren, alles auf eine Karte – seine Person – setzen und das Machtkartell wie ein Desperado zum Duell fordern.

Als sich Jörg Haider 1986 in Innsbruck an die Spitze der Freiheitlichen putschte, steckte die Partei in einer tiefen Identitätskrise. Unter der Bezeichnung «Verband der Unabhängigen» als Sammelbecken unverbesserlicher Nazis gegründet, fristete die Nachfolgeorganisation FPÖ die meisten Jahre ein erbärmliches Oppositionsdasein. Das Lager der ewig Gestrigen dünnte aber langsam mehr und mehr aus, die einigermaßen vifen Veteranen aus der Nazi-Hinterlassenschaft waren längst bei den beiden Großparteien untergekrochen, wo sie nicht weiter auffielen und sogar mit wohlwollender Fürsorglichkeit rechnen durften – nicht so Haiders Eltern und das kleine Grüppchen Aufrechter. Sie wähnten, nach wie vor die traditionelle dritte Kraft (das deutschnationale Lager) im Lande zu vertreten, und waren doch nur die armselige Hinterlassenschaft ihrer Götterdämmerung. Ihr Walhalla war ihnen versperrt geblieben, der Glauben, dem sie sich in ihrer Jugend inbrünstig hingegeben hatten, galt – zumindest offiziell – als verbrecherisch, sie waren ein Ausschussprodukt der Weltgeschichte. Weder die Kriegerdenkmale konnten sie für sich beanspruchen noch die neuen demokratischen Institutionen.

In dieser Identitätskrise war Jörg Haider groß geworden. Doch schwebte in dieser Tristesse auch ein Versprechen. Im ideologischen Kult des Nationalsozialismus spielte das Erbe der Ahnen immer eine herausragende Rolle. Das Opfer der Alten gilt als Vermächtnis an die Jungen, denen es aufgetragen ist, die Fackel der reinen Lehre zu ergreifen, weiterzutragen und dereinst an die nächste Generation zu vererben. Diese Vorstellung nährt den Gedanken von einer Sippschaft, die sich, Generation um Generation, zäh ihrer welthistorischen Vorsehung annähert. Natürlich: krauses Zeug. Doch in den gesinnungstriefenden Standpauken, welche die Überlebenden in den ersten Nachkriegsjahrzehnten vor allem ihren Söhnen hielten, wurde die Idee vom Fortleben der Idee in die Köpfe der Jungen implantiert. Das österreichische Zweiparteiensystem, das sich schamlos aller Schuld entledigt hatte, indem es sie diesem Häuflein der Aufrechten aufzubürden trachtete, war der große Feind, gegen den die nächste Schlacht zu schlagen war. Dieses großkoalitionäre Patronanzregime verhinderte, dass die, die Anstand und Rückgrat bewiesen hatten, Geltung erlangen konnten. Es war eine geheime Mission, auf welche die erste Nachkriegsgeneration von ihren Nazi-Eltern ausgesandt worden war. Jörg Haider hätte es nie verwunden, seine Mutter zu enttäuschen.

Der liberale Anstrich hingegen, hinter dem sich die FPÖ zeitweise zu tarnen versuchte, war stets nur ein dünner Lack, der zu keinem Zeitpunkt haften konnte. In dieser Situation bot sich Haider, der immer schon in allen unterschiedlichen Gesinnungsnischen gleichzeitig beheimatet war, dem desperaten Haufen als Anführer an. Seine Entschlossenheit und Kompromisslosigkeit fand beim radikalen Flügel begeisterte Zustimmung: Haider versprach einen Neuanfang. Keine kleinlichen Arrangements mehr, keinen mühseligen Überlebenskampf, sondern Generaloffensive.

Er sammelte seine Argumente und seine Anhänger auf der Straße. Jeder war willkommen, den dumpfer Groll oder das österreichische Gelegenheitsrebellentum dazu veranlasste, mit den herrschenden Zuständen zu hadern. Trotz – oder vielleicht sogar gerade wegen – der vielen verbalen und symbolischen Entgleisungen in den Nazismus hatte sich Haider an die Spitze einer erstaunlich ideologiefreien Bewegung gesetzt. Er schrieb all das auf seine Fahne, worüber sich die kritische Masse der Unzufriedenen empörte, und er appellierte an jedes Ressentiment, das einigermaßen Breitenwirksamkeit versprach. Er formulierte seine Politik nach des Gesetzen des Showbusiness: Gib dem Publikum, wonach es giert, und zünde deine Pointen so rasant, dass kein Augenblick der Leere entstehen kann.

Das Parteiprogramm war längst durch die dumpfe Verschwörungstheorie von der rot-schwarzen Diktatur ersetzt worden, eine Vorstellung, die sich aus wilden Gerüchten nährte und mitunter auch durch tatsächliche Missstände Bestätigung erhielt. Ihre magnetische Anziehungskraft beziehen solch nebulose Konstrukte aus ihrer Unüberprüfbarkeit. Tatsachen und Mutmaßungen verschwimmen in ihnen zu einer finsteren Gewissheit, und die Schuld an jedem erdenklichen Übel wird auf das herrschende System projiziert.

Jörg Haider konnte seinen langen Marsch vom Putsch in der Provinz in das Zentrum der Macht allerdings nicht aus eigener Kraft bewältigen. Er verdankt den Aufstieg der fahrlässigen Reaktion der politischen Klasse dieses Landes. Sie nahm den Herausforderer erst ernst, als sie erkennen musste, dass sie keine Chance mehr hatte, sich aus der Rolle des Sündenbocks zu befreien. Als dieser Zeitpunkt gekommen war, schlüpfte Haider in seine neue Pose: der Dominator, der den Finger am Abzug hält. Nun, da das alte System zerschmettert sei, bekannte Jörg Haider nach seinem Volltreffer, habe er sein Lebensziel erreicht. Niemand in Europa konnte sich in den Tagen nach dem Coup diesem Mann entziehen. Ein Zeitungskiosk am Boulevard St. Germain, ein Zeitschriftenladen auf der Piazza Navona, der Presseshop am Flughafen Frankfurt – überall grinste oder grübelte das nämliche Gesicht von nationalen und internationalen Titeln. In Tel Aviv, Paris oder Rom lockte er Protestmärsche auf die Straße, auch bei den Filmfestspielen zu Berlin hatte man nicht auf ihn vergessen. Seinetwegen wurde in Amsterdam sogar schon seine Nationalflagge öffentlich verbrannt – eine Ehre, die sich bislang nur Israel und die USA an ihre Fahnen heften durften.

Selbst wer sich überhaupt nicht mehr vor die Haustür wagte, konnte ihm nicht entkommen: Er stolzierte durch die Fernseh-News vom Nordkap bis zur Südspitze von Kalabrien, schüttelte Hände, schwang Reden, ließ sich feiern und gab unbekümmert Stellungnahmen ab. Wo er sich zeigte, war er umzingelt von Dutzenden Mikrophonen und Kamerateams. Nah und Fern lag zu Füßen dieses Herrn und versuchte sein Enigma zu ergründen. Es wäre kürzer, jene Länder aufzulisten, die keine Berichterstatter entsandt hatten. Der globale Nachrichtenkanal CNN beispielsweise schickte eine besonders krisenerfahrene Crew: Die Teufelsreporter waren eilig aus der Trümmerstadt Grosny abgezogen worden. Dieses Gesicht hatte Priorität. Der Präsident einer Weltmacht im Kriegszustand oder bloß ein neuer Prinzgemahl? Ein wieder auferstandener King of Rock'n'Roll, ein dreifacher Oscarpreisträger oder gar der künftige Nobellaureat aller Disziplinen? Es war dem Jungen aus Bad Goisern nicht in die Wiege gelegt, dass er dereinst als Bösewicht die weltweite Öffentlichkeit erobern wird. «Jetzt hat er es geschafft», meint der Wiener Philosoph Rudolf Burger mit einem Anflug von bitterer Ironie: «Jetzt ist er wirklich ein Weltstar.»

Jörg Haider ließ sich nun nicht mehr vermeiden. Das internationale Nachrichtengewerbe, stets wie ein hungriger Heuschreckenschwarm unterwegs und auf der Suche nach einer Figur, in der alle Klischees zu einer Schurkengestalt gebündelt werden können, war wieder fündig geworden. Der Papierform nach mutete es wenig glaubhaft an, ein Kärtner Provinzpolitiker könnte weltweit die Fratze der aus den Massengräbern hervorkriechenden Hitlerei evozieren – doch genau dieses Bild macht sich die Welt nun von Jörg Haider. Im Weltblatt «Le Monde» und im britisch-coolen «Economist» wirft der Feschak den Schatten des Hakenkreuzes, er grimmte wie Adolfs smarter Enkel vom Titelblatt des linksintellektuellen Magazins «Le Nouvel Observateur». Die Welt hat ihn sich zum Skandalon gemacht.

Doch im Gegensatz zu Kurt Waldheim, den bereits vor 14 Jahren ein ähnliches Schicksal ereilt hatte (mit dem Unterschied, dass der vergessliche Mann immerhin zuvor UNO-Generalsekretär und mithin international bekannt war), verkrampfte sich Jörg Haider aber nicht oder zog sich vor dem Getöse in einen Bunker der Rechthaberei zurück; er attackierte vielmehr unverfroren, sonnte sich in der zweifelhaften Gunst der Stunde und spielte willig mit, wenn sich alles auf ihn stürzte. In Blitzlichtgewittern, frei nach Ernst Jünger, hat er den Glamour als inneres Erlebnis entdeckt. Es diente ihm zur Selbstbestätigung. Ein Verkannter befriedigte so seine Sehnsucht, wahrgenommen, wichtig genommen zu werden. Er blühte sichtbar auf, wenn die Aufregung um ihn herum anschwoll. Das Tosen trieb ihn an, die Emotionen, die er wie kein Zweiter aufzuwühlen versteht, benutzte er als sein Energiereservoir. Er genoss die Erregung, die er ausstrahlt – auf seine Anhänger ebenso wie auf erbitterte Widersacher. Für die Unterhaltungsindustrie wäre solch ein Naturtalent ein Milliardenfang. Leider beschloss er, in die Politik zu gehen – ein Verlust für jedermann, der die große Show liebt.

Nun hat seine Andy-Warhol-Stunde geschlagen: Jörg Haider, Superstar. Wahrscheinlich ist weder kluges Politologendeutsch noch soziokultureller Scharfsinn sonderlich hilfreich, dieses sphinxenhafte Wesen zu enträtseln. Die Surftechnik, mit der sich der Freizeitsportler bislang auf der empörten Sturmflut, die das Land überspült hat, zu behaupten wusste, legt nahe, dass Haider eigentlich tatsächlich in einem ganz anderen Metier zugange ist: im Showbusiness. Der Spot, den die Freiheitlichen im Wahlkampf 1999 auf riesigen Videowänden bei ihren Kundgebungen vorführten, könnte diese These erhärten (Haider ist schließlich auch sein oberster Werbeleiter): Zum wuchtig anschwellenden Sound einer Pophymne wogten die kühnen Posen des Parteihelden in scharf akzentuierten Schnittsynkopen über die Menge. Keine Bilderflut mehr, sondern eine Bilderbrandung und eine rauschhafte Massenvergewaltigung. So wirbt kein Politiker um Wählerstimmen, mit solch einer Parforce-Animation seiner selbst wagt sich nur ein Entertainer vor sein Publikum. Politik, worunter man ursprünglich die Rationalisierung und Versachlichung der Emotion zu einer programmatischen Idee verstand, spielte im Freilichtkino des Dr. Haider nicht einmal mehr eine Nebenrolle. Entertainer haben für Ideen keine Verwendung. Sie verdanken ihre Existenz dem Gemeinschaftserlebnis, selbst in seiner negativen Ausprägung.

Es wäre daher eher dem verstorbenen Propheten des Pop gelungen, Haider zu entzaubern. Das Prinzip des Pop, so hatte der New Yorker Silberprinz Andy Warhol dekretiert, bestehe aus drei einfachen Bindeelementen, die als kleinster gemeinsamer Nenner den Star mit seinen Fans zusammenschweißen: Erstens ist alles banal, zweitens findet jede Wahrnehmung nur an der Oberfläche statt, drittens (und vielleicht am wesentlichsten) kennt Pop keine Scham. Im Unterschied zu einer Diva weiß ein Popstar seine Eitelkeit im Zaum zu halten und bewusst einzusetzen, so wie im Augenblick der höchsten Spannung plötzlich ein fahler Scheinwerferfinger nach der Hauptfigur des Dramas tastet. Ein auf Dauer erfolgreicher Popstar, gleichgültig in welcher Branche, hat seine Persönlichkeit seiner öffentlichen Persona geopfert. Alle Stile gehen ihm gleichermaßen leicht von der Hand, jede Pose passt ihm wie angegossen, jede Meinung könnte seine sein – oder auch nicht. Seine Unterschrift: kein faustischer Pakt, mit dem er seine Seele verkauft, sondern bloß ein Autogramm.

Kein Verstellungskünstler vermag Schamlosigkeit zu mimen. Sie ist ein Wesenselement. Kein Akteur kann sich glaubhaft dazu zwingen; es würde sofort nach Betrug riechen. Die Schamlosigkeit, die das Pop-Prinzip meint, ist, entgegen dem schmutzigen Unterton, der das Wort ächtet, kein Synonym für charakterliche Schwäche. Der Begriff bezeichnet lediglich die Negation des Ich. Ein Popstar, der auf seiner Eigenart beharrte, taugte bestenfalls zum Eintagewunder, das bald in eine Nischenexistenz abgeschoben würde. Dazu ist Jörg Haider aber schon viel zu lange im Geschäft.

Den kometenhaften Aufstieg vom nationalen Jahrmarktschreier zum internationalen Medienscheusal verdankt der demagogische Zehnkämpfer hauptsächlich seiner frivolen Behändigkeit, mit der er sich vor der Öffentlichkeit zu präsentieren weiß – gleichgültig ob im dumpfen Bierzelt oder vor dem großen Auditorium eines Live-Auftritts auf allen News-Kanälen. Teils dank Instinkt, teils aus Kalkül usurpiert er immer jene Verhaltensmuster, die garantieren, dass er alle Blicke auf sich fesselt und alle Aufmerksamkeit allein ihm gilt. Er darf auf Dauer in seiner Nähe keine Rivalen dulden, die ihn überschatten könnten. Klare Hierarchien sind deshalb unabdingbar. Und sollten sie infrage gestellt werden, schafft er die Zweifel mit den Zweiflern aus seiner Welt.

Wer sich in der Öffentlichkeit an Jörg Haiders Seite wagt, ist dazu verdammt, zu verblassen – gleichgültig, ob der Auftritt bei einer Talkshow, auf einem Parteitag oder anlässlich eines Koalitionsbündnisses stattfindet. Haider, der Popstar, muss immer im Mittelpunkt stehen, der bekanntlich nicht teilbar ist.

Anhand einer Vignette beschrieb die Schweizer «Weltwoche» dieses Phänomen. Wolfgang Schüssel und Jörg Haider treten nach erfolgreichem Abschluss ihres Paktes im Parlament vor eine nächtliche Pressekonferenz. Das Fernsehen ist live dabei. Zunächst referiert der damals noch designierte Regierungschef – staatstragend, kanzlerkompetent. Dann ergreift sein Nachbar das Wort – salopp, smart, lächelnd. «Ein Lächeln, das im sicheren Bewusstsein der Unwiderlegbarkeit triumphiert», beschreibt Thomas Wördehoff die Szene: «Er ist der Mittelpunkt der Show und weiß es ... Unangenehm für Schüssel. Was tut man, wenn ein Star den Abend an sich reißt? Nur nicht hinglotzen, sagt sich Schüssel ... Dann passiert es: Er greift zur Fliege, zupft rechts, zupft links, lässt die Arme sinken, legt sie übereinander und wendet sich schließlich Jörg Haider zu. Fasziniert ... Dr. Wolfgang Schüssel wurde neben Jörg Haider immer kleiner, immer blasser. Bis da nur noch eine Fliege war.»

Diese Szene entlarvt, treffender als jede Analyse, den mitunter massenhypnotischen Mechanismus, dem der «Schattenkanzler», wie der grüne Professor Alexander van der Bellen nüchtern bemerkte, seinen anscheinend unaufhaltsamen Aufstieg zu verdanken hat. Kaum etwas von dem, was Haider in der gespannten Atmosphäre jener für Österreich vergleichsweise historischen Stunde zu sagen hatte, blieb in der Erinnerung haften – war ja bloß ein Songtext. Den stärksten Eindruck allerdings vermochte die Art und Weise seiner Erscheinung zu vermitteln: Er überbot die nervöse Gravität des Augenblicks durch die Leichtigkeit seines Seins.

Natürlich hat der *Universal Demon* das weltweite Mediengewitter nicht kraft seiner Popstar-Qualitäten ausgelöst. Doch in dem komplexen Verhältnis, das die mediale Öffentlichkeit mit ihren Helden verbindet, bedienen sich beide der spezifischen Fähigkeiten des jeweils Anderen. Sie bedingen einander.

Auch die Frage nach Hysterie oder Hype stellt sich nur bedingt. Jedes Medium, das auf Aufmerksamkeit fesselnde Figuren verzichtete, wäre blutleer (und auch wohl schlecht verkäuflich), und jeder Popstar wäre ohne Hype undenkbar. Er fordert es geradezu heraus, und dieses Karacho aus tausend bunten Tröten zieht immer beträchtliche hysterische Reaktionen nach sich. Die Aufforderung zu mehr Augenmaß ist ehrbar, aber ein bisschen weltfremd. Denn die Eigendynamik dieses gegenseitigen Abhängigkeitsverhältnisses lässt sich zwar theoretisch kontrollieren, in der Praxis aber kaum. Wie bei einem massenpsychologischen Perpetuum mobile schaukeln einander beide Verstärkerreaktionen auf, und der Effekt erlahmt erst, wenn den Popstar seine Energie verlässt und der Medientross einen neuen Helden auf seinen Schild hebt.

Durch die urplötzliche Weltgeltung dieses universellen Unholds aus Österreich bekommen die vielen Erklärungsversuche, die ihm bisher auf die Schliche zu kommen trachteten, einen merkwürdig papierenen Beigeschmack – Notate aus einer versunkenen Ära. Die Deutung vom «nie erwachsen gewordener Romantiker», wie etwa Rudolf Burger meinte, «der der Prosa der verwalteten Welt die Poesie des kühnen Entwurfs entgegenstellt», vermag möglicherweise die österreichische Dimension zu bemessen – nicht aber jene, die auf das Titelblatt von «Time» und «Newsweek» passt. Das ist eine andere Liga und die bedient sich anderer Kaliber. «Man sollte endlich aufhören, ihn wie einen Popstar zu behandeln», forderte der erfahrene Interviewer Helmut Brandstätter. Dafür dürfte es nun zu spät sein.

Alfred Worm

Widersprechen, auffallen, trendsetten

Jörg Haider – eine schlechte, aber perfekte Inszenierung

> «Noch an jenem letzten Abend vor dem großen Brand, Sie erinnern sich noch, noch bei jenem gemütlichen Gans-Essen, wie Sie den beiden Brandstiftern das freundschaftliche Du antragen und ihnen endlich sogar die Streichhölzer schenken, soll unser Hörer einfach das Gefühl haben: Ein guter und anständiger Mensch, dieser Biedermann, eine Seele von Mensch ... Und nur dann, wenn von Verantwortung nicht die Rede sein kann, sind wir bereit, zu vergessen, wie es zu dieser Katastrophe gekommen ist – und bereit für die nächste.»
> Max Frisch, aus dem Hörspiel
> «Herr Biedermann und die Brandstifter» von 1952

Er ist weder «krank» noch «krankhaft» in pathologischem Sinn. Jörg Haider ist aber – und darüber sind sich viele Psychologen und Psychotherapeuten weitgehend einig – gestört. In seiner Persönlichkeit gestört. Dies ist in dem Sinne gemeint, in dem die renommierten US-amerikanischen Therapeuten Aaron T. Beck (Center for Cognitive Therapy, University of Pennsylvania) und Arthur Freeman (University of Medicine and Dentistry of New Jersey) in ihrem Standardwerk die Kategorie «Persönlichkeitsstörung» und darin wieder die Unterkategorie «narzisstisch» fassen.

Die «narzisstische Persönlichkeitsstörung» ist – wie die parallelen Unterkategorien «Selbstunsicherheit», «passive Aggression», «Zwanghaftigkeit», «paranoide Störung», die «antisoziale», «histrionische» und die «schizoide Persönlichkeitsstörung» – keine Krankheit. Wohl aber ist sie als Störung eine Abweichung von der Norm. Erfahrene Psychotherapeuten wissen, dass Störungen dieser Art nicht, und wenn, dann nur sehr schwer therapierbar sind, weil ihren Klienten in der Regel auch das selbstkritische Vermögen zur Wahrnehmung der Symptome fehlt.

Die narzisstische Störung

Narzissmus bedeutet im psychotherapeutischen Sinn «Selbstverherrlichung». Beck/Freeman (in dem anerkannten Standardwerk «Kognitive Therapie der Persönlichkeitsstörungen» – Beltz, PsychologieVerlagsUnion) definieren Persönlichkeitsstörungen als «tief verwurzelte, anhaltende, recht starre Muster des Verhaltens, des Reagierens, des Denkens und Fühlens auf unterschiedliche Lebensbedingungen und Situationen». Diese genannten Kriterien seien «auffallend und von der Mehrheit der Bevölkerung deutlich zu unterscheiden». Beck/Freeman skizzieren die «Symptome» der «narzisstischen Persönlichkeitsstörung» folgendermaßen (und es wird empfohlen, sie am Persönlichkeitsbild des Jörg Haider zu messen):

- *Selbstbild*: Narzisstische Persönlichkeiten betrachten sich selbst als außergewöhnlich und einzigartig – nahezu als Prinz oder Prinzessin. Sie glauben, einen Sonderstatus zu haben, der sie über die Masse der normalen Menschen hinweghebt. Sie sehen sich als überlegen an … Sie stehen über den Regeln, die nur für die anderen Menschen gelten.
- *Bild über Mitmenschen*: Andere Menschen sind ihrer Meinung nach ihre Untergebenen oder Anhänger. Sie wollen in erster Linie von anderen bewundert werden, damit ihre eigene Großartigkeit bestätigt wird und ihr überlegener Status erhalten bleibt.
- *Grundannahmen:* «Da ich etwas Besonderes bin, bin ich von

bestimmten Dingen freigestellt und verdiene besondere Privilegien und Vorrechte.» «Ich bin anderen überlegen und sie sollten dies anerkennen.» «Ich stehe über den Regeln.»

- *Konditionale Annahmen:* «Wenn andere meinen Sonderstatus nicht anerkennen, sollten sie bestraft werden.» «Wenn ich meinen höheren Status beibehalten will, sollte ich von anderen erwarten, dass sie sich unterordnen.»
- *Instrumentelle Annahme:* «Bestehe jederzeit auf deine Überlegenheit und zeige sie.»
- *Strategie:* Ihre Hauptstrategie besteht darin, alles in ihrer Macht Stehende zu tun, damit ihr Sonderstatus gefestigt und der persönliche Bereich ausgedehnt wird. Daher sind sie auf der Suche nach Ruhm, Reichtum, Status, Macht und Prestige, um das Bild ihrer «Überlegenheit» immer wieder zu bestätigen. Sie neigen dazu, mit anderen, die einen ähnlich hohen Status beanspruchen, zu konkurrieren. Um ihre Ziele zu erreichen, greifen sie auch auf Manipulationen zurück. Da sie über den für gewöhnliche Menschen geltenden Regeln stehen, dreht sich alles um sie. Im Gegensatz zur antisozialen Persönlichkeit haben sie keine zynische Sichtweise bezüglich der Regeln menschlichen Verhaltens. Sie glauben nur, selbst davon ausgenommen zu sein. Sie sind der Ansicht, dass sie zwar Teil der Gesellschaft sind, jedoch zur obersten Schicht gehören.
- *Affekt:* Ihr Hauptaffekt ist Ärger, wenn andere Menschen ihnen nicht die Bewunderung oder den Respekt zukommen lassen, auf den sie ihrer Meinung nach ein Recht haben, oder wenn diese sie auf irgendeine Weise hintergehen. Sie neigen jedoch zur Depression, wenn ihre Strategien vereitelt werden. Zum Beispiel behandelten Psychotherapeuten einige Börsenspekulanten aus der Wall Street, die depressiv wurden, als man ihre Machenschaften aufgedeckt hatte und sie in aller Öffentlichkeit in Ungnade gefallen waren. Sie glaubten, alles verloren zu haben, nachdem sie von ihrer hohen Position hinabgestiegen waren.

Die Persönlichkeitsstörung Haiders manifestiert sich an Details, die sich zum Gesamtbild addieren.

Im September 1986, als der Bundesparteitag der FPÖ den damaligen Obmann Norbert Steger stürzte und an dessen Stelle Jörg Haider (Jahrgang 1950) kürte, brach in der Partei stürmischer Jubel aus. Haider wurde auf den Schultern der Getreuen durch den Innsbrucker Saal getragen – ein erstes Etappenziel war erreicht. Beobachter wurden Zeuge einer – auch äußerlichen – Verwandlung:

- Zunächst war es die Kärntner Tracht, mit der Haider seiner Stammklientel signalisierte, dass er einer der Ihren sei. So war es wenig verwunderlich, dass der Parteitag in Innsbruck – die FPÖ grundelte damals bei rund 6 Prozent herum – im Trachtenoutfit bestritten wurde.
- Aber Haider wollte ein neues Wählerpublikum ansprechen. Jung – frisch – modern: Die FPÖ-neu war die erste Partei, in der das Handy zur Trademark seiner Führungscrew wurde. Haiders Vasallen – später als «Buberl-Partie» der engste Freundes- und Führungskreis um Haider – trugen alsbald Designerklamotten und telefonierten am jeweils jüngsten Handymodell. Eines der (kaum je beachteten) Erfolgsrezepte der FPÖ: Die Trabanten waren (und sind) rund um die Uhr erreich- und verfügbar. Nach kurzer Zeit konnte jeder Journalist darauf bauen, dass die FPÖ beste Pressearbeit allein dadurch leistete, dass ganz einfach die Kommunikationslinien funktionierten.
- Haider selbst sandte seine ganz persönlichen Signale an die Jugend aus. Von kaum jemand beachtet, wohl aber unbewusst wahrgenommen wurde, dass der stets braun gebrannte Parteichef eine beträchtliche Uhrensammlung besitzt, die er als Blickfang einsetzte. Ob es eine modische Swatch oder eine sündteure Markenuhr war: Haiders TV-Auftritte waren auch subtile Uhrenschauen. Ein weiteres Signal an die Jugend: Freundschafts-

bänder am Handgelenk – in späterer Zeit von vielen Jugendlichen als Modeschmuck zum oft verwendeten Aperçu banalisiert.

- Danach wechselte Haider in atemberaubenden Tempo Outfit, Autos, Uhren und Haarstil. Es verging kaum ein Tag, an dem nicht die lockere Jeans durch einen hochpreisigen Designeranzug abgelöst und die lockere Welle zum haarlackgestärkten Kopfkunstwerk umgestylt wurde. Besonders signifikant der Wahlkampf 1994, als Haider seine Tour durch Österreich in Bluejeans und hellem Ledergilet absolvierte. Österreichs Textilketten kamen kaum nach, diese lockere Kleidung nachzuproduzieren: Haider war zum (auch auf allen Plakatwänden affichierten) Modetrendsetter avanciert.
- Nachdem er so der Reihe nach die Jugend, die Erfolgreichen («Yuppies») und die Möchtegern-ewig-Jugendlichen angesprochen hatte, wurde er wieder seriös: Mit Trachtenlook und Lederhose vernachlässigte der drahtige FPÖ-Führer zu keiner Zeit seine boden- und schollebezogene Stammklientel.
- Und er sendete neue Ich-Botschaften aus: Gesundheit ist ein Teil des Erfolges. Haider erklomm in Rekordzeit Tausende Meter hohe Berge, er lief in aller Welt Marathons, spielte vor den Massenmedien Tennis und hinter den Kulissen der Öffentlichkeit mit den Gefühlen der Massen. Ein Parteichef als Spitzensportler – Haider, dessen (gefährliches) Charisma unbestritten ist, wurde zur Kultfigur. Und als solche konnte er gegen Ausländer, gegen die so genannten Sozialschmarotzer, gegen die Regierung und gegen alle Unbotmässigen als größter aller Saubermänner auftreten.
- Pikante Details am Rande: Seit Österreich EU-Mitglied ist, zieren die Büros des jahrelang als Anti-EU-Agiteur kämpfenden Haider in adretter Gefälligkeit die blau besternten Flaggen der EU. Und seit er sein Betätigungsfeld auch aufs Ausland ausdehnt, ist das amerikanische Sternenbanner selbstverständlicher Bestandteil der Gesamtinszenierung. Eine enge Mitarbei-

terin Haiders berichtet im Hintergrundgespräch, dass Jörg Haider im In- und Ausland zwei Pflichttermine niemals vernachlässige: den Besuch in der Herrenboutique und den teilweise wöchentlichen Weg zum Friseur. Haiders Ziel ist und war es, auch modisch die unbestrittene Nummer eins der Politik zu sein. So kommt es, dass ein Jörg Haider ohne Krawatte, aber mit kragenlosem Stylepulli den neben ihm stehenden Bundeskanzler Wolfgang Schüssel zum Modefossil degradiert.

Haiders These: Widersprechen – auffallen – trendsetten.

Das Wort als Waffe

Viel wurde gerätselt, warum es Jörg Haider immer wieder schafft, die Menschen bei seinen Auftritten in riesigen Hallen und Bierzelten in seinen Bann zu ziehen. Ob er sich vielleicht sogar der NLP-Methode («neurolinguistische Programmierung») bediene. NLP bedeutet offene, verständnisvolle, aber sehr offensiv und frontal geführte Gespräche mit positiver und sehr konkreter Zielsetzung. Die NLP-Kommunikationsmethode wägt penibel Vor- und Nachteile gegeneinander ab und spricht sie auch in völliger Offenheit aus. NLP wäre demnach eine absolut menschliche, ehrliche und sehr partnerbezogene Art der zwischenmenschlichen Verständigung.

Einige Medienpsychologen vertreten nun die Meinung, Haider betreibe eine modifizierte Art der NLP-Kommunikation, die freilich das Gespräch nicht als befruchtenden Austausch von Gedanken, sondern als verbales Schlachtfeld betrachte. Haider wolle nicht überzeugen, sondern überwältigen; er akzeptiere nicht das Feedback, sondern vergewaltige jeden Gesprächspartner mit der Wucht seiner Worte.

Viele wissenschaftlich arbeitende Linguistiker dagegen sind

entsetzt über den Gedanken, dass Haiders verbales Auftreten auch nur in die Nähe der NLP-Methode gerückt wird. NLP sei eine zutiefst humane, respektvolle und interaktive Sprachmethode, während Haider genau das Gegenteil praktiziere: die Sprache als gefährliche Waffe, das Wort als scharfe Munition und das gesamte Kommunikationsverhalten als Akt der Aggression.

Haiders Rhetorik ist in kein vordefiniertes Sprachschema einzuordnen. Die Bandbreite ihrer Argumentation und Artikulation hält sich in engen Grenzen. Die Methode dieser Kommunikation ist leicht durchschaubar – sie legt auch keinen gesteigerten Wert auf exzessive Tiefgründigkeit.

Jörg Haider provoziert – und vorzugsweise auf Kosten abwesender Dritter. Er arbeitet mit Untergriffen, mit Falschmeldungen und mit unbewiesenen Vorwürfen. Wird er dabei enttarnt, können ihm vielleicht sogar Lügen oder Unwahrheiten nachgewiesen werden, geht er über diese Einwendungen locker hinweg. Er gibt freiwillig keinen Fehler zu und entschuldigt sich, wenn es anders gar nicht mehr geht, mit unernstem Augenzwinkern («Meinetwegen entschuldige ich mich halt» – «Wenn mir nachgesagt wird, dass ich das und das gesagt habe ….»).

In den meisten Fällen verleugnet er aber das Gesagte (und Dokumentierte). Beispiel: Der auf Jacques Chirac gemünzte «Westentaschen-Napoleon» während der Aschermittwochrede des Jahres 2000 wurde von ihm danach ebenso geleugnet wie der eindeutige Bezug auf den französischen Staatspräsidenten. Leugnet Haider, leugnet auch Haiders Anhang: Als emsige Dementiererin dokumentierter Haider-Aussprüche hat mittlerweile die Vizekanzlerin Susanne Riess-Passer beträchtliche Routine entwickelt. Haiders Bierzelt- und Hallenreden dauern meist ein bis zwei Stunden. Sie sind wie ein Modul-System organisiert. Haider spricht frei – die wichtigsten Wortgags aber hat er, als Schöpfung seiner eigenen Überlegungen, zuvor auf Papier notiert. Die These, dass viele strittige Haider-Aussprüche in der Hitze des Gefechts «ganz einfach passiert» wären, ist unhaltbar: Genau diese «Sager» sind schriftlich vorfixiert und eben sie werden nicht dem Zufall überlassen. Haider lässt also keine Reden schreiben, sondern schlägt verbale Brücken zwischen den von ihm selbst ausgetüftelten «Sagern». Diese Verbalfixpunkte sind gewissermaßen der Leitfaden, an dem Haider sich von einem Thema zum nächsten hantelt.

Diese Themenblöcke sind beliebig austauschbar. Haider ist ein besonders guter Stimmungsempfänger, der jede Regung und Erregung des Publikums sofort erfasst. Kommt ein Gag im Saal gut an, verharrt er am Thema und reizt es so lange aus, bis die Resonanz des Gesagten spürbar nachlässt. Erst danach wendet er sich dem nächsten Thema zu, das er neuerlich bis zur kommunikativen Erschlaffung der Zuhörer ausschöpft. Für Haider sind diese Reden, die sich immer mit der Unfähigkeit der andern befassen und die immer an die «Fleißigen und Anständigen» (wer wäre das nicht – wer wäre also davon nicht betroffen) gerichtet sind, permanente Auslotungsversuche, das empirische Vortasten zum stimmungsmäßigen Kulminationspunkt. Wenn Spott und Hohn, die er über Andersdenkende, Abwesende, sehr oft auch über kritische Journalisten, über Ausländer, Sozialschmarotzer, politische Mitbewerber, manchmal auch Kirchen ausgießt, so tief gegriffen haben, dass das Bierzelt durch die schenkelklopfenden Massen am Kochen ist, legt er unbeirrt mit weiteren Untergriffen nach.

Danach lässt er die Massen sich beruhigen und zum Bierglas greifen. Um danach – intellektuell fast immer am Niveau des Saalpublikums – die Menge wieder zu neuerlichem Johlen hochzupeitschen.

Haider schürt dabei Emotionen, er schlägt auf Wehrlose ein. Am 1. Oktober 1999, als die FPÖ ihre Schlusskundgebung zur Nationalratswahl (3. Oktober) am Wiener Stephansplatz veranstaltet hatte, betätigte sich das ganze Team der FPÖ-Spitzenwerber als Einpeitscher gegen Ausländer. Tausende Menschen johlten, als sich Haider & Co auf das Fremdländische einschossen. Bemerkenswert bei dieser Veranstaltung (die übrigens in dieser exzessiv xenophoben Form noch niemals in Österreich durchgeführt wurde): Während die Altfunktionäre der FPÖ ohne Hemmungen den Hass auf die Ausländer schürten, hatten die Newcomer sichtlich Skrupel, sich dieser Methode der Aufhetzung zu bedienen. Die FPÖ-Kandidaten und Quereinsteiger Theresia Zierler und Patrick Ortlieb verloren bei dieser Veranstaltung (an der – im Publikum – hunderte fassungslose Juden, Muslime, Frauen, Kinder, Männer, vielleicht auch anderer Hautfarbe, teilnahmen, weil sie von den aufgehetzten Haider-Anhängern eingekeilt und am Weggehen gehindert wurden) kein einziges Wort, das als politethisch anfechtbar hätte bezeichnet werden müssen. Im Gegenteil: Diese beiden Newcomer fühlten sich in diesem Hexenkessel brodelnder Massen sichtlich unwohl. Wegen ihrer gemäßigten Wortwahl ernteten sie auch nur einen sehr bescheidenen Applaus.

Haiders Modul-System, das erlaubt, mit Gefühlen und Unwahrheiten Argumente und Wahrheiten zu ersetzen, kann am besten während einer seiner zahllosen Wahlkampfreisen studiert werden.

Haider reist dabei von Ort zu Ort, kommt – ebenfalls eine Methode, um die Spannung zu steigern – grundsätzlich zu spät und erklimmt danach das Podium mit der Leichtfüßigkeit eines Siegers. Braun gebrannt, modisches Outfit (im Wahlkampf fast immer Jeans und Lederoberbekleidung), kesser Haarschnitt, abgeschirmt durch Bodyguards, ergreift er sofort das Mikrophon, um das Publikum zu erobern. Während die vor ihm aufgetretenen Lokalfunktionäre ab diesem Zeitpunkt zu Statisten degradiert sind, spult Haider danach sein Modul-Redeprogramm ab. In höchstens 20 Minuten holt er einen einstudierten Gag nach dem nächsten aus seiner Repertoirelade, um bei jedem einzelnen die Reaktion der Zuhörer sofort auszuloten. Merkt er, dass – was von Ort zu Ort verschieden ist – dieser oder jener Spruch nicht gut ankommt, verlässt er schlagartig das Thema, um ohne Übergang zum nächsten zu springen. Das Geheimnis der Haider-Reden liegt einerseits im überschaubaren und daher auch verstehbaren Sprachrepertoire, andererseits in der permanenten Evaluierung aller schon zuvor unzählige Male ausprobierten Wortgags. Kommt ein Redeteil beim Publikum besonders gut an, wird der Faden bis zum Ende abgespult. Ist die Publikumsreaktion mäßig, wird ohne Umstände das nächste Sprachmodul eingesetzt.

Es gibt weltweit nur wenige Politiker, deren ethische Selbstkontrolle so niedrigen Sperren unterliegt, dass sie – wie Haider dies tut – ohne Skrupel die Sprache als zutiefst verletzende Waffe einsetzen.

Aber auch das ist ein wichtiges Kriterium der narzisstischen Persönlichkeitsstörung. Auf die Frage, ob Jörg Haider übrigens die in allen Parteiakademien üblichen Kommunikationsschulungen absolviert hat, erntet man, verständlicherweise, ein überzeugendes Nein. Haider bedarf dieser Schulung nicht – er ist die Politiker gewordene Kommunikation schlechthin. Er hatte den Mut, ethische Schranken zu überwinden – die Unmoral ist für ihn Moral geworden.

Herr Schüssel und der Brandstifter

Max Frisch schrieb 1952 das legendäre Hörspiel «Herr Biedermann und die Brandstifter», dem 1957 das «Lehrstück ohne Lehre» mit dem Titel «Biedermann und die Brandstifter» und 1958 gar noch ein «Nachspiel zu Biedermann und die Brandstifter» folgten. Der Inhalt dieser Stücke ist bekannt: Herr Biedermann bekommt Besuch von suspekten Männern, die sich ihm als Brandstifter vorstellen. Nachdem diese dem Hausherrn eingehend ihre krankhafte Lust, Häuser anzuzünden, erläutert haben, reicht ihnen Biedermann schelmisch lächelnd auch die Zündhölzer. Herr Biedermann glaubte an einen Scherz – und wurde vom Gegenteil erst dann überzeugt, nachdem auch sein Haus brannte.

Wolfgang Schüssel hat als Chef der ÖVP Zugang zum Archiv

des ÖVP-Parlamentsklubs – einer der besten und bestgeführten Datensammlungen Österreichs. Auf tausenden EDV-Seiten sind in diesem Archiv die flotten und gefährlichen Sprüche Haiders gespeichert. Wolfgang Schüssel kann also keine Ausrede geltend machen, er hätte über das Wesen der FPÖ und ihres Führers zu wenig gewusst.

Etliche Therapeuten haben in der ÖVP zusätzlich die Persönlichkeit des Kärntners analysiert – Legionen von Abgeordneten wurden in den letzten Jahren mit dem Wesen Haiders vertraut gemacht.

Sogar der Bundespräsident – ein erfahrener Diplomat mit Kenntnis des Auslandes – warnte Schüssel vor Haider. Und ihm taten es die bedeutendsten Staatsmänner Europas gleich: Schüssel war voll im Bilde, dass Haider als Brandstifter unterwegs war.

In der letzten Jännerwoche des Jahres 2000 drückte dieser Schüssel dem Brandstifter die Zündholzer in die Hand und fühlte sich erst dann richtig befreit, als das Haus Österreich brannte.

Ruth Wodak

«Echt, anständig und ordentlich»

Wie Jörg Haider und die FPÖ Österreichs Vergangenheit, Gegenwart und Zukunft beurteilen

Ausgrenzung hat in Österreich Tradition: Schon Karl Lueger definierte, wer Jude war und wer nicht. Heutzutage bestimmt Jörg Haider, wer die «echten, anständigen und ordentlichen» Österreicherinnen und Österreicher sind. Für eine solche Klassifizierung verwendet er positiv besetzte Eigenschaftswörter, die normalerweise gesellschaftlich akzeptierten Handlungen, Subjekten und Objekten zugeschrieben werden, aufgrund «objektivierbarer» Kriterien. (An dieser Stelle muss angemerkt werden, dass der Begriff «objektiv» wahrscheinlich der häufigste Ausdruck im neuen Regierungsprogramm der ÖVP und FPÖ ist; somit muss er auch auf die Äußerungen und Behauptungen von Jörg Haider angewendet werden). Jörg Haider gebraucht gerade die im Titel genannten Attribute in bestimmten Zusammenhängen, die offenbar für ihn ideologisch relevant sind. Damit gewinnen wir Aufschluss über die «Guten» und «Bösen» in unserer Gesellschaft, denn die Strategie der Schwarz-Weiß-Malerei, gepaart mit solchen Charakterisierungen, ist Teil seines Repertoires. Komplexe Sachverhalte werden dadurch einfach erklärt und verständlich für alle vermittelt. «Gute» Ingroups und «böse» Outgroups werden diskursiv geschaffen, jede/r weiß, wer «Wir» sind und wer die «Anderen». Und in einer Zeit der Globalisierung, großer Unsicherheit und extremer Zukunftsängste ist dies sicherlich sehr wirksam und auch ein altbekanntes Mittel klassischer Rhetorik.

Wer sind also die «echten Österreicher» (man bemerke die

männliche Form, vielleicht gibt es keine echten Österreicherinnen)? Ein Plakat in der Wahlkampagne der FPÖ «Zwei echte Österreicher», auf dem Jörg Haider und Thomas Prinzhorn abgebildet waren, gibt uns die ersehnte Antwort: echte Männer, mit deutscher Muttersprache, keine «ausländisch» wirkenden dunklen Typen, ja schon gar nicht «Buschneger», wie Jörg Haider diese bezeichnet: «Jeder Buschneger hat in Zukunft die Möglichkeit, seine Kollegen in Österreich zu behandeln.» (Haider über das neue Ärztegesetz, «Der Standard», 13. Oktober 1998). Obwohl Jörg Haider in den letzten Jahren im Sommer wichtige Kurse in Harvard, USA, zur Weiterbildung besucht hat, ist ihm offenbar nicht klar geworden, dass solche Benennungen gegen allgemein anerkannte Konventionen verstoßen. Die FPÖ-Parlamentarierin Helene Partik-Pable stimmt ein: «Schwarzafrikaner schauen nicht nur anders aus, (...) sondern sie sind auch anders, und zwar sind sie besonders aggressiv» («Tiroler Tageszeitung», 20. 5. 1999).

Generalisierungen und Behauptungen stellen das Fundament von vorurteilsbehafteten Einstellungen dar, damit haben wir die erste Outgroup klar definiert bekommen. Außerdem wird den so genannten Schwarzafrikanern zusätzlich unterstellt, sie seien Drogendealer, «die mit Designeranzug und Luxushandy» herumliefen (Wahlwerbung der FPÖ, Wien, September 1999). Die Widersprüche zwischen «Buschnegern» und solcher Art gezeichneten «Yuppies» fallen jedoch den Sprecherinnen und Sprechern der FPÖ nicht auf; denn schließlich ist alles erlaubt, was Wähler bringt, die der Historiker Lothar Hoebelt (vielfach in der «Aula» publiziert) in einer Podiumsdiskussion am 23. Jänner 2000 als «graue Mäuse» bezeichnet hat, «ohne Verantwortung», die man nur heranzupfeifen brauche.

Der österreichische Pass reicht jedenfalls nicht aus, um ein «echter» Österreicher zu sein: «Es droht uns durch die Möglichkeit, nach sechs Jahren einzubürgern, und durch die Osterweiterung eine weitere Überfremdung. Ich unterstelle der Bundesregierung, dass sie sich ein neues Wählervolk schaffen will, weil sie sich des alten nicht mehr sicher sein kann» (Haider in «Die Presse», 10. Juli 1998).

Einmal Ausländer – immer Ausländer: eine biologistische und rassistische Argumentationstechnik! Die Begriffe «Umvolkung» und «Überfremdung», beispielsweise vom Nationalratsabgeordneten Franz Lafer schon 1998 verwendet («Neue Vorarlberger Tageszeitung» 10. Juli 1998), sind schon während der Nazi-Zeit gebraucht worden, etwa von Goebbels 1933. «Stopp der Überfremdung» wurde ja auch überall sichtbar in Wien im September 1999 von der FPÖ plakatiert; «Überfremdung» durch die «nicht echten» Österreicher und durch «Ausländer». So heißt es denn auch in der Wahlwerbung 1999: «Gegen eine vorschnelle Osterweiterung müssen wir uns zur Wehr setzen, weil das Zuwanderungspotential aus Osteuropa sofort steigt und eine weitere Überfremdung die Folge ist.»

Seit 1989/90 werden Angst und Aggression geschürt, vor einer «Überflutung» und durch ähnliche Naturkatastrophenmetaphern bezeichneten Zuwanderung aus den ehemaligen Ostblockstaaten. Das rassistische Vorurteil, die Ausländer würden sich schneller vermehren als «echte» Österreicher, wird nicht zuletzt durch den Spitzenkandidaten der FPÖ bei der Nationalratswahl 1999 verstärkt: «Asylanten und Ausländer haben eine ganze Reihe von Vorteilen. Sie bekommen zum Beispiel Medikamente zur Hormonbehandlung vom Sozialamt gratis, um ihre Fruchtbarkeit zu steigern. Inländern wird das nur selten gewährt.» So begründet FPÖ-Parlamentarier Prinzhorn die Entscheidung, den «Kinderscheck» (der nun im Regierungsprogramm interessanterweise nicht mehr aufscheint) nur Inländern zugute kommen zu lassen (APA0517 5 II 0259 AI). Inzwischen leugnete Jörg Haider diesen Ausspruch in der TV-Sendung «Talk in Berlin» am 6. Februar 2000, allerdings konnte der ORF (ZIB 2, 6. Februar 2000) das authentische Videoband mit der Aufnahme dieses Ausspruches vorweisen. Die Glaubwürdigkeit von Haider war also wieder einmal vernichtet. Doch dies macht ihm offenbar nichts, denn – wie Lothar Hoebelt, FPÖ-Mitglied, am 23. Jänner 2000 behauptete: Politik braucht keine Ethik oder Moral.

Gehen wir nun zur «Bewältigung der NS-Vergangenheit» Österreichs über, zu den so genannten «Ausrutschern» von Jörg Haider, die – ganz im Gegenteil – seine Einstellungen und Meinungen gerade in emotionalisierten Situationen gut zum Ausdruck bringen. Neben den «echten Österreichern» gibt es nämlich auch die «anständigen Österreicher» (die zweite diskursiv geschaffene Ingroup), darunter etwa Walter Reder, der ehemalige SS-Obersturmbannführer, der für das Massaker in Marzabotto (mehr als 1000 Tote) in Italien zu einer lebenslangen Haftstrafe verurteilt wurde. 1985 wurde Reder vorzeitig aus der Haft entlassen. Haider dazu: «Denn Walter Reder war Soldat wie Hunderttausende andere auch. Er hat seine Pflicht erfüllt, wie es der Eid des Soldaten gebietet» («Kärntner Nachrichten», 14. Februar 1985) Damit wird Reder vielen Soldaten der Wehrmacht gleichgestellt, die solche Verbrechen nicht begangen haben. Die Strategien der Verharmlosung und Leugnung kommen zum Zug, die als Rechtfertigung für nationalsozialistische Verbrechen oft verwendet werden. Auch andere «anständige Männer» kennt Jörg Haider: «Und das ist für mich letztlich auch der Grund, warum ich glaube, dass man auch ein Gegengewicht setzen muss, denn sonst würden wir wirklich in einer Welt von Chaoten leben, und dafür habt ihr letztlich nicht gekämpft und auch euer Leben riskiert, sondern dass die jüngeren Generationen und die Jugend eine Zukunft im Gemeinwesen hat, in dem auch Ordnung, Gerechtigkeit und Anständigkeit noch Prinzipien sind. (...) Es gibt nämlich keines (gemeint ist ein Argument gegen Waffen-SS-Veteranentreffen, Anm.), außer dass man sich ärgert, dass es in dieser Welt einfach noch Menschen gibt, die einen Charakter haben und die auch bei größtem Gegenwind zu ihrer Überzeugung stehen und ihrer Überzeugung bis heute treu geblieben sind.» (Ansprache in Krumpendorf/Kärnten 1995, Schnell-Info der FPÖ, Folge 30/96, S. 10ff.) Den «Anständigen» gehört also die Zukunft, wieder mit positiv konnotierten Fahnenwörtern besetzt. Das ist also das Modell für die Jugend, wie es sich Jörg Haider vorstellt!

Das implizite Geschichtsbild von Jörg Haider wird in «Profil», 21. August 1995, hinterfragt:

Haider: «Ich habe gesagt, dass die Wehrmachtsoldaten die Demokratie in Europa, wie wir sie heute vorfinden, ermöglicht haben. Hätten sie Widerstand geleistet, wären sie nicht im Osten gewesen, hätten sie nicht die Auseinandersetzung geführt, dann hätten wir …

Profil: Was heißt «Widerstand leisten», das war ja ein Eroberungszug der deutschen Wehrmacht.

Haider: Dann müssen wir heute fragen, wie das wirklich war.

Nun, wie war es denn «wirklich»? Zu den oben genannten Rechtfertigungsstrategien kommen nun noch weitere hinzu: Verzerrung, Umdefinition, Aufrechnung und die Schaffung von neuen Mythen. Letztlich wird Geschichte umgeschrieben und die neue Version als die wahre hingestellt. Was ja vielen Beteiligten und auch manchen so genannten Nachgeborenen (wie sich ja Haider oft selbst bezeichnet) offenbar sehr willkommen ist. Denn dies ermöglicht die Aufrechterhaltung des Opfermythos, der das Geschichtsdenken vieler lange Zeit in Österreich geprägt hat. Diesem Geschichtsbild ist Aufrechnung immanent. Auf die Frage, wer denn die größten Verbrecher dieses Jahrhunderts gewesen seien (also «unanständige» Menschen), setzt Haider Hitler, Stalin und Churchill gleich, ohne zu beachten, wer denn welche Ideologie vertreten habe in welchem Staatssystem, mit welchen Auswirkungen und Folgen, wer die Angreifer und wer die Verteidiger gewesen seien. Auch die Opfer werden aufgerechnet:

Profil: War die NS-Diktatur eine wie jede andere?

Haider: Ich glaube, dass man graduelle Unterschiede bei totalitären Systemen nicht machen soll. Sie sind insgesamt abzulehnen.

Für mich hat es eine Ära gegeben, in der es zu kriegerischen

Auseinandersetzungen gekommen ist, in die unsere Väter verwickelt waren. Und gleichzeitig hat es im Rahmen des NS-Regimes Vorgänge gegeben, die nicht zu akzeptieren sind. An denen waren aber keine Familienmitglieder von mir beteiligt.

Profil: Höre ich richtig? «Vorgänge». Was nennen Sie «Vorgänge»?

Haider: Na ja, es waren Aktivitäten und Maßnahmen gegen Bevölkerungsgruppen, die eklatante Verstöße gegen die Menschenrechte waren.

Profil: Haben Sie Schwierigkeiten, von Vergasungen und Massenmord zu sprechen?

Haider: Wenn Sie so wollen, dann war es halt Massenmord.

Diese Sequenz illustriert eindrucksvoll, wie vage Konzepte und Euphemismen (Verschleierungen und Verschönerungen) zur Verdeckung des Holocaust verwendet werden. Es fällt Haider offensichtlich auch schwer, von Juden, Roma und Sinti und anderen Verfolgten zu sprechen. Daher darf es nicht weiter verwundern, dass es bisher keine adäquaten Wiedergutmachungsmaßnahmen gegeben hat. Obwohl dies von der neuen Regierung versprochen wurde und auch in der Präambel des Regierungsprogramms aufscheint, kommen jüdische Opfer und eine mögliche Wiedergutmachung ihnen gegenüber nicht vor. Genannt werden «Altösterreicher» (ein deutschnationaler Begriff), Sudetendeutsche, Zwangsarbeiter, aber keine Juden. Haiders Aufrechnung dient offenbar als Grundlage, wie in einem ORF-Interview (ZIB 2, 9. September 1998) zu hören und zu sehen war:

Haider: Na ja, es ist einfach ein Problem, wo ich sage, man muss jetzt mal klären, misst man hier mit zweierlei Maß? Wenn jüdische Emigranten Forderungen stellen, dann ist sozusagen die Wiedergutmachung endlos. Wenn Sudetendeutsche dasselbe von der österreichischen Regierung verlangen, dass sie gegenüber den tschechischen Behörden ihre Wiedergutmachungsforderungen durchsetzen soll, dann wird gesagt, irgendwann muss einmal ein Schlussstrich unter die Geschichte gezogen werden. (…) Man kann nicht Gleiches ungleich behandeln.

ORF: Ist das tatsächlich Gleiches Ihrer Meinung nach?

Haider: (…) Und da möchte ich nicht beurteilen, was schlimmer gewesen ist (…)

ORF: Noch einmal, zu diesem Ausgangspunkt von Ihnen. Sie stellen gleich die Sudetendeutschen und das Unrecht, das an Juden geschehen ist?

Haider: Selbstverständlich, weil ich mich wehre, dass man Menschenrechtsverletzungen auch einmal quantifiziert.

Sechs Millionen Menschen sind wahrlich schwer zu quantifizieren …! Abgesehen von solcher Aufrechnung und Verzerrung bleibt zu fragen, warum die österreichische Regierung überhaupt die Sudetendeutschen vertreten soll? Welche Regierung soll denn die Juden vertreten? Individuen stellen hier, manchmal durch Anwälte vertreten, ihre Forderungen! Haider meint auch, im «Freiheitlichen Gemeindekurier», Folge 565/1998, dass die nun eingesetzte Historikerkommission nicht ganz richtig zusammengesetzt sei. Vielleicht «unanständige» Menschen darunter?

«Nach 53 Jahren werden noch Rückstellungsanträge eingebracht und Entschädigungen gefordert. Herrn Simon Wiesenthal räumt man das Recht ein, einen Ausländer für eine Kommission zu nominieren, der Vorsitzende selbst, Clemens Jabloner, sagt im Profil Nr. 41, dass er aus einer jüdischen Familie stammt und Mitglied der Israelitischen Kultusgemeinde ist. Hier endet einfach die Glaubwürdigkeit in diese ‹unabhängige› Kommission, da, und dies sei sachlich festgestellt, die in Österreich lebende jüdische Bevölkerung in höchsten staatlichen und privaten Stellen und in Banken ungewöhnlich stark präsent ist. Darüber zu sprechen fällt unter ‹Rassismus› und schon ist man eingeschüchtert.»

53 Jahre sind also nach Meinung der FPÖ zu viel verstrichene Zeit, nur im Falle der Juden allerdings. Die vorgestellte Anrede «Herr» bei Simon Wiesenthal ist ein bekanntes sprachliches Mittel der Herabwürdigung. Ausländer hätten nichts zu sagen, auch wenn es sich um prominente und namhafte Experten handelt, die ja gerade erst die Unabhängigkeit garantieren können. Und schließlich wird Dr. Jabloner unterstellt, er könne als Jurist nicht objektiv urteilen, «echte» Österreicher gehörten also wahrscheinlich im oben beschriebenen Sinne her. Außerdem, und nun wird das Vorurteil der «reichen» und «mächtigen» Juden herangezogen, seien diese überall präsent (was auf den Weltverschwörungstopos anspielt). Vergessen wird dabei und auch wohlweislich verschwiegen, dass von einer Gemeinde von 10 000 Juden in Österreich kaum so viel Macht zu erwarten ist. Antisemitische Äußerungen sind also wohl explizit zu finden, um die Arbeit dieser Expertenkommission abzuwerten. Manche dürfen Interessen vertreten, andere nicht: «Der Holocaust dient als *cash cow*, als Druckmittel mit Killerargument-Qualität zur Durchsetzung vordergründiger Interessenslagen» («Neue Freie Zeitung», Nr. 36, 2. September 1998). Hier wird der Sprachgebrauch der Unterwelt, der Gangster und Kriminalität verwendet, um die gerechten Forderungen vertriebener und verfolgter Menschen darzustellen.

Schließlich noch zu den «ordentlichen» Menschen und Objekten. Denn echte und anständige Österreicher machen ordentliche Sachen: «Im Dritten Reich haben sie eine ordentliche Beschäftigungspolitik gemacht, was nicht einmal Ihre Regierung in Wien zusammenbringt» (Kärntner Landestag, 13. Juni 1991). Die ordentliche Beschäftigungspolitik, so positiv bezeichnet, diente – wie allgemein bekannt – einem Vernichtungskrieg. Jörg Haider musste auf diesen Ausspruch hin als Landeshauptmann von Kärnten zurücktreten. Aber er kam wieder … Das Gedächtnis in Österreich ist nur kurz. Und so kann Jörg Haider auch weiter (mit)bestimmen, wer die «echten, anständigen und ordentlichen» Österreicher sind und sein werden!

Hans-Henning Scharsach

Bekenntnis zur sozialen Volksgemeinschaft

Braune Markierungen auf dem Weg in die «Dritte Republik»

In der Wahrnehmung der Öffentlichkeit gibt es zwei Jörg Haider. Der eine: ein hochprofessionell agierender Oppositionspolitiker, schlagfertig, scharfzüngig, dem Stammtisch nach dem Mund redend, während er «die da oben» attackiert. Infotainment, wie er es bietet, sorgt für hohe Einschaltquoten und steigende Auflagen. So wird man Darling auch jener Medien, die einem kritisch gegenüberstehen.

Populisten wie er sind das Salz in der Suppe der Demokratie. Österreich könnte sich glücklich schätzen, der etablierten Politik einen Mann seiner Talente entgegenstellen zu können – gäbe es da nicht den anderen Haider. Während der erste in die Öffentlichkeit drängt, agiert der zweite im Schlagschatten des medialen Scheinwerferlichts. Klammheimlich hält er Kontakt zu jenen, die sich am äußersten rechten Rand des politischen Spektrums dem antifaschistischen Nachkriegs-Konsens entziehen.

Der blaue Strahlemann wirft braune Schatten. Er ist nicht nur Populist, sondern auch Ideologe. Wie weit rechts sein Herz schlägt, wird nur in Ausnahmefällen sichtbar: Wenn er sich provoziert fühlt, seinem Ärger spontan Luft macht, in aufgeheizter Stimmung vom vorbereiteten Redetext abweicht.

Dann kann es passieren, dass er die österreichische Nation zur «Missgeburt» macht, wie Hitler das schon in «Mein Kampf» tat. Dann kann es passieren, dass er die Beschäftigungspolitik der Nazis «ordentlich» nennt oder die Vernichtungslager der Nazis zu

«Straflagern» macht. Ende 1995 erhalten «Ausrutscher» wie diese eine neue Qualität. Ein Video zeigt Jörg Haider als Redner einer Veranstaltung ehemaliger Waffen-SSler am Rande des alljährlichen Ulrichsberg-Treffens im Kärntner Krumpendorf. Unter den Anwesenden befinden sich prominente Aushängeschilder nationalsozialistischer Traditionspflege: Gudrun Burwitz, Tochter des Reichsführers SS Heinrich Himmler, Otto Krumm, letzter Kommandant der SS-Leibstandarte Adolf Hitler, der dänische Kriegsverbrecher Sören Kramm und zahlreiche SS-Offiziere – unter ihnen Peter Timm von der berüchtigten SS-Sturmbrigade Dirlewanger. Diese «lieben Freunde» würdigt der FPÖ-Chef als «anständige Menschen, die einen Charakter haben und die auch bei größtem Gegenwind zu ihrer Überzeugung stehen und ihrer Überzeugung bis heute treu geblieben sind».

Im Verlauf der Rede findet Haiders völlige Identifikation mit seiner Zuhörerschaft statt: «Nachdem wir aber eine Zukunft haben wollen, werden wir jenen Linken (...) beibringen, dass wir nicht umzubringen sind und dass sich Anständigkeit in unserer Welt allemal noch durchsetzt, auch wenn wir momentan vielleicht nicht mehrheitsfähig sind. Aber wir sind den anderen überlegen ...»[1]

Die Worte sind so eindeutig, dass sie nur wenig Interpretationsspielraum zulassen. Das von Haider verwendete «Wir» lässt nur zwei Deutungen zu. Wenn es «wir von der FPÖ heißt», dann beinhaltet es eine völlige Gleichsetzung von Partei und den «ihrer Überzeugung treu gebliebenen» Waffen-SSlern. Die andere Deutung ist noch weniger harmlos. Sie hieße schlicht: «Wir, die wir unserer nationalsozialistischen Überzeugung treu geblieben sind». «Wir Nazis» also. «Wir Nazis, die wir momentan nicht mehrheitsfähig sind». Einige Passagen sprechen dafür, dass es so gemeint sein könnte: «Größten Gegenwind» haben nach dem Krieg vor allem jene nationalsozialistischen Führungsfiguren zu spüren bekommen, die nicht Mitläufer, sondern Täter waren.

1 Rede vor SS-Veteranen in Krumpendorf, 30. September 1995

Gastgeber der Krumpendorfer Veranstaltung ist die «Kameradschaft IV», Traditionsverein der Waffen-SS. Welches Gedankengut innerhalb der «Kameradschaft IV» heute noch gepflegt wird, lässt sich aus ihrer Zeitschrift «Die Kameradschaft» herauslesen. Wissenschaftler konstatierten nach Textanalysen eine Häufung rechtsextremer Inhalte: Leugnung der deutschen Kriegsschuld, Rechtfertigung des nationalsozialistischen Angriffskrieges, Verharmlosung von NS-Verbrechen, Verherrlichung Hitler-Deutschlands, militanter Rassismus.

Der FPÖ-Chef hat sein inniges Verhältnis zur «Kameradschaft IV» mehrfach unter Beweis gestellt. Bereitwillig tritt er als Redner auf, nimmt an einer Fahnenweihe teil und zeichnet eine Jubiläumsveranstaltung durch seinen Ehrenschutz aus. 1981 lässt er sich bei einer vom Freiheitlichen Akademikerverband veranstalteten 60-Jahr-Feier der Kärntner Volksabstimmung, bei der auch NDP-Chef Norbert Burger unter den Gästen weilt, vom Fernsehen aufnehmen, wie er, Hand in Hand mit Gleichgesinnten, das Treuelied der SS singt: «Wenn alle untreu werden». 1985 verspricht er Kriegsveteranen und ehemaligen SS-Leuten am Ulrichsberg: «Ihre Opfer sollen nicht umsonst gewesen sein! Ohne Ihren Opfermut gäbe es heute nicht jene Freiheit im westlichen Europa, die für viele schon so selbstverständlich geworden ist.» Fünf Jahre später lobt er die Veteranen der Nazizeit dafür, «die Grundlage für Frieden und Freiheit gelegt» zu haben. Nahtlos knüpft er damit an die Selbstdarstellung der Nationalsozialisten an: «Wäre die deutsche Wehrmacht nicht in der Lage, die Gefahr aus dem Osten zu brechen, so wäre damit das Reich und in kurzer Folge ganz Europa dem Bolschewismus verfallen», hatte Propagandaminister Joseph Goebbels in einer Rede am 18. Februar 1943 erklärt.

Kritik an der Teilnahme von SS-Traditionsverbänden an den alljährlichen Ulrichsberg-Feiern weist Haider zurück: «Wir haben uns für niemanden, der hierher kommt, zu entschuldigen. Kein einziger Soldat – welcher Waffengattung auch immer – hat es verdient, von dieser würdigen Feier ausgeschlossen zu werden. Alle sind herzlich willkommen.»

Unmittelbar nachdem die Retter von Frieden und Freiheit von Haider gepriesen werden, ernten sie von der Staatspolizei Undank. Die Beamten sind rücksichtslos genug, gleich 50 Hakenkreuz-Abzeichen zu konfiszieren, deren Zurschaustellung den Teilnehmern der Traditionsveranstaltung als wohlerworbenes Gewohnheitsrecht zu gelten scheint. Mehrfach bezeichnet Haider die Waffen-SS als Teil der Wehrmacht und ihre Angehörigen als «ganz normale Soldaten». Nach seiner Krumpendorfer Rede behauptet er in einem ORF-Interview gar, ihr komme «alle Ehre und Anerkennung» zu, die diese «heute im öffentlichen Leben hat».

Der Nürnberger Militärgerichtshof war nach dem Krieg zu einem anderen Urteil gekommen. Er hat die Waffen-SS als «verbrecherische Organisation» eingestuft. Deutsche und österreichische Gerichte sind diesem Urteil mehrfach gefolgt. Ein Schöffengericht in Würzburg wertete die Traditionspflege der Waffen-SS ausdrücklich als «Pflege einer verbrecherischen Tradition»[1].

Tatsächlich war die von Haider hofierte Waffen-SS an der Verfolgung und Ausrottung der Juden und an der Bewachung der Konzentrationslager beteiligt. In der Zeitung «Für die Waffen-SS» wurden ihre Angehörigen 1939 für den Dienst in den KZs ausdrücklich gelobt. Ihnen sei es zu verdanken, dass diese «Inseln blieben, aus denen das Gift der inneren Zersetzung niemals wieder in den Volkskörper der Heimat gelangen konnte».

Der FPÖ-Chef macht sich also nicht für irgendwelche unbedeutenden Mitläufer der Hitler-Diktatur stark. Er verknüpft die Rehabilitierung der Soldatengeneration ausgerechnet mit der SS, deren Runenzeichen als Symbol für die grauenhaftesten und unfassbarsten Verbrechen der Menschheitsgeschichte stehen.

Wie nahe er damit dem strafbaren Tatbestand nationalsozialis-

1 ORF, 19. Dezember 1995

tischer Wiederbetätigung kommt, lässt sich aus einem Höchstgerichtsurteil vom 27. Dezember 1960 ablesen. Im Verfahren über den Verfall (Verbot) des Buches «Waffen-SS im Einsatz» von Paul Hausser sahen die Richter mit der «Gutheißung» dieser nationalsozialistischen Einrichtung sowie in dem «Bestreben, die Waffen-SS in der Öffentlichkeit zu rehabilitieren», den Tatbestand der Wiederbetätigung erfüllt.

Bei Haider kommen Staatsanwaltschaft Klagenfurt, Oberstaatsanwaltschaft Graz und Justizministerium zu einem anderen Urteil: Die Anzeige wegen nationalsozialistischer Wiederbetätigung wird niedergelegt.

Einer von Österreichs prominentesten Juristen widerspricht dieser Entscheidung: «Wie es bei dieser Sachlage zur Einstellung eines Strafverfahrens kommen konnte, bleibt unerfindlich.» Jörg Haider habe sich mit seinen Aussagen der nationalsozialistischen Wiederbetätigung objektiv schuldig gemacht, meint Heinrich Gallhuber in einem für die Israelitische Kultusgemeinde erstellten Gutachten. Der pensionierte Richter hat Rechtsgeschichte geschrieben: Als Vorsitzender des Prozesses gegen die braunen Schläger der neonazistischen ANR verfasste er 1983 zur Rechtsbelehrung der Geschworenen einen Leitfaden, der seither in Gerichtsurteilen regelmäßig zitiert wird. Gallhubers juristische Wertung ist eindeutig: Haider habe gegen Paragraph 3g des Verbotsgesetzes verstoßen, der die unsachlich einseitige, propagandistisch vorteilhafte Darstellung von NS-Einrichtungen unter Strafe stellt. Auch an der «inneren Tatseite», wie der zur Verurteilung notwendige «Vorsatz» auf Juristendeutsch heißt, hegt der Jurist keinen Zweifel. Diese lasse sich schlüssig aus den vielfachen Wiederholungen NS-verharmlosender Wertungen ableiten.

Die Liste von Haiders rechten Ausritten ist tatsächlich lang. Schon 1980 unterschreibt er, gemeinsam mit führenden Rechtsextremisten ganz Europas, einen Aufruf der Deutschen Volksunion (DVU) zur Rehabilitierung der Kriegsverbrecher. Abgedruckt wird er in der «National-Zeitung» des deutschen Verlegers und DVU-Vorsitzenden Gerhard Frey. Der agitatorische Text gipfelt in der Forderung nach Generalamnestie «für jedwedes behauptete oder tatsächliche Unrecht im Zusammenhang mit dem Zweiten Weltkrieg».

Die Argumentation hält sich an die neonazistische Taktik der Schuldumkehr. Auf der einen Seite werden die Nazi-Gräuel durch die Formulierung «behauptetes oder tatsächliches Unrecht» infrage gestellt, auf der anderen Seite wird den Siegern unterstellt, «unter Druck und Terror vieljährige Schauprozesse gegen die Besiegten» durchzuführen, während ihre eigenen «millionenfachen Morde am deutschen Volk» ungesühnt blieben.

Haider hat braune Geschichtslügen mehrfach öffentlich vertreten. Bei einem Neujahrstreffen der FPÖ in Graz fordert er 1988, nicht auf «Umerzieher» und «spätgeborene selbst ernannte Richter» zu hören, die «ein zweites Verurteilungsverfahren, wie es nach 1945 in Österreich stattgefunden hat, durchführen». Er argumentiert damit in der Tradition der Parteizeitung «Kärntner Nachrichten», die beispielsweise 1967 gefordert hat: «Schluss mit der Nazijagd! Schluss mit der bloß einseitigen Verfolgung angeblicher deutscher Kriegsverbrechen! Der Kampf gegen die Nachwirkungen der Nürnberger Schandjustiz ist uns eine echte völkische Aufgabe.» Zehn Jahre später ist diese Zeitung nicht klüger geworden. Einem Professor Ernst Klement stellt sie eine halbe Seite für einen Hetzartikel zur Verfügung, wie ihn sich, aus Angst vor Strafe, sonst nicht einmal rechtsextremistische Sudelblätter leisten: «Die Deutung des Wortes ‹Endlösung› als ‹Ausrottung› anstatt richtig als ‹Vertreibung› ist willkürlich und unhaltbar», befindet der Verfasser und kommt zu dem Schluss: «Die Behauptung, in den deutschen Konzentrationslagern seien im Auftrag des verbrecherischen NS-Regimes an die sechs Millionen Juden umgebracht bzw. ‹vergast› worden, entpuppt sich immer sicherer als eine ungeheure Lüge … Es dürfte vielmehr zutreffen, dass kein einziger Jude im Auftrag oder mit Zustimmung Hitlers, der Reichsregierung oder gar des deutschen Volkes nur deshalb ums Leben kam, weil er Jude war.»[1]

Immer wieder macht Haider sich für Kriegsverbrecher stark. 1986 protestiert er gegen die Entfernung einer Gedenktafel in der österreichischen Verteidigungsakademie für Alexander Löhr, den er als «historisch verdiente Persönlichkeit» würdigt. Der Oberbefehlshaber der deutschen Wehrmacht auf dem Balkan aber zählte nicht nur zu den Hauptverantwortlichen des blutigen Nazi-Terrors in Jugoslawien, dem über eine Million Menschen zum Opfer fielen. Er hatte an der Deportierung von Juden «vielleicht größeren Anteil als irgendein Befehlshaber der Wehrmacht», schreibt Gerhard Reitlinger in seinem Buch «Die Endlösung».

Im Fall Walter Reder versuchte Haider, eine Identifikationsfigur des Nationalsozialismus durch Geschichtsfälschung salonfähig zu machen. «Es war für mich die Übernahme des letzten österreichischen Kriegsgefangenen», erklärte er in einem Interview dem studentischen Organ der NPD-Jugend, «NHB-Report». «Das Schicksal Walter Reders hätte jeden unserer Väter ereilen können.»

Walter Reder wurde 1951 wegen eines der scheußlichsten Einzelverbrechen des Zweiten Weltkrieges verurteilt. Er hatte im Herbst 1944 die Zivilbevölkerung des ganzen Landstriches Marzabotto ausrotten lassen, nachdem die von ihm verfolgten Partisanen in unwegsames Berggelände geflüchtet waren, um die Zivilbevölkerung nicht zu gefährden.

Das Gericht beschreibt in seinem Urteil den Exzess aus Blutrausch und sexueller Perversion mit den folgenden Sätzen: «Reder ist ein Mensch, der mit bodenloser Gemeinheit ... Frauen vergewaltigte und zuließ, dass seine Offiziere und Truppen (Frauen) vergewaltigten, die erst kurz zuvor aus den Haufen der Leichen niedergemetzelter Eltern, Verwandter und Freunde herausgezogen worden waren.»

1 Kärntner Nachrichten, 30. November 1977

Als Haider Chefredakteur der Parteizeitung «Kärntner Nachrichten» war, ließ er auch anderen Nazi-Größen Bewunderung zuteil werden. So attestierte das FPÖ-Blatt Hitler-Stellvertreter Rudolf Heß, «in all den Jahrzehnten seiner einsamen politischen Kerkerhaft ... sich und der ihm eigenen deutschen Ehre treu geblieben» zu sein. «Die Unmenschlichkeit und Brutalität, mit der man Rudolf Heß in langer Haft zerbrechen wollte, sind für ihn immer wieder Bestätigung, wie recht er tat, sich und seinem Volk treu zu bleiben.»

Während Haider in der Tradition brauner Geschichtsfälscher Nazi-Verbrecher rein zu waschen versucht, diffamiert er den Widerstand. Widerstandskämpfer gegen das Hitler-Regime sind für ihn «Verräter», weil sie sich «damit gegen Kameraden wenden». Ihre Auszeichnung bezeichnet er als «untragbar» und «eine Beleidigung all jener, die wirklich für die Freiheit gekämpft haben», wie er in einem Brief an den «Bund der Opfer des politischen Freiheitskampfes in Tirol» betont. Die Partisanen gegen Hitler hätten sich «nicht als Patrioten, sondern Feinde der Integrität Österreichs» erwiesen. Seriöse Historiker, die sich gegen eine derart verzerrende Darstellung des Widerstandes wenden, verunglimpft das FPÖ-Parteiorgan «Kärntner Nachrichten» als «akademisches Geziefer».

Auch bei der Diffamierung der «Siegerjustiz» verstärken FPÖ-Publikationen den Chor rechtsextremistischer Geschichtsfälscher. Das von der Freiheitlichen Partei Kärntens unter ihrem Obmann Jörg Haider 1989 herausgegebene «Kärntner Grenzland-Jahrbuch» schießt dabei zweifellos den Vogel ab. Ein Josef Aichhorn darf dort schreiben: «Nach dem Krieg kamen viele national gesinnte Idealisten ... an die Opferbank, und auch der Henker musste wieder her. Warum? Häufig nur, weil sie als Funktionäre Ordnung pflegten ... und weil sie auf der Seite der Besiegten standen.»

Wen meint der Verfasser damit? Die Auswahl ist nicht besonders groß. Bis zur Aufhebung des Kriegsverbrechergesetzes im

Jahr 1957 wurden in Österreich 130 000 Verfahren durchgeführt, die zu 43 Todesurteilen und 28 Vollstreckungen führten, 24 davon nach dem normalen Strafrecht: wegen vielfachen Mordes, vollbrachten gemeinen Mordes, Totschlags und Bestellung des vollbrachten Mordes, Mittäterschaft am gemeinschaftlich vollbrachten Mord.

Die «Idealisten», die nur der «Ordnung gepflegt» hatten, müssen sich also unter den restlichen vier befinden, die nach Paragraphen des Kriegsverbrechergesetzes verurteilt wurden. Eigentlich unter den restlichen drei: Einer wurde verurteilt, weil er als Häftling sechs Mitgefangene umgebracht hatte. In den drei verbleibenden Fällen wurde durch jeweils mehrere Zeugen die direkte Beteiligung an einem oder mehreren Morden nachgewiesen: Der Leiter der für die Juden-Deportationen verantwortlichen «Zentralstelle für jüdische Auswanderung» in Wien hatte nicht nur an die 50 000 Juden dem Tod überliefert, sondern sich auch durch die Misshandlung von Gefangenen besonders hervorgetan; ein Leobener Gestapo-Beamter war überführt worden, Gefangene zu Tode gefoltert zu haben; ein SS-Hauptsturmführer und Kommandant des Lagers Theresienstadt hatte es sich nicht nehmen lassen, an von ihm veranlassten Exekutionen persönlich teilzunehmen. Die Frage, welche dieser Kriegsverbrecher sie für die «Idealisten» halten, die «Ordnung gepflegt» hatten, ist weder von Jörg Haider noch von den Verantwortlichen des «Kärntner Grenzland-Jahrbuchs» bisher beantwortet worden.

Neun namhafte Wissenschaftler kommen in einer gemeinsamen Arbeit über das unter Haiders Verantwortung von der Kärntner FPÖ herausgegebene Jahrbuch zu einer Diagnose, die an Deutlichkeit nichts zu wünschen übrig lässt: «Alle relevanten Konzepte und manipulativen Techniken rechtsextremer Ideologie sind vertreten: Volksgemeinschaft, biologisch-rassistisch akzentuierter Nationalismus, Schaffung von Sündenböcken, Provozierung von Gruppenhass und Ausgrenzung z. B. von Slowenen, Juden, Intellektuellen, Künstlern, Sozialisten, Kommunisten usw.;

nationales Geschichtsbild und nationalistische Geschichtsfälschung, Identifizierung mit der Gesamtheit deutschnationaler Geschichtsschreibung, Negierung der Ergebnisse der Zeitgeschichte und Politikwissenschaft zum Nationalsozialismus, Aufwertung und Verharmlosung faschistischen Gedankengutes, Legitimierung von Kriegsverbrechen. (...) In einigen Beiträgen findet sich drückende Evidenz rassistischer, antisemitischer, deutschnationaler sowie nationalsozialistischer Propagandasprache, Etikettierungen, Vorurteilsstrukturen und Feindbilder.»[1]

Es gehört zu den schwer erklärbaren Phänomenen des politischen Systems in Österreich, dass Haider, der die demokratische Öffentlichkeit seit Jahren mit NS-Verharmlosung provoziert, ausgerechnet sein Lob für die «ordentliche Beschäftigungspolitik im Dritten Reich» zum Verhängnis wird. Nach der Art brauner Geschichtsfälscher vertritt der FPÖ-Chef die Auffassung, der Nationalsozialismus habe auch «gute Seiten» gehabt. Hitlers «ordentliche Beschäftigungspolitik» aber diente vom ersten Tag an ausschließlich der Hochrüstung und Kriegsvorbereitung, wie sich aus der erhalten gebliebenen Niederschrift der ersten Ministerbesprechung des Kabinetts Hitler I, neun Tage nach der Ernennung, ergibt. Darin heißt es: «Der Reichskanzler führte aus ... Jede öffentlich geförderte Arbeitsbeschaffungsmaßnahme müsse unter dem Gesichtspunkt beurteilt werden, ob sie notwendig sei vom Gesichtspunkt der Wiederwehrhaftmachung des deutschen Volkes. Dieser Gedanke müsse immer und überall im Vordergrund stehen.»

Im Anschluss an dieses Führerwort «wies der Reichsverkehrs-

1 Studie zum Grenzlandbuch 1989, Wien 1990: Klaus Amann (Germanist, Universität Klagenfurt), Gerhard Botz (Historiker, Universität Salzburg), Wolfgang Dressler (Sprachwissenschaftler, Universität Wien), Gero Fischer (Slawist, Universität Wien), Kurt Fischer und Herta Nagl (Philosophen, Universität Wien), Anton Pelinka (Politologe, Universität Innsbruck), Karl Stuhlpfarrer (Historiker, Universität Wien) und Ruth Wodak (Sprachwissenschaftlerin, Universität Wien).

minister darauf hin, dass der Ausbau der deutschen Wasserstraßen im wehrpolitischen Interesse geboten sei. Im Ernstfall müsse das gesamte deutsche Verkehrsnetz in Ordnung sein … Der Reichskommissar für Luftfahrt glaubte demgegenüber hervorheben zu müssen, dass der Ausbau des deutschen Landstraßennetzes noch wichtiger sei. Der Reichswehrminister vertrat den Standpunkt, dass in erster Linie an den unmittelbaren Armeebedarf gedacht werden müsse. Das deutsche Heer sei derart weitgehend abgerüstet, dass man vor allen Dingen an die materielle Untermauerung der Rüstung herangehen müsse. Erst wenn die Notrüstung geschaffen sei, könne man an weiter gehende Aufgaben herangehen.»

Abschließend hält das Protokoll fest: «Der Reichskanzler unterstrich noch einmal, dass für die nächsten vier bis fünf Jahre der oberste Grundsatz lauten müsse: alles für die Wehrmacht. – gez. Adolf Hitler.»

Hitlers Beschäftigungspolitik war also zuerst Kriegsvorbereitung und danach Bestandteil eines der größten Verbrechen der Menschheitsgeschichte. Die Behauptung von der «ordentlichen Beschäftigungspolitik» ist also erstens falsch: Verbrechen und seiner Durchführung dienende Vorbereitungshandlungen können nicht «ordentlich» sein. Sie ist zweitens von einer naiven, irrationalen Einseitigkeit. Man kann einen Kriegstreiber, der große Teile Europas in Schutt und Asche hinterlassen hat, nicht für ein paar Autobahnen loben, deren Bau strategischen Zwecken diente. Man kann die Vollbeschäftigungspolitik nicht als Argument gegen die Konzentrationslager ausspielen. Man kann einem, der Millionen Kriegstote auf dem Gewissen hat, nicht zugute halten, diese seien wenigstens nicht arbeitslos gewesen.

Aussprüche wie der von der «ordentlichen Beschäftigungspolitik» sind drittens instinkt- und rücksichtslos. In Österreich leben immer noch viele Menschen, deren persönliches Schicksal von der verbrecherischen nationalsozialistischen Beschäftigungspolitik auf tragische Weise betroffen ist.

Die zynische Aufschrift «Arbeit macht frei» über KZ-Toren ist im Bewusstsein vieler als bleibendes Symbol einer Menschen verachtenden «Beschäftigungspolitik» eingegraben. Bei manchen, die so empfinden, hat Haiders Ausspruch einen Reflex aus persönlicher Betroffenheit, Existenz- oder sogar Lebensangst ausgelöst.

Dass es in Wien Juden gibt, denen die Ausdrucksweise eines demokratisch gewählten Politikers Angst einflößt, die «zur Sicherheit» einen gepackten Koffer bereitstehen haben, die sich der behördlichen Meldepflicht entziehen, weil «schon einmal welche mit Listen von Haus zu Haus gegangen sind»: das ist das wirklich Erschütternde am «Phänomen Haider». Die verbale Entgleisung löst ein politisches Erdbeben aus. Zum ersten Mal in der Geschichte der Zweiten Republik wird ein Landeshauptmann vom Landtag abgewählt. Zum ersten Mal muss der Aufsteiger Jörg Haider mit einem wirklichen Rückschlag fertig werden. Nur kurz hat es den Anschein, als wäre der Schock heilsam gewesen. Nach zweitägiger Schrecksekunde aber scheint es ihm nur noch darum zu gehen, den Eindruck von Schwäche zu verwischen, den seine ebenso hilflos wie halbherzig wirkende Entschuldigung hinterlassen hatte. «Es wird immer deutlicher, dass das, was ich gesagt habe, eine historische Tatsache ist, an der es nichts zu rütteln gibt», vertraute er der deutschen Rechtsaußenpostille «Junge Freiheit» an. «Ich kann zu allem stehen, was ich gesagt habe», wird er im «Kurier» zitiert. Selbstgefällig beginnt sich der FPÖ-Chef dafür zu loben, die «linke Geschichtsfälschung an den Pranger gestellt» und das «Monopol der linken Geschichtsschreibung gebrochen» zu haben. 1996 bekräftigt er, es gebe «nichts zurückzunehmen» und «nichts zu bedauern».

Antisemitismus und Ausländerfeindlichkeit zählen zu den Traditionen der FPÖ. Funktionäre und Mandatsträger der Partei, die einen ehemaligen SS-Offizier als Gründungsobmann in Ehren hält, haben immer wieder für antisemitische Exzesse gesorgt. Die lange Liste der Skandale ist reich an geschmacklosen Höhepunkten. 1971 übte ein Wiener FPÖ-Gemeinderat (und ehemaliger Obmann des «Antisemitenbundes») erbitterte Kritik an FPÖ-Obmann Friedrich Peter, weil dieser Parteifreunden zumuten wollte, «mit Juden am selben Tisch» zu sitzen. 1973 sprach sich der stellvertretende Wiener FPÖ-Obmann gegen eine Koalition mit dem «Juden Kreisky» aus, in der er ein «rassisches Problem» sah. Ein anderer FPÖ-Funktionär verbreitete trotz mehrfacher Verurteilungen bis in die neunziger Jahre antisemitische Pamphlete, in denen er vor der «Wiederverjudung» der Wiener Leopoldstadt warnte. Der «Freiheitliche Gemeindekurier» wurde wegen «Herabwürdigung religiöser Lehren» angezeigt, nachdem er eine antisemitische Zeichnung veröffentlicht hatte.

Unter Parteichef Haider wurde der Antisemitismus aus der Öffentlichkeit ins Private verlagert. Trotz aller Bemühungen, den Schein zu wahren, bricht er immer wieder durch. 1989 witzelte ein FPÖ-Ortsparteiobmann, der es zum Bürgermeister bringen wollte: «Dem Simon Wiesenthal hab ich gesagt: Wir bauen schon wieder Öfen. Aber nicht für Sie, Herr Wiesenthal. Sie haben im Jörgl seiner Pfeife Platz!» Raimund Wimmer, Obmann der Bezirksorganisation Linz-Land und Mitglied des Bundesparteivorstandes, erklärte im gleichen Jahr: «Ich kenn die Juden ... Ich hab sie in Galizien kennen gelernt, ich hab sie in Russland kennen gelernt. Die würden sich wundern, wenn die Bejkeles-Juden würden herumrennen in Wien!»

Dass Antisemitismus von Teilen der FPÖ als ungeschriebener Bestandteil des Parteiprogramms verstanden wird, bekam die Bezirksrätin und Klubobfrau der Freiheitlichen in Wien-Floridsdorf zu spüren. Als die Liberale versuchte, ein Stück Kultur zu erhalten und einen jüdischen Friedhof vor dem Verfall zu retten, reagierten «Parteifreunde» mit Drohungen und Terror. Die «Nestbeschmutzerin» gehöre fristlos aus der Partei geschmissen, meinte ein anonymer «Deutsch-Österreicher». «Die Juden waren seit Jahrhunderten der Abschaum der Welt», erklärte ein anderer. Leute wie Frau Schwetz seien «ein Kultur-Skandal ... und gar in der FPÖ».

Jörg Haider ist gegen antisemitische Ausfälle in seiner Partei nie wirkungsvoll eingeschritten. Den Intellektuellen unter seinen Anhängern signalisiert er, wo er steht. So legt er 1992 in einem ausfuhrlichen Leserbrief an die «Wochenpresse» ein Bekenntnis zum freiheitlichen Rechtsstaat «im Sinne des deutschen Rechtsphilosophen Ernst Forsthoff» ab. Der «Kurier» entlarvt die Denk- und Schreibweise des Haider-Vorbilds daraufhin mit Zitaten aus dessen Arbeiten. Wie etwa diesem: «Darum wurde der Jude, ohne Rücksicht auf guten oder schlechten Glauben und wohlmeinende oder böswillige Gesinnung, zum Feind und musste als solcher unschädlich gemacht werden.» Anlässlich der «Säuberung» der deutschen Hochschulen schrieb Forsthoff 1933, diese habe dazu gedient, «in Vollziehung der Unterscheidung von Freund und Feind diejenigen auszumerzen, die als Artfremde und Feinde nicht länger geduldet werden konnten». 1938 formuliert er in «Deutsche Geschichte seit 1918 in Dokumenten»: «Der Nationalsozialismus ... hat zum ersten Mal gesehen, dass das Judentum nicht nur eine Religionsgemeinschaft, sondern ein vom deutschen Volk grundverschiedener rassischer Fremdkörper ist.»

Seinen eigenen Beitrag zum Antisemitismus leistet Haider durch seine Geschichtsauslegung, die in KZ-Wächtern von einst «anständige Menschen» und in Organisatoren der Juden-Deportation «verdiente Persönlichkeiten» sieht. Der FPÖ-Chef nimmt an keinen Gedenkveranstaltungen für die Opfer des Nationalsozialismus teil. Dafür beteiligt er sich an den Traditionsveranstaltungen der Waffen-SS. In der Aufarbeitung der Geschichte steht er nicht an der Seite der Opfer. Er steht an der Seite der Täter. Auch so kann Antisemitismus aussehen.

Seit öffentlich zur Schau gestellter Antisemitismus verpönt ist, haben Rassisten das «Ausländerproblem» als Motor zur Emotionalisierung und Radikalisierung entdeckt. Wie andere europäische Rechtsextremisten macht Haider die Ausländer zum Sündenbock für alles, was in der Gesellschaft schief läuft. Seine Parolen sind nicht neu: «500 000 Arbeitslose, 400 000 Juden» stand auf Transparenten, die 1938 von Nationalsozialisten auf der Wiener Ringstraße hochgehalten wurden. «140 000 Arbeitslose, 180 000 Gastarbeiter», hat der FPÖ-Chef 1986 vorgerechnet und diese Gleichung – mit aktualisierten Zahlen – in den Anti-Ausländer-Wahlkämpfen der FPÖ dutzendfach wiederholt.

Höhepunkt seiner Agitation gegen Ausländer war das 1992 gestartete Volksbegehren «Österreich zuerst». Die Idee dazu wurde von Neonazis geboren. Norbert Burgers NDP diskutierte bereits Anfang der siebziger Jahre darüber, wie man den Ausländer-Paragrafen der NSDAP zu neuem Leben erwecken könnte. Punkt 8 des Parteiprogramms, das Adolf Hitler am 13. April 1928 in München verkündet hatte, lautete wörtlich: «Jede weitere Einwanderung Nichtdeutscher ist zu verhindern. Wir fordern, dass alle Nichtdeutschen, die seit dem 2. August 1914 (Anm.: Eintritt des Deutschen Reiches in den Ersten Weltkrieg) in Deutschland eingewandert sind, sofort zum Verlassen des Landes gezwungen werden.»

Burgers «Volksinitiative für Ausländerbegrenzung» wurde von anderen neonazistischen Gruppierungen begeistert aufgegriffen. Die ANR startete Ende der Siebziger ihre «Anti-Fremdarbeiter-Kampagne» gegen das «Einnisten von 500 000 Balkanesen», bevor der mehrfach rechtskräftig verurteilte Neonazi Gerd Honsik 1982 versuchte, seiner «Ausländer-Halt-Bewegung» (AUS) mit einem «Anti-Gastarbeiter-Volksbegehren» Schwung zu verleihen.

1991 nahmen gleich mehrere Gruppen einen neuen Anlauf. Die rechtsextreme «Liste kritischer Studenten», brachte zur Vorbereitung eines Ausländer-Volksbegehrens ein Buch mit «Zeitdokumenten zur Einwanderungspolitik» auf den Markt. Gleichzeitig warben Publikationen im Nahbereich der FPÖ für ein Volksbegehren, das Harald Birnleitner, karenzierter österreichischer Botschafter im Irak, ins Leben gerufen hatte. Kriemhild Trattnig, die langjährige FPÖ-Klubobfrau im Kärntner Landtag, gab der rechtsextremen Zeitschrift «Der Völkerfreund» ein Interview, in dem sie ein «Volksbegehren zur Ausländerpolitik» forderte.

Ende 1992 geht der Wunschtraum österreichischer Neonazis, Rassisten und Herrenrasse-Nostalgiker, dem «Völkermord durch Rassenmischung» mithilfe eines Volksbegehrens zu begegnen, in Erfüllung. «Endlich! Ausländer-Volksbegehren ist da!», jubeln braune Schmuddelblätter.

Auch wenn Jörg Haider behauptet, mit Neonazis nichts zu tun zu haben, passiert in Österreich das gleiche wie im übrigen Europa: Das braune Gewaltpotential formiert sich hinter jenen Führern, die ihre Wahlkämpfe mit dem Ausländerthema bestreiten. Rechte Kampfblätter feiern Haider als Helden. Rechtsextreme Gruppierungen, bis weit in die Gewalt-Szene hinein, geben Wahlempfehlungen für die Freiheitlichen aus. Rassistenblätter triumphieren: «Unsere Sache hat starke Bataillone gefunden!»

Die entscheidende Frage, die von Haiders Gegnern immer wieder gestellt wird, lautet: Ist Haider Demokrat? Zweifel sind angebracht. In Blättern der extremen Rechten hat der Führer der FPÖ mehrfach Bekenntnisse zur «sozialen Volksgemeinschaft» abgelegt, die zu den Wesenselementen der faschistischen Staatstheorie zählt. Hinter dem in Vergessenheit geratenen Begriff verbirgt sich das Gesellschaftssystem der Nazis.

In einer Broschüre «100 Jahre freiheitliche Tradition in Kärnten» schließt Haider ausdrücklich an die «Gemeinschaftstradition des dritten Lagers» an: «Diese hat sich bis herauf in die jüngste Geschichte der freiheitlichen Bewegung erhalten, wo sie sich programmatisch als die Idee der sozialen Volksgemeinschaft niederschlägt.»

In der wegen ihrer neonazistischen Schreibweise rechtskräftig verurteilten «Aula» der «Freiheitlichen Akademikerverbände» formuliert er 1985 womöglich noch offener: «Diese Grundsätze (der FPÖ-Programmatik) sind in einer Politik der sozialen Volksgemeinschaft zu verwirklichen.(...) Damit grenzen wir uns von materialistischen Ideologien ab, für die der Mensch ein einzelhaftes Wesen in einer geschichts- und bindungslosen Gesellschaft darstellt.» Eine solche Abgrenzung zwischen Materialismus und Volksgemeinschaft hatte schon Adolf Hitler vorgenommen. In seiner Regierungserklärung am 23. März 1933 formulierte er unter anderem: «Der Kampf gegen eine materialistische Weltauffassung und für die Herstellung einer wirklichen Volksgemeinschaft dient ... den Interessen der deutschen Nation.»

In den Verfassungsschutzberichten des deutschen Innenministeriums wird die «Volksgemeinschaft» volksnah als gesellschaftliches «Wunschbild der Neonazis» beschrieben. In der wissenschaftlichen Literatur klingt das ein wenig komplizierter. Dort ist Haiders «programmatische Idee» als «System des autoritären Interessenausgleichs von oben» definiert: Interessenkonflikte (wie etwa die Frage der Höhe von Löhnen und Sozialleistungen) werden nicht durch Verhandlungen der Betroffenen gelöst, sondern autoritär von oben entschieden.

Für freie Gewerkschaften, Wirtschaftsverbände oder berufsständische Interessenvertretungen ist in der sozialen Volksgemeinschaft kein Platz. Ein allmächtiger und allgegenwärtiger Staat übernimmt autoritär den Ausgleich der Interessengegensätze. Arbeitgeber- und Arbeitnehmer-Organisationen gibt es in autoritären Systemen nur dem Namen nach. Im Dritten Reich hießen sie «Treuhänder der Arbeit» und «Arbeitsfront». Auch sie waren «Interessenvertretungen» – aber in umgekehrte Richtung. In Demokratien organisieren sich Arbeitnehmer in Gewerkschaften, um ihre Interessen nach oben (Arbeitgebern und Regierung gegenüber) durchsetzen zu können. In der Volksgemeinschaft (wie in anderen autoritären Systemen) werden Arbeitnehmer von oben organisiert, um ihnen die Interessen der politischen Führung aufzwingen zu können: Das Führer-Prinzip auch auf die Wirtschaft übertragen. Der Führer hat es in der Hand, die Wettbewerbsfähigkeit der Volkswirtschaft beliebig zu erhöhen – zulasten der arbeitenden Bevölkerung. Lohnstopp und Sozialabbau werden politisch machbar. Die Nazis haben von dieser Möglichkeit ausgiebig Gebrauch gemacht. In der Zeit der Hochrüstung und Kriegsvorbereitung war es wichtig, über billige Arbeitskräfte zu verfügen.

Politiker der Haider-FPÖ verknüpfen ein formales Bekenntnis zur Demokratie mit ihrer Verunglimpfung. Statt wie einst Hitler das «Krebsgeschwür der Demokratie» zu bekämpfen, beklagen sie das «Krebsgeschwür des Parteibuchterrors».

Es nütze nichts, das System zu reformieren und «alte Parteien» zu unterstützen, hatte Joseph Goebbels 1930 formuliert. «Es ist innerlich morsch und faul geworden.»

Österreich sei ein «morsches Staatsgebäude der schwarz-roten Altparteien», wird Jörg Haider im Januar 1988 in der Tagespresse zitiert. Die «Herrschaftsrechte der Systemparteien müssen gebrochen werden», formuliert im Oktober desselben Jahres der «Freiheitliche Pressedienst». Wie einst die Nazi-Propagandisten spricht Haider von den «alten Parteien» stets in negativem Zusammenhang, wenn er sie etwa für Missstände verantwortlich macht. Bewusst und provozierend bricht er mit den sprachlichen Tabus der Nachkriegszeit. In Goebbels-Diktion spricht er vom «totalen Krieg», von der «Endlösung der Bauernfrage» oder wandelt ein Lieblingszitat von Hitler ab: «Am Kärntner Wesen könnte diese Republik genesen.»

Ungerührt verwendet Haider die Tiermetapher, mit der die Nazis die Hemmschwelle zum Töten senkten und den Völkermord vorbereiteten. Der «Österreichische Beobachter» formulierte damals (allerdings in Mundart): «Weißt du, das ist genau wie mit den Wanzen. Ein Mensch, der Wert auf eine saubere Wohnung legt, wird jede Wanze umbringen, die er sieht. Da heißt es einfach: Wanze ist Wanze, ob sie gebissen hat oder nicht.» In anderen Beiträgen der Zeitschrift wurden Juden, Zigeuner oder Ausländer gleichzeitig als «Wanzen», «Läuse» und «Parasiten» verunglimpft.

In Anlehnung an die Kampfsprache der Nazis beenden die Freiheitlichen die «Schonzeit für Rot- und Schwarzwild», machen ihre Gegner zu Kettenhunden, «rot-schwarzen Blutegeln» oder «Parasiten» und beschreiben sich selbst als «Schädlingsbekämpfungsmittel». «Wer die Sprache radikalisiert, muss wissen, dass er dadurch auch das Denken und Handeln radikalisiert», hat Professor Ernst Hanisch in einem Gutachten festgestellt, in dem er bestätigte, dass sich Jörg Haider mit der Tiermetapher der sprachlichen «Methoden der Nazis» bedient.

Wie Hitler in der Zeit seines politischen Aufstiegs sagt Haider die Ablösung des «Systems» voraus: «Auf dem Weg in die Dritte Republik» stehe nicht mehr die Machtaufteilung zwischen Rot und Schwarz im Vordergrund, zitiert ihn der «FPÖ-Pressedienst». Deutlicher kann die Anspielung auf Hitlers Weg ins «Dritte Reich» kaum mehr sein.

Wie Haider die aus dem Sprachschatz der Rechtsextremisten stammende Kampfvokabel der «Dritten Republik» versteht, hat er mehrfach erläutert:

- Überwindung des als «formal-demokratische Maskerade» überholten Parteienstaates und der repräsentativen Demokratie;
- Übernahme des Regierungsvorsitzes durch den gewählten Bundespräsidenten bei gleichzeitiger Abschaffung des Kanzlers als Regierungschef;
- Reduzierung und weitgehende Entmachtung des Kabinetts, dem das Recht auf gesetzliche Initiativen genommen würde;
- Entmachtung des Parlaments durch eine «plebiszitäre Demokratie», in der parlamentarische Abstimmungen weitgehend durch Volksentscheide ersetzt würden.

Haiders «plebiszitäre Demokratie» ist nicht unbedingt ein Widerspruch zum Führerstaat. Im Gegenteil: Immer wieder haben Diktatoren in der Geschichte den «Volksentscheid» zur Stärkung ihrer Macht missbraucht. Für Abstimmungen gilt: Wer die Frage stellt, gibt die Antwort vor.

«Wollt ihr mehr Urlaub, höhere Pensionen, mehr Krankengeld?» Wer würde da nicht ja sagen? Wollt ihr mehr Steuern und mehr Sozialabgaben zahlen? Ein einheitliches Nein zur anderen Seite der gleichen Politik.

Vor allem könnte die «plebiszitäre Demokratie» das Ende der Solidarität, das Ende vieler Minderheitenrechte und Freiheiten bedeuten: Soll «die Mehrheit der anständigen Steuerzahler die Sozialschmarotzer finanzieren», die «angeblich keine Arbeit finden» oder «krankfeiern»? Sollen die «schwer arbeitenden, anständigen Inländer» dafür zahlen, dass «kriminelle Flüchtlinge einen bequemen Asylantenurlaub» verbringen, statt in ihrer Heimat am Wiederaufbau mitzuarbeiten? Entwicklungshilfe und experimentelle Kunst blieben auf der Strecke, der nach Meinung der Mehrheit «unnütze» Teil der Forschung ließe sich einsparen. Dafür käme der «starke Staat» legal durch die Hintertür. Das «gesunde Volksempfinden» war immer schon autoritär: «Das gehört verboten, der gehört eingesperrt» statt «Dem sollte man helfen, mit dem sollte man reden, um den sollte man sich kümmern.» Polizeistaatliche Methoden und Todesstrafe wären kein Tabu mehr. Der Initiativantrag dazu müsste nur fix und fertig sein, um anlässlich des «passenden» Sexualmords zur sofortigen Abstimmung parat zu liegen.

Wie so etwas funktionieren könnte, hat im Frühjahr 1977 die NDP Norbert Burgers vorexerziert. Nach einem Sexualmord an einer Minderjährigen im niederösterreichischen Gloggnitz machte sie den leidgeprüften Vater zur Galionsfigur eines «Komitees für die Wiedereinführung der Todesstrafe». Haider hat die Möglichkeit, mithilfe des Plebiszits die Todesstrafe einzuführen, im Gespräch mit «News» ausdrücklich bestätigt: «Es gibt keine Grenzen, das letzte Wort hat der Souverän.»[1]

Im richtigen Moment ließen sich wohl auch Versammlungsfreiheit und Streikrecht aushöhlen, um «Chaoten, die demonstrieren,

1 NEWS, 51/1994

statt zu arbeiten», in die Schranken zu weisen. Haider hat Demonstranten bei seinen Wahlveranstaltungen schon mehrmals gedroht. «Die, die da hinten schreien, werden – wenn ich etwas zu sagen habe – ihre Luft noch brauchen. Zum Arbeiten!» Auch Journalisten droht er mit dem Ende der Pressefreiheit: Wenn er etwas zu reden habe, werde er «dafür sorgen, dass in den Redaktionen in Zukunft weniger gelogen wird». Die Verpflichtung von Journalisten, einer von oben vorgegebenen Wahrheit zu dienen, ist Bestandteil aller repressiven Systeme. Kein Zweifel, dass sich die «hundsgemeine Negativberichterstattung» «linker Journalisten», von denen sich die Freiheitlichen verfolgt fühlen, mithilfe der «direkten Demokratie» über kurz oder lang ahnden ließe.

Haiders populistisches Angebot der Plebiszit-Demokratie pervertiert das Wesen dieses demokratischen Instruments. Volksabstimmungen wären nicht länger Waffen der Bürger, um sich gegen parlamentarische Einzelentscheidungen zur Wehr setzen zu können. Im Gegenteil: Das Volk würde instrumentalisiert, der Egoismus der Mehrheit zum Machtmittel der Herrschenden.

Hans-Henning Scharsach

Gewalt von rechts

Österreichs gefährlichste Neonazis kamen aus der FPÖ

Als der Briefbombenattentäter Franz Fuchs im Februar 1999 in den Gerichtssaal geführt wird, brüllt er Parolen, die seine ideologische Nähe zum nationalen Gedankengut der FPÖ verraten. «Ausländerflut, nein danke!» «Es lebe die deutsche Volksgruppe!» «Umvolker, nein danke!» Vier Jahre lang hat der Bomben-Terrorist Österreich in Atem gehalten, bevor er gefasst und verurteilt wird – und schließlich in seiner Zelle Selbstmord begeht. Vier Rohrbombenanschläge und 25 Briefbomben-Attentate gehen auf sein Konto. Vier Menschen sind ums Leben gekommen, fünfzehn zum Teil schwer verletzt worden. Nicht nur die Schreiorgien, mit denen Fuchs sich der Teilnahme an der Verhandlung entzieht, auch seine Bekennerbriefe machen deutlich, wer sein politisches Weltbild geprägt hat. Auch wenn er deftiger als Haider und seine freiheitlichen Ausländer-Wahlkämpfer formuliert: die Inhalte stimmten überein. Fanatisch schreibt der Attentäter gegen die Niederlassung von «asiatischen, afrikanischen, heidnischen und fremdsprachigen Streunern (...) auf unserem Territorium» an. Der Kampf der FPÖ gegen «Scheinasylanten», die den «anständigen und fleißigen» Österreichern auf der Tasche liegen, klingt in den Bekennerbriefen so: «Jetzt hockt vor jedem Halleiner Haus ein Türke und wartet auf Arbeitslosengeld.»

Nahtlos übernimmt Fuchs Versatzstücke brauner Geschichtsfälschung, wie sie von freiheitlichen Medien verbreitet wurden. Die Alliierten empfindet er nicht als Befreier von der Hitler-Diktatur, sondern als «Besetzer», «Plünderer», Exekutoren «ethnischer Säuberung» und Auslöser einer «Hinrichtungswelle».

Die in den Wahlkämpfen der FPÖ erzeugten Feindbilder sind auch die seinen: Die Bomben richten sich gegen eine zweisprachige Schule in Kärnten, gegen Minderheiten, Ausländer und so genannte «Inländerfeinde» – Menschen und Organisationen, die Minderheiten, Ausländern und Flüchtlingen Hilfestellung leisten. In den Bekennerbriefen polemisiert Fuchs gegen jene, gegen die sich auch Haiders Polemik richtete: Sozialdemokraten wie Franz Vranitzky, Kulturpolitiker wie die «Judenvisage Scholten» (Bekennerbrief), Politiker der Grünen wie Madeleine Petrovits, Wissenschaftler wie den Rechtsextremismus-Experten Wolfgang Neugebauer vom «Dokumentationsarchiv des österreichischen Widerstandes», linke Journalisten wie Wolfgang Purtscheller, Autor mehrerer Rechtsextremismus-Bücher. Die in den Bekennerbriefen enthaltene Absage an «selbst ernannte Demokraten, die uns umformen wollen», entspricht den Aussagen freiheitlicher Politiker, die sich gegen den «Tugendterror» von «Gutmenschen» und «selbst ernannten Demokratiewächtern» wenden.

Selbst in der Wortwahl finden sich beklemmende Parallelen: Die in den Bekennerschreiben mehrfach verwendete Bezeichnung «Staatskünstler» stammt von Haider, der historisch belastete Ausdruck «Umvolkung» wurde auch von dessen Grundsatzreferenten Andreas Mölzer gebraucht. Die Totschlagvokabel von der «multiethnischen Bastardisierung» geht auf einen Wiener Kommunalpolitiker der Freiheitlichen zurück. Veröffentlicht wurde sie im «Eckartboten», einer rechtsextremen Zeitschrift, die von der «Österreichischen Landsmannschaft» unter maßgeblichem Einfluss freiheitlicher Politiker herausgegeben wird. Auch dass der Briefbomben-Attentäter seine mörderischen Botschaften unter dem Namen «Graf Ernst Rüdiger von Starhemberg» versandte, ist kein Zufall. «Wir haben doch nicht die Türkenkriege vor hunderten Jahren erfolgreich geführt, um auf Umwegen hier eine Veränderung herbeizuführen», hatte FPÖ-Chef Jörg Haider bei einem Wiener Wahlkampfauftritt an den Helden der Türkenbelagerung von 1683 erinnert, der von deutschtümelnden Freiheitlichen als Kultfigur verehrt wird. In der Ruine Starhemberg, auf einem Hügel in der Nähe der Gemeinde Piesting, veranstaltet der Ring Freiheitlicher Jugend (RFJ) alljährlich Burgfeste, zu denen freiheitliche Landespolitiker Einladungen verschicken.

Er habe dem «Drecksgesindel an der Staatsspitze ordentlich untergeheizt», motiviert Fuchs seine Taten bei der Einvernahme. Die Bezeichnung könnte aus der Kampfsprache der Freiheitlichen stammen, die ihre politischen Gegner als «Diebsgesindel», «Polit-Ganoven», «Mafia», «Fall für den Staatsanwalt» oder «Widerholungstäter» verleumden.

Im August 1995 verliert Jörg Haider einen Aufsehen erregenden Prozess gegen Peter Pilz, Bundessprecher der Grünen. Dieser hatten den FPÖ-Chef 1992 – also noch vor Beginn des Briefbomben-Terrors – «Ziehvater des rechtsextremen Terrorismus» genannt. Das Höchstgericht kommt zu dem Ergebnis, das von Pilz vorgelegte «Tatsachensubstrat» reiche aus, eine solche Wertung zu rechtfertigen.

Das Ergebnis der Beweisaufnahme gegen Franz Fuchs wird zu einer Bestätigung des umstrittenen Urteils. Auch Wissenschaftler bestätigen, was Pilz mit seiner Provokation deutlich machen wollte: Radikale Worte führen zu radikalem Handeln. Die Agitation der Freiheitlichen kann in politischen Wirrköpfen den Eindruck wecken: «Wir tun ja nur, was alle wollen und keiner sich traut.»

Auch Franz Fuchs dachte so. Unrechtsbewusstsein zeigte er keines: «Eigentlich bin ich der Meinung, dass mir ein Orden umgehängt gehört», gab er sich bei der Vernehmung als Held im Kampf gegen «Eindringlinge und Andersrassige».

Die polizeilichen Ermittlungen nach den Briefbomben- und Bombenanschlägen stürzten die Freiheitlichen von einer Peinlichkeit in die andere. Unmittelbar nach dem Anschlag auf den Hartberger

Flüchtlingspfarrer August Janisch wird aufgrund eines anonymen Hinweises die erste Hausdurchsuchung bei einem Bezirks-Pressesprecher der FPÖ durchgeführt. Nach Abschluss der Amtshandlung ist dieser vom Verdacht befreit, an den Bombenanschlägen beteiligt zu sein. Dafür haben die Beamten Belege für nationalsozialistische Wiederbetätigung und unerlaubten Waffenbesitz gefunden: Berge von Propaganda-Material, darunter Hakenkreuz-Fahnen, Armschleifen mit Hakenkreuzen, Bilder mit Hakenkreuzen und Emblemen der Waffen-SS, das verbotene Honsik-Buch «Schelm und Scheusal – Meineid, Macht und Mord auf Wizenthals Wegen», Aufkleber mit Texten wie «Freiheit für Gottfried Küssel», Reste von Unkrautsalz und Staubzucker (Rohmaterial für die Erzeugung von Sprengstoff), Zündschnüre, Sprengschnüre und einen Trommelrevolver.

Um den rechtsextremen Hintergrund der Taten zu verwischen, legt Haider falsche Spuren. Zuerst vermutet er dunkle Machenschaften östlicher Geheimdienste hinter den Anschlägen: «Wir haben eine Menge Stasi-Leute in Gemeindewohnungen sitzen.» Dann spricht er von «Zigeunerfehde» und denunziert damit die Opfer des Anschlags. Schließlich will er «linke Kreise nicht ausschließen» und bringt einen Journalisten, der seit Jahren im rechtsextremen Milieu recherchiert, mit einem Bombenmord in Zusammenhang. Dem Innenminister wirft er vor, «eine ideologische Abrechnung mit den Freiheitlichen durch Vorverurteilung, Schuldzuweisungen und konstruierte Verbindungen» zu versuchen.

Falsche Spuren legt Haider auch, als 1992 der jüdische Friedhof in Eisenstadt geschändet wird. NS-Parolen und «Heil Haider» wurden auf die Grabsteine gesprüht. Während die Polizei am rechtsextremen Rand der Freiheitlichen nach den Tätern sucht, wittert der Führer der Freiheitlichen eine Verschwörung. FPÖ-Blätter zitieren ihn mit der Aussage, für ihn bestehe der Verdacht, dass der Innenminister «die Ermittlungsergebnisse deshalb nicht bekannt geben will, weil als Mittäter Mitglieder der sozialistischen Jugend infrage kommen». Auch FPÖ-Politiker verbreiten diese Behauptung, für die es keinerlei Anhaltspunkte gibt. Erst als der Fall 1996 geklärt ist, platzt die Verschwörungstheorie: Der eine Friedhofschänder ist Mitglied des Ringes Freiheitlicher Jugend (RFJ), der andere ein freiheitlicher Gemeinderats-Kandidat. In dessen Wohnung stellt die Polizei zuerst neonazistisches Werbematerial sicher, danach entdeckt sie, dass er über eine Mailbox Anleitungen zum Bombenbau verbreitete.

Die Verbindung von Freiheitlicher Partei und rechtsextremer Gewalt, wie sie an diesen beiden Beispielen sichtbar wird, hat Tradition. Die Geschichte des rechten Terrors in Nachkriegs-Österreich ist mit der Geschichte der FPÖ eng verbunden. Führende Exponenten der gewaltbereiten Neonazi-Szene sind aus ihr hervorgegangen. Jörg Haider hat den Trennungsstrich nie wirklich gezogen. Er lässt Aktivisten aus Gruppierungen, die für Neonazismus und Gewalt stehen, für die FPÖ kandidieren.

Es begann Anfang der sechziger Jahre, als Norbert Burger, FPÖ-Mitglied und Vorsitzender des Ringes Freiheitlicher Studenten (RFS), den Südtiroler Befreiungskampf zum Blutbad ausarten ließ. Mit einer bunten Schar jugendlicher Urlaubs-Terroristen aus dem RFS und neonazistischen Gruppierungen trug der Innsbrucker Universitätsassistent den Terror tief nach Italien. Der Bombenterror auf Bahnhöfe und Züge forderte Opfer auch unter unbeteiligten Zivilisten. Der Gegenterror italienischer Faschisten trug zur Aufschaukelung bei. Was als «Krieg gegen Strommasten» begonnen hatte, kostete mehr als 30 Menschen das Leben. Die aus der FPÖ gekommenen Täter blieben ungerührt: «Unter Mord versteht man bekanntlich die Tötung aus niedrigen Motiven», dozierte Burger in einem ARD-Interview. «Und das kann man den Aktionen der Freiheitskämpfer ja nicht unterstellen, dass sie solche verfolgen. Denn das Ziel, das sie haben, ist ein sehr edles und hohes, und dass es dabei nicht ohne Opfer geht, ist selbstverständlich.» In Italien wurde Burger in Abwesenheit einmal zu lebenslänglich und einmal zu 28 Jahren Kerker verurteilt. In Österreich kam er mit acht Monaten davon.

Aus dem Kreis von freiheitlichen Studenten und Südtirol-Terroristen wurde 1966/67 die neonazistische NDP gegründet. Zu einem Zeitpunkt, als die Nationaldemokratische Partei Deutschlands (NPD) spektakuläre Erfolge bei Landtagswahlen feierte, versuchte Burger gemeinsam mit radikalen Kräften in der FPÖ die Partei zu spalten, um dem deutschen Vorbild zu folgen. Der Aderlass, den die FPÖ durch die Abspaltung der NDP erlitt, blieb schließlich klein: Zu offen bekannte sich die neue Partei zum nationalsozialistischen Gedankengut, zu gewaltbereit trat sie auf.

Die NDP stand von allem Anfang an für Gewalt, wie die Fortsetzung des Bombenterrors zeigte. Gewaltbereitschaft sprach auch aus ihrem Programm, das «in wesentlichen Kernpunkten mit den Zielen der NSDAP übereinstimmt», wie der Verfassungsgerichtshof mehr als zwei Jahrzehnte später feststellte.

Die Mitglieder hielten sich an solche Vorgaben. Zuerst prügelten die nationalen Radaubrüder hauptsächlich auf universitärem Boden. Dann erprobten sie ihre Kampfkraft auch außerhalb. 1972 wurde zu «Führers Geburtstag» ein Bombenanschlag auf das Wiener Künstlerhaus-Kino verübt, in dem ein antifaschistischer Film lief. Im gleichen Jahr bot der Ortstafelsturm (nationale Aktivisten verhinderten handgreiflich die Aufstellung zweisprachiger Ortstafeln im Kärntner Grenzgebiet zu Slowenien) Gelegenheit, gemeinsam mit Aktivisten aus der FPÖ deutsche Gesinnung zu zeigen. In der NDP begannen und endeten rechtsextreme Karrieren. Viele Führungsfiguren der gewaltbereiten Neonazi-Szene, wie Auschwitz-Leugner und Nazi-Terrorist Gerd Honsik oder Wiederbetätiger Gottfried Küssel, verdienten sich mit und unter Burger erste Sporen. Gleichzeitig fungierte die über lange Jahre stärkste Kraft des Neonazismus in Österreich als Auffanglager für jene, die in anderen rechtsextremen Gruppierungen gescheitert waren. Und als Auffanglager für Deutschnationale, denen die FPÖ zu wenig «entschlossen» schien. Die Grenze zwischen den beiden Parteien blieb durchlässig. Auch Jörg Haider hat eine Abgrenzung immer vermieden. Mehrfach hatte er mit dem 1992 gestorbenen Norbert Burger Kontakt. Aktivisten des Südtirol-Terrors und ehemalige NDP-Mitglieder übernahmen unter ihm Parteifunktionen und kandidieren auf freiheitlichen Listen.

Ende der siebziger, Anfang der achtziger Jahre prügelte sich die «Aktion Neue Rechte» (ANR) in die Schlagzeilen der österreichischen Zeitungen. Ihr anspruchsvoller Name war Etikettenschwindel. «Neu» war an der Nazi-Partie nur die Brutalität, mit der sie ihrem militanten Deutschnationalismus Nachdruck verlieh. Während sich eine deutsche Gruppierung gleicher Bezeichnung ernsthaft um neue Denkansätze «rechter Politik» bemühte und tatsächlich Vorarbeit zur Entwicklung einer «Neuen Rechten» leistete, machte sich die österreichische ANR nicht einmal die Mühe, die alte NS-Ideologie durch modifizierte Worthülsen ein wenig moderner wirken zu lassen.

Der Höhepunkt des Terrors wird zum endgültigen Aus für die ANR. Zwei Anschläge auf Edmund Reiss, den Vizepräsidenten der Israelitischen Kultusgemeinde, sind Auftakt einer Serie ähnlicher Gewaltakte. Im Juni 1982 explodiert ein Sprengsatz vor dem Wohnhaus Simon Wiesenthals. 1983 kommt es zum «ANR-Prozess», der für alle acht Angeklagten mit Schuldsprüchen endet. Ekkehard Weil erhält fünf Jahre unbedingt, die anderen Angeklagten kommen mit bedingten Haftstrafen davon.

Nach jahrelangem Rechtsstreit besiegelt ein Urteil des Verfassungsgerichtshofes 1986 den Ausschluss der «ANR» von Hochschülerschaftswahlen. Die Feststellung, dass sich «ausnahmslos jede Staatstätigkeit» am Wiederbetätigungsverbot zu orientieren habe und «kein behördlicher Akt gesetzt werden darf, der eine Mitwirkung des Staates an nationalsozialistischer Wiederbetätigung bedeuten würde», markiert ein wichtiges Kapitel österreichischer Rechtsgeschichte: Neonazistische Gruppierungen bleiben durch dieses Erkenntnis von Wahlen ausgeschlossen.

Zahlreiche Aktivisten der braunen Schlägertruppe kamen aus der FPÖ. Sowohl der berüchtigte ANR-Führer Bruno Haas als auch Spitzenkandidat Harald Schmidt, Sohn eines langjährigen FPÖ-Abgeordneten, wurden Anfang der achtziger Jahre in der niederösterreichischen FPÖ-Jugend als Mitglieder geführt.

Im Juli 1983 wird in Graz ein Urteil gegen vier Rechtsextremisten gefällt, die in Peggau-Hinterberg ein Mahnmal für die Opfer des Nazi-Terrors in der dortigen KZ-Außenstelle geschändet und anschließend ein Denkmal in Strassgang, das an einen ermordeten US-Flieger erinnert, mit Fliesenkleber verschmiert hatten. Alle hatten Verbindungen zur ANR. Einer von ihnen war bis zu seiner Festnahme FPÖ-Gemeinderat im heimatlichen Edelstauden. Er hatte mit seinen Freunden eine neue Neonazi-Partei gründen wollen. Die beiden Anschläge waren als «Mutprobe» zur Einstimmung auf weitere Taten gedacht. Als Nächstes wäre das antifaschistische Denkmal beim Grazer Paulustor an die Reihe gekommen. In seiner Heimatgemeinde hatte der freiheitliche Gemeinderat Nazi-Pamphlete verteilt, ohne dass sich die FPÖ daran gestoßen hätte.

Ein Aktivist der neonazistischen Gruppe, der 1977 mit Bruno Haas einschlägiges Propagandamaterial verteilt hatte und 1983 bei einer ANR-Veranstaltung an der Wiener Uni in Erscheinung getreten war, macht unter Haider in der FPÖ Karriere. 1987 wird Gerhard Sailer Bundessekretär des Ringes Freiheitlicher Wirtschaftstreibender.

Für den damaligen RFW-Bundesobmann Hermann Eigruber war Sailers politische Herkunft kein Ausschließungsgrund. Der Sohn des Gauleiters von «Oberdonau», August Eigruber, der nach dem Krieg zum Tod verurteilt und hingerichtet worden war, hat seine Verbindungen zum rechtsextremen Traditionsverein «Wohlfahrtsvereinigung der Glasenbacher», in dessen Mitteilungsblatt er inseriert, nie abreißen lassen. Auch Parteiobmann Jörg Haider erhob keinen Einspruch. Obwohl seine Bestellung medialen Staub aufwirbelte, durfte Sailer ebenso bleiben wie andere ehemalige ANR-Aktivisten, die unter Haider für die FPÖ kandidierten.

Als ANR und NDP ausgespielt haben, wird Gerd Honsik zur Zentralfigur des organisierten Rechtsextremismus. Auch er kommt aus der FPÖ, ist Mitglied des Ringes Freiheitlicher Studenten, bevor er in den neonazistischen Untergrund abdriftet. Von Anfang an versucht er, seiner Bewegung mit dem Ausländer-Thema neue Zielgruppen zu erschließen. Seine Autorität innerhalb der Neonazi-Szene bezieht er nicht zuletzt aus fünfeinhalb Jahren «Festungshaft», die er für die «Bewegung» abgesessen hat. «Verfolgung» zählt etwas in der braunen Szene.

Honsik zählte zu Beginn seiner Karriere zu den bedingungslosesten Verfechtern von Gewalt zur Durchsetzung politischer Ziele und zur Erweckung öffentlicher Aufmerksamkeit, wie 1961 zwei Brandbombenanschläge auf die italienische Botschaft und Schüsse auf das Parlament zeigen. Die von ihm gegründete «Nationale Front», die sich die «Zerschlagung der parlamentarischen Demokratie» zum Ziel gesetzt hat, wird im März 1987 vom Verfassungsgerichtshof als «nationalsozialistisch» eingestuft und verboten.

Gemeinsam mit Honsik publizierte ein Mann im rechtsextremen «Völkerfreund», der neonazistischen Umtrieben mehrfach Vorschub geleistet hat: Wolfgang Haberler, FPÖ-Obmann im niederösterreichischen Industrieviertel und Gemeinderat in Wiener Neustadt und Abgeordneter zum niederösterreichischen Landtag. Wenn man seinen Beteuerungen glaubt, hat er dabei nie Böses geahnt. Antisemitismus, NS-Nostalgie und offene Hitler-Verehrung im völkischen Mitteilungsblättchen schienen ihm ebenso harmlos und unverfänglich wie das Auftreten einer «Sturmtruppe Ost», der er das Parteilokal der FPÖ als Ausgangsbasis und Druckerei zur Verfügung gestellt hatte.

Einfache Wiener Neustädter Bürger waren weniger naiv. Als eine Gruppe militanter Jungmänner Plakate eindeutigen Inhalts auf Hauswände und Auslagenscheiben klebte, alarmierten sie die Polizei. Das Outfit der schneidigen Sturmtrüppler hatten sie auf den ersten Blick richtig eingeschätzt. Schwarze Hosen, schwarze Stiefel und schwarze Krawatten zu braunen Hemden: Bei den Anzeigern hatte diese Adjustierung «Erinnerungen an den Nazi-Terror» geweckt. Text und Aufmachung der Plakate bestätigten diesen Eindruck: «Österreich war deutsch, ist deutsch und bleibt deutsch», hieß es da in jener Frakturschrift, die Neonazis und unverbesserliche Ehemalige als sichtbares, juristisch aber nicht angreifbares Signal einer gemeinsamen Grundhaltung verbindet. Unterschrieben war das Plakat mit «Sturmtruppe Ost», wobei das große S der «Sturmtruppe» dem S der SS-Runen verwechselbar nachempfunden war.

Als die Polizei die Verfolgung der Flüchtenden aufnahm, versteckten sich diese an jenem Ort, der Ausgangspunkt ihres Sturmangriffs auf freie Plakatierflächen gewesen war: im Parteilokal der FPÖ. Dort hatten die jungen Herren ihr Flugblatt am PC ungestört gestalten und anschließend vervielfältigen dürfen. Als Chef der «Sturmtruppe», die nach Auskunft des Innenministeriums «Verbindungen zur rechtsextremen Wehrsportszene» unterhielt, wurde der frisch gekürte Führer des Ringes Freiheitlicher Jugend (RFJ) ausgeforscht. Obwohl der Skandal mediale Wellen schlägt, bleibt Haberler in allen Funktionen. Für Parteiobmann Haider sind Nazi-Pamphlete und Sturmtrüppler kein Ausschlussgrund.

Zu den zentralen Figuren der europäischen Neonazi- und Revisionisten-Szene zählt der Herausgeber der rassistisch-antisemitischen Hetzschrift «Sieg», Walter Ochensberger. Die im «Handbuch des österreichischen Rechtsextremismus» angeführten Kontakte und Querverbindungen seiner «Volkstreuen grünen Bewegung» (VGB) und seines «Deutsch-österreichischen Instituts für Zeitgeschichte» (DÖIZ) lesen sich wie ein «Who is who» der rechtsextremen Gewalt- und Terrorszene: Bombenwerfer, Schläger, Brandstifter, Wehrsportler und Waffensammler neben führenden Rassisten, Antisemiten, Volksverhetzern, Hitler-Verehrern und Auschwitzleugnern.

Ochensberger war Versender eines in Form einer Lose-Blatt-Sammlung erschienenen Handbuchs für den militanten Rechtsextremismus, das praktische Hinweise für Putsch, Partisanenkampf, Sabotage, Ausschaltung von Behörden, Anlegung von unterirdischen Waffenlagern, lautloses Erledigen eines Wachpostens, Foltermethoden und Ähnliches enthielt. Im Impressum von Ochensbergers braunem Hetzblatt «Sieg» fand sich ein Burgenländer, den FPÖ-Chef Haider an der Parteihierarchie vorbei in den Landtag und an die Parteispitze hatte hieven wollen. Robert Dürr, Führer der bäuerlichen «Notwehrgemeinschaft», die 1986 mit einer Grenzblockade Schlagzeilen gemacht hatte, brachte für die ihm zugedachten Positionen die gewünschten Voraussetzungen mit: jung, kämpferisch, antisemitisch, ausländerfeindlich, durch keinerlei Bereitschaft angekränkelt, Verständnis für das Leid von NS-Opfern aufzubringen. In Ochensbergers Blatt, in dem der Nationalsozialismus glorifiziert und Auschwitz geleugnet wird, hatte er gegen die österreichische «Schweinerepublik» gehetzt. Ausdrücklich bekennt sich der Haider-Günstling zu den Menschen verachtenden Schlagzeilen des braunen Hetzblattes: «Juden schweigt!», «Ein neuer Mengele muss her!», «Rassismus ist Vaterlandsliebe!» und betont: «Ich habe noch nie einen Artikel gelesen ... von dem ich mich distanzieren würde.» Dürr bezeichnet Simon Wiesenthal als «frechen Juden» und beschuldigte die Regierung Israels, vergiftete Lebensmittel nach Österreich zu liefern. Zum Thema «Auschwitz-Lüge» erklärt er: «Man sollte die Ansichten von Wissenschaftlern, die sagen, in den deutschen Konzentrationslagern wurden keine Juden vergast, veröffentlichen und nicht verbieten.»

Trotz solcher Äußerungen versucht Haider, Dürr zu halten, und bezeichnet ihn als «zukunftsorientiert». Die Parteizeitung «Kärntner Nachrichten» stößt sich nicht an Dürrs Aussagen, sondern am «pseudomoralischen Unsinn», dass der FPÖ-Politiker zum Thema Judenvernichtung «in inquisitorischer Manier» von Journalisten befragt werde: «Deshalb gilt es, jenen Kräften, die da neue Inquisitionsgerichte installieren wollen, entschieden entgegenzutreten.»

Trotz seiner Mitarbeit an Ochensbergers Nazi-Pamphleten, seiner regelmäßigen Kontakte zu rechtsextremen Organisationen und seines militanten Antisemitismus darf Dürr in der Partei bleiben.

Im März 1995 bleibt die vermeintliche Lagerfeuer-Romantik völkischer Wehrsportübungen auf der Strecke, als den Geschworenen im Prozess gegen Hans-Jörg Schimanek jun. das Videoband einer solchen «Ausbildung» vorgeführt wird. Im Mittelpunkt steht der Angeklagte als Referent zum Thema «schnelles und lautloses Töten von Feinden»: Während er, mit einem Messer in der Hand, den «Angriff» am lebenden Objekt simuliert, erklärt er Schritt für Schritt: «Kameraden, eines dürft ihr nie vergessen. Das Messer muss vor dem Halswirbel in den Hals gerammt werden, weil sonst bleibt das Messer an der Wirbelsäule hängen, wenn ihr es nach vorne reißen wollt. Zweitens muss dem Feind der Mund so lange zugehalten werden, bis er am Boden liegt. Weil es gibt Leut', die sind unglaublich zäh. Die schreien auch noch mit durchgeschnittener Kehle.»

Fassungslos erleben Laienrichter und Beobachter die szenische Bildfolge: 1. Mund zuhalten und Messer in den Hals stechen; 2. Opfer ruhig halten und Messer nach vorne durch die Kehle ziehen; 3. das am Boden liegende Opfer mit dem «finalen Leberstich» töten. Das war der Augenblick, an dem den Geschworenen klar wurde, dass «Körperertüchtigung», wie Gottfried Küssel und Hans-Jörg Schimanek von der «Volkstreuen Außerparlamentarischen Opposition» (VAPO) sie verstehen, mit «Wehrsport» nichts zu tun hat. Sie waren Zeuge geworden, wie der Mord an Demokraten trainiert wurde.

Bei einer Feier zu Hitlers Geburtstag am 20. April 1991 hatte Küssel zum gewaltsamen Sturz der Regierung aufgerufen: «Wir werden diesen Staat zertrümmern. Wir werden uns die Straße zurückerobern! ... Da wird es Opfer geben, die nur durch Begräbnisse zu begleichen sind ... Macht, Kameraden, Macht! Wir wollen uns nicht mehr in den Hinterzimmern treffen. Wir wollen die Macht erobern. Wir werden zahlen, wir werden sitzen, wir werden sterben. Aber wir werden siegen!»

Wie immer bei solchen Anlässen kommt er auch diesmal auf «Maßnahmen» gegen «volksfremde Elemente» zu sprechen: «Aus Wien gehören so zirka 200000 Leute evakuiert. Da gibt es die glorreiche Erfindung der Neutronenbombe, die sollte man einmal auswerfen ... und dann kann man aus meiner Heimatstadt eine ordentliche, deutsche Hauptstadt machen.» Schimanek hatte über seine Aufgabe als «militärischer Ausbildner» referiert: «Unsere Aufgabe ist es, Kämpfer heranzubilden, die bereit sind, für ihr Volk, für ihr Land zu sterben, egal, ob es ein Kamerad oder eine Kameradin ist.» Am Ende seiner Ansprache resümiert er: «Wenn das so funktioniert, dann gehört die Straße uns, dann gehört dieser Staat über kurz oder lang uns. Und das ist unser Ziel.»

Küssel hatte 1984 eine der militantesten Gruppierungen des organisierten Neonazismus aus der Taufe gehoben. Offen deklariert sich die VAPO als «nationalsozialistisch». In einem Schulungsbrief werden die «Neugründung der NSDAP» und die «erneute Machtergreifung» als politische Ziele genannt: «Nur der organisierte Wille bedeutet Macht!» Was sich die Kameraden darunter vorzustellen hatten, schildert Schimaneks «Stellvertreter» laut Vernehmungsprotokoll so: «1. Aufhebung des Verbotsgesetzes; 2. Wiedervereinigung Österreichs mit Deutschland; 3. Die Juden werden ausgesiedelt.» In einem Interview des deutschen Fernsehsenders «Tele 5», das während eines Besuchs bei Schimanek in Langenlois aufgenommen wird, tritt Küssel für die «Zulassung der NSDAP als Wahlpartei» ein.

Gewalt gehört von Anfang an zum Selbstverständnis der

«Frontorganisation Ostmark»: «Wir sind die militanteste und radikalste Gruppe der nationalen Szene», heißt es in einem Schulungsbrief. «Die VAPO vereint alle kampfbereiten und kampfwilligen Personen, denen klar ist, dass eine neue Ordnung nur durch Ausschaltung der jetzigen Systeme möglich ist.»

Die beiden führenden Aktivisten der VAPO, die wegen «nationalsozialistischer Wiederbetätigung» zu langjährigen Freiheitsstrafen verurteilt werden, haben enge Beziehungen zur FPÖ. Küssel hat 1980 in seiner Heimatgemeinde Payerbach an der Rax für die FPÖ kandidiert. «Auf persönliche Bitte des niederösterreichischen FPÖ-Vorsitzenden Dr. Ofner» (bis 1986 österreichischer Justizminister), wie er vor Gericht angibt.

Hans-Jörg Schimanek stammt aus einer FPÖ-Familie. Sein Vater ist Landesrat (Minister) in Niederösterreich. Mit «Sippenhaftung» hat eine derartige Feststellung nichts zu tun. Dass ein Sohn vom rechten auf den ganz rechten Weg abkommt, hätte auch einem anderen Politiker passieren können. Niemand dürfte Schimanek sen. vorhalten, wenn es so gewesen wäre. Aber so war es nicht. Zumindest nicht in dieser Reihenfolge.

Zuerst war Schimanek jun. eine große Nummer in der gewaltbereiten Neonazi-Szene. Zuerst hatte er seiner Heimatstadt Langenlois zu trauriger Berühmtheit als «braunes Nest» verholfen. Zuerst hatte Schimanek jun. mit den gefährlichsten Wiederbetätigern Österreichs in den gefährlichsten Neonazi-Organisationen Österreichs gemeinsame Sache gemacht. Zuerst hatte er Waffen gehortet, bei so genannten «Wehrsportübungen» den Mord an Demokraten geübt. Dann erst durfte der Papa bei den Freiheitlichen etwas werden. Die Feststellung, dass der freiheitliche Politiker durch die Verharmlosung der «mörderischen Ausbildner-Aktivitäten seines Sohnes» als «Dummejungenstreiche» zum «geistigen Wegbereiter des Nazi-Terrors» geworden sei, lässt auch das Oberlandesgericht Wien, das als letzte Instanz Schimaneks Beschwerde abweist, als ein «auf unbestrittene oder erwiesene Tatsachen gestütztes Werturteil» gelten.

Gemeinsam mit Küssel und Schimanek zählte Franz Radl zum Führungskreis der VAPO. Der wegen nationalsozialistischer Wiederbetätigung rechtskräftig verurteilte Kämpfer gegen «rassische Vermischung», der die Demokratie öffentlich als «jüdisch-freimaurerisches Verbrechersystem» attackiert, gab unter anderem die neonazistische Schülerzeitung «Gäck» heraus. In ihr finden sich Textstellen wie diese: «Nur das Beste für unsere Ausländer! Sportpistole ‹Hermann Göring› trifft jeden Turban auf 30 Meter Entfernung, wird mit 3cm-Dum-Dum-Geschoßen geladen und gehört in jeden Schulranzen.» Auf die Frage, ob es im Dritten Reich Gaskammern gegeben habe, antwortet er juristisch geschickt, aber eindeutig: «Ich habe Freunde, die sagen: Leider nein.»

Franz Radl verbindet ein durchaus inniges Verhältnis mit Haiders FPÖ. Bei den Gemeinderatswahlen 1990 in seiner Heimatgemeinde Fürstenfeld hatte ihn der örtliche Parteiobmann Franz Pilz persönlich als Wahlzeuge für die Partei nominiert. Wahlzeugen sind besondere Vertrauenspersonen, üblicherweise langjährige Parteimitglieder. Radl aber war nicht FPÖ-Mitglied, weil er als Spitzenkandidat der neonazistischen Liste «Nein zur Ausländerflut» gemeinsam mit anderen Neonazis für den Nationalrat kandidieren wollte.

Walter Köhler ist jener deklarierte Nationalsozialist und FPÖ-Wähler, der Anfang 1994 Schlagzeilen machte, als der «Kurier» ein Foto veröffentlichte, auf dem Jörg Haider die Hand auf seine Schulter legt. Unter Köhlers offener Jacke ist undeutlich eine (Gas-)Pistole im Schulterhalfter zu sehen. Das unscharfe Polaroid-Bild wurde im Wiener Wahlkampf 1991 geschossen. Haider wusste wahrscheinlich nicht, wer Köhler war. Was und wie viel andere Funktionäre wussten, lässt sich nur vermuten. Tatsache ist, dass der im «Inlandsreport» als Nazi-Großmaul Porträtierte im Wiener Wahlkampf einen auf «Walter Köhler – FPÖ» ausgestellten Presseausweis besaß, dass er von Generalsekretär Herbert

Scheibner (dem heutigen Verteidigungsminister) oder Bundespressereferent Westenthaler (dem heutigen Klubobmann) zu einer Siegesfeier eingeladen worden war und dass die Freiheitlichen bei ihren Wahlveranstaltungen «saalschutzartige Auftritte» (gerichtliche Feststellung) des rechten Wirrkopfes zumindest duldeten. Als der Skandal mediale Wellen schlägt, legt Haider falsche Spuren. Das Wiener Handelsgericht, bei dem Haider mit der Forderung nach einem Veröffentlichungsverbot des Fotos abblitzt, auf dem er mit Köhler zu sehen ist, kommt in seinem Beschluss zu dem Ergebnis, der FPÖ-Chef habe den Neonazi «seinem Wissensstand widersprechend» dem «linken Lager» zugeordnet. Im gleichen Gerichtsbeschluss wird festgestellt, dass auch Westenthalers Schilderung «nicht ganz glaubhaft» war.

Unter den vielen neonazistischen Gruppierungen, mit denen Franz Radl Kontakt pflegte, gilt die «Nationalistische Front» (NF) als besondere Adresse. Die straff und konspirativ organisierte Kadergruppe bekennt sich im Kampf gegen das «System» offen zur Gewalt. Ende 1990 erging durch ein von ihr gebildetes «Nationales Einsatzkommando» ein Aufruf zur «Aufstellung kadermäßig gegliederter, hochmobiler Verbände für den Kampf auf der Straße». Gleichzeitig wurde die «Planung und Koordinierung» von überraschend durchzuführenden «zentralen Aktionen» gegen «Ausländerverbrecherbanden», «kriminelle Linke» und «die Staatsgewalt» angekündigt.

«Kameraden, die sich dieser Truppe anschließen, müssen folgende Voraussetzungen erfüllen», hieß es unter dem Titel «Der Kampf wird härter»: «Deutsch sein, deutsch denken, deutsch handeln, körperlich sehr gut belastbar sein, ein Höchstmaß an Selbstdisziplin aufbringen, einen harten Einsatzwillen vorweisen können ...»

Der deutsche Verfassungsschutz schreibt Mitgliedern der 1992 verbotenen «Nationalistischen Front» eine Reihe von Anschlägen zu. In Österreich begann man sich für die «Nationalistische

Front» (NF) im Zuge der Ermittlungen gegen die Briefbomben-Attentäter zu interessieren. Dabei stießen die Ermittler auf den altgedienten FPÖ-Politiker Herbert Schweiger, ehemaliger SS-Untersturmführer der Division «Leibstandarte Adolf Hitler». Nach dem Zweiten Weltkrieg hatte Schweiger zu den Gründern des VdU (Vorgängerorganisation der FPÖ) gezählt, dessen Landesobmann für die Steiermark er 1953 wurde. 1956 war Schweiger stellvertretender Landesobmann der FPÖ und Spitzenkandidat in Graz. Während er für die Freiheitlichen den Demokraten spielte, hatte er die Kontakte zur neonazistischen Szene nie abreißen lassen. Schließlich kehrte er der «bürgerlich» gewordenen FPÖ den Rücken, um mit Norbert Burger die NDP zu gründen, und begann sich als Vortragender bei rechtsextremen Veranstaltungen einen Namen zu machen. Unter anderem trat er bei der braunen Schlägertruppe der «Aktion Neue Rechte» (ANR) auf, deren Monatsappell er mit völkischen Erkenntnissen zur «Biopolitik» bereicherte. Dass er auch (oder vor allem) als «Auschwitz-Leugner vom Dienst» durch die Szene tingelte, wurde erst 1990 offenbar, als Schweiger sich vor Gericht wegen einer Broschüre verantworten musste, mit der er «die Ehre der SS» hatte retten wollen. «Die Judenvernichtung ist die größte Lüge, die je in der Menschheitsgeschichte erfunden worden ist», stand er auch vor Gericht zum Inhalt seines braunen Pamphlets «Das Recht auf Wahrheit – die Hintergründe des Falles Bronfman-Waldheim».

Seit seiner Verurteilung tingelt er als Auschwitz-Leugner durch die Lande. Die gewaltbereiten Kameraden der «Nationalistischen Front» kündigten seinen Vortrag im April 1994 unter dem Thema «Die veränderte geopolitische Weltlage und die daraus entstehenden neuen Aufgaben für Deutschland» an. Die Nationaldemokratische Partei Deutschlands (NPD) lässt sich von dem einstigen FPÖ-Politiker zurzeit in einer ganz besonders heiklen Frage beraten: Sie will sich in Österreich als Partei anmelden und gegen das nationalsozialistische Wiederbetätigungsverbot klagen. Die österreichische Staatspolizei hat Ermittlungen eingeleitet.

[illegible]

[illegible] Vorgänger [illegible] PO [illegible] Landtags- [illegible]

[illegible]

[illegible] PO [illegible]

[illegible] Norbert [illegible]

[illegible]

III. DIE HERAUSFORDERUNG DER KULTUR

Heinz Sichrovsky

Heimathaftung

Der Kulturkampf in Österreich

Als Jörg Haider 1986 auf dem Innsbrucker Parteitag das amtierende Konglomerat aus teilgewendeten alten Nazis und Konjunkturliberalen hinweggeputscht hatte, wurde rasch klar, welches Vehikel ihn zur Staatsmacht tragen sollte: das Surfbrett nämlich, mit dessen Hilfe er fortan, strikt gesinnungsresistent, auf jeder mehrheitsrelevanten Strömung in der Bevölkerung ritt. So konnte es nicht ausbleiben, dass sich die FPÖ bald ordentlich mit Kunst und Kultur zu beschäftigen begann.

Der Kulturdisput läuft in Österreich bevorzugt über ignorante Massenerregungen, die historisch umfassend angebahnt wurden: Die Christlichsozialen hatten die Entartungsphantasien der Nazis gründlich vorbereitet, hatten jüdische Künstler diffamiert und Egon Schiele wegen Pornographie ins Gefängnis geworfen. Ihre Nachfolger sperrten den bedeutenden Aktionisten Hermann Nitsch in den sechziger Jahren wegen Blasphemie ein. Noch lang nach dem vorläufigen Ende ihrer Kanzlerschaft im Jahr 1970 praktizierte die ÖVP jene kulturkampfartigen Kampagnen (etwa gegen Peter Turrinis Fernsehserie «Alpensaga»), die ihr heute die FPÖ abgenommen hat. Als die «Kronen Zeitung» 1988 die Uraufführung von Thomas Bernhards Nazi-Groteske «Heldenplatz» am Wiener Burgtheater zum Skandal erklärte und das Land damit an den Rand der Staatskrise brachte, war ÖVP-Obmann Erhard Busek der einzige Politiker, der expressis verbis zum Publikumsboykott der Vorstellung aufrief. Eine ihm nahe stehende Lodenhändlerin errang sich als Organisatorin der größten Unterschriftensammlung zum Rücktritt des Burgtheaterdirektors Claus Peymann regionales Ansehen. Die FPÖ war damals in Kulturkämpfen noch die zweite Adresse. Haider selbst bereicherte das ungelenke Protestgebrüll seiner Parteigenossen bloß um ein falsches Karl-Kraus-Zitat: «Hinaus mit dem Schuft aus Wien», ließ er Peymann übermitteln, doch der blieb noch elf Jahre.

Die sozialdemokratische Arbeiterbildungsbewegung wiederum setzte im Proporzklima der Nachkriegszeit auf abstrusen gegenständlichen Volkshochschulkitsch. So war der Heurigensänger Karl Hodina («Herrgott aus Stein»), im Zweitberuf naiver Maler, jahrelang Angestellter der SP-Arbeiterkammer, die solcherart mäzenatisch die ungehemmte Entfaltung seines bildnerischen Œuvres verantwortete. Ein parasurrealer Scharlatan durfte im Auftrag der SP-Wissenschaftsministerin Firnberg die Wände der Wirtschaftsuniversität mit großflächigem Unvermögen überziehen. Dafür kampagnisierten die SPÖ und ihre Parteipresse bis in die achtziger Jahre unter ideologischer Camouflage gegen Hermann Nitsch, der als Faschist diffamiert wurde. Das alles geschah, als SP-Kanzler Bruno Kreisky schon längst Künstler wie Peter Turrini, Gerhard Roth oder Peter Handke an sich gezogen hatte. Eine intellektuell-großbürgerliche Oberschicht innerhalb der SPÖ überglänzte die Realität einer entideologisierten, mit sozialen Vergünstigungen korrumpierten Basis: In ihrem künstlerischen Empfinden von der traditionell SPÖ-nahen «Kronen Zeitung» verfeinert und umweglos zur FPÖ wechselnd, als im Jahr 1999 die Stunde der Wende gekommen war.

Alle diese Vorarbeiten gebündelt, an sich gezogen und propagandistisch endverwertet zu haben, ist Jörg Haiders zweifelhaftes Verdienst. Seit dem Innsbrucker Parteitag mengt sich die FPÖ schlagend ins Kunstgeschehen. Wobei Haider, der millionenschwere Armani-Großbürger mit Yuppie-Allüre, lieber Parteichargen vorschickt, wenn es gegen die Kunst geht. Haider lässt gern den Zorn der Basis entgleisen, schickt Schimpfauguste und Kettenhunde vor und spielt selbst sein «Spiel mit der Ambivalenz» (Elfriede Jelinek).

Er selbst schätze den Maler Hermann Nitsch, ließ er wissen, als die Schüttbilder des Aktionisten Millionenerlöse zu erzielen begannen und sein Bühnenbild für Massenets «Herodiade» an der Wiener Staatsoper lauter bejubelt wurde als Domingo (der Johannes den Täufer sang). Zwei Jahre später veranstaltete Nitsch auf eigenem Grund und Boden in Schloss Prinzendorf sein «6-Tage-Spiel», die Konklusio seines «Orgien Mysterien Theaters» mit großem Lärmorchester, Opferzeremonien, nackten Körpern, Tierkadavern und Stierschlachtungen. Die Empörung war ungeheuer, doch trotz medialer Hetztiraden tauchten vor den Schlossmauern nur ein paar religiöse Fanatiker auf. Bis die FPÖ-Landesorganisation Niederösterreich Radaubrüder in Bussen vor Ort karrte und der für das Veranstaltungswesen zuständige FP-Landesrat Schimanek mit bürokratischen Schikanen den Abbruch des Festes zu betreiben versuchte. Haider, im verdienten Sommerurlaub unabkömmlich, schwieg, während selbst die Gattin des SP-Kanzlers Klima Unbedarftes zur Rettung der Prinzendorfer Opferstiere zwitscherte. Und damit die Abwendung der Intellektuellen von der SPÖ wieder um ein weniges beförderte.

Das bis dato ernsteste Vorkommnis zwischen der FPÖ und der Kunst war ein Plakat zur Wiener Gemeinderatswahl im Oktober 1995: «Lieben Sie Scholten, Jelinek, Häupl, Peymann, Pasterk ... oder Kunst und Kultur? Freiheit der Kunst statt sozialistischer Staatskünstler». Erstmals in der Nachkriegsgeschichte war es geschehen, dass man offen zum Kampf gegen Einzelpersönlichkeiten hetzte und damit das Aufkommen an Drohungen statistisch messbar erhöhte. Wieder war es nur eine Landesorganisation, die sich so weit vorwagte. Er selbst, ließ Haider bei Gelegenheit wissen, hätte dergleichen nicht plakatiert, sei aber ein Gegner dirigistischer Maßnahmen innerhalb der Parteiorganisationen.

Groteskerweise übernahm die SPÖ selbst die Entsorgung der

von der FPÖ zur Exekution Empfohlenen: Burgtheaterdirektor Claus Peymann hatte die österreichischen Alltagsnazis als ideale Werbeträger für sein Haus erkannt. Hielt der Spielplan (hier erwarb sich Peymann durch Uraufführungen Elfriede Jelineks, Peter Handkes, Thomas Bernhards und Peter Turrinis theaterhistorische Relevanz) einmal nicht, was man vom Dauerprovokateur erwartete, so brüllte das Land über peymannschen Pressekonferenzen und Interviews auf. Dem nachmals abgewählten SP-Kanzler Klima, der sich dafür Wahlkampfhilfe seitens der «Kronen Zeitung» erhofft haben mag, blieb es vorbehalten, Peymanns Vertrag nach 13 Jahren nicht zu verlängern.

Schon zuvor hatte sich die SPÖ freiwillig ihrer angesehensten Kulturpolitiker entledigt, nachdem sie sich ideologisch nicht in das Parteikonzept der Anbiederung an haidersche Themen fügen wollten: Wiens Kulturstadträtin Ursula Pasterk war nach den Gemeinderatswahlen ohne Not der Koalitionsräson mit der ÖVP geopfert worden. Und Kunstminister Rudolf Scholten ging halb freiwillig zu Beginn jener letzten Periode der SP-Regierung, die mit der blau-schwarzen Katastrophe endete.

Die Autorin Elfriede Jelinek – Feministin mit jüdischem Vater, bedeutendste Diagnostikerin des regionalen Wirtshaus- und Jodelfaschismus und damit gottgegebenes Feindbild des österreichischen Normaltrottels – verweigerte sich zusehends der Öffentlichkeit. Das Aufführungsverbot für ihre Stücke an österreichischen Bühnen, das sie nach Ausbruch der blau-schwarzen Malaise erließ, blieb als eine der letzten von vielerlei angedrohten Boykott- und Emigrationsmaßnahmen.

Der Einzige, der das Menetekel des FPÖ-Plakats unbeschadet überstand, war Wiens Bürgermeister Häupl, der Mann, der dann Kulturstadträtin Pasterk opferte. Wie er auf das Plakat geraten sein mochte, blieb vielen rätselhaft. Vielleicht wollte ihn die FPÖ einfach in schlechte Gesellschaft schummeln, hatte er doch für sich «die Lufthoheit über die Stammtische» reklamiert und die blaue Rathausfraktion damit existentiell herausgefordert.

Selbst als es in Haiders Kernland Kärnten gegen die Kunst ging, war der Führer in die Sache nur kurzfristig involviert. Der Künstler Cornelius Kolig – Sohn des im Dritten Reich geächteten Malers Anton Kolig – sollte nach dem Willen einer unabhängigen Jury ein geschändetes Werk seines Vaters rekonstruieren und ergänzen. Es ging um die Ausgestaltung des Kärntner Landhaussaales, und gegen Koligs ästhetisch schlüssigen Entwurf gab es nichts einzuwenden. Da entdeckten die örtliche FPÖ und die «Kronen Zeitung» im Landtagswahlkampf, dass Kolig jun. einst mit Eigenfäkalien experimentiert hatte. Sogleich begann eine regionale Lynch-Kampagne gegen den «Fäkalkünstler», die Kolig nach Drohungen gegen Leib und Leben fast in die Emigration getrieben hätte. Haider gewann die Wahl, wurde Landeshauptmann, arrogierte sich dazu das Amt des Kulturlandesrats und schüttelte, als erst Amtshandlung, während einer Begehung des Landhaussaals die Hand des perplexen Malers. Die Presse war eingeladen. Das war im März 1999, etwas mehr als ein halbes Jahr vor der verderblichen Nationalratswahl. Haider aber entwickelte als Kärntner Kulturlandesrat jenes Modell, das Österreich zur Warnung hätte dienen sollen:

Er selbst spielte den aufgeklärten Landesfürsten. Sein Skeptiker Dietmar Pflegerl zum Beispiel, erfolgreicher Intendant des Klagenfurter Stadttheaters, wurde mit einer seit neun Jahren eingeforderten Etaterhöhung überrascht. Dafür löste ihm Haider die angesparten Rücklagen auf, um damit eine Freiluftbühne am Ufer des Wörther Sees zu errichten. Den darob protestierenden Pflegerl brachte Haider zum Schweigen, indem er ihm die Intendanz übertrug. Das Ergebnis steht exemplarisch für den Umgang zwischen Diktator und Künstler: Pflegerl verschaffte der Seebühne (auf welcher Haider dann auch seinen Nationalratswahlkampf eröffnete) mit gekonntem Musicalgehopse einhundert Prozent Auslastung. Jetzt gibt er in Wien, mit offenbar landesväterlichem Dispens, unter halblautem Gemeuter den Widerstandskämpfer, während ihm daheim der Landeshauptmann öffentlich auf die

Schulter klopft. Für das Grobe nämlich steht der Schimpfaugust bereit: Andreas Mölzer, Publizist in rechtsradikalen Schriften, ist Haiders kulturpolitischer Berater. Gleich zum Amtsantritt ließ er öffentlich wissen: «Die Kunst ist eine Hure.» Und jüngst empfahl er, «als Privatmann», Pflegerl die Subvention zu kürzen, da der Spielplan des Stadttheaters zu wenig Heimathaftung aufweise. In der Tat koproduziert Pflegerl auf hohem Niveau mit deutschen Spitzenbühnen, wodurch Haider-Land in auswärtigen Feuilletons freundliche Erwähnung findet. Daheim, für den wahlberechtigten Karawankennazi, stößt Mölzer arbeitsteilig seine Drohungen aus. Wer letztlich gewinnt, Dr. Haider oder Mr. Mölzer, bleibt ein Menetekel der Ungewissheit, das den Intendanten bei Räson hält.

Nachsatz: Pflegerls Etaterhöhung kam nicht von ungefähr. Seit Haiders Amtsantritt wurden in Kärnten mehrere kritische Kleinbühnen und Kulturinitiativen durch Subventionsentzug ausgelöscht. Nach dem FPÖ-Modell wird das Massen- und Medienwirksame belohnt, während das durch keine Öffentlichkeitslobby Geschützte verschwindet.

Wohin es auch bundespolitisch steuern könnte, ließ kurz nach der Regierungsbildung FPÖ-Klubobmann Westenthaler ahnen: In einem Interview legte er gegen die «Politruks» Roth und Jelinek los und regte die Kürzung der Kultursubventionen in Schritten an – «ob es zuletzt 30, 40 oder 50 Prozent sind, ist unerheblich.» Eigenwillig gestaltete sich auch ein Antrag der Salzburger FP-Fraktion, kulturelle Organisationen auf allfällige Teilnahmen an regierungsfeindlichen Demonstrationen zu überprüfen und gegebenenfalls Subventionsstopp zu verfügen. Schon zuvor hatten dieselben Vorzeigedemokraten gefordert, der Salzburger Sommerakademie die öffentliche Zuwendung zu entziehen, sollte Hermann Nitsch dort weiterhin als Gastdozent beschäftigt werden.

Kulturklimatisch bahnte sich indes schon vor der Nationalratswahl im Oktober 1999 Fatales an, und keineswegs nur seitens der FPÖ. Österreichische Intellektuelle – vor allem der bedeutende

Autor Robert Menasse und der Publizist Karl-Markus Gauß – hatten mit pointenfrohen Wende-Appellen aufhorchen lassen: Das Land verharre im rot-schwarzen Stillstand, vom Proporz gelähmt, entideologisiert, von sekundären Analphabeten bewohnt und vom europäischen Standard weit entfernt. Die Konklusio aus diesen prinzipiell erwägenswerten Überlegungen war verheerend: Die SPÖ, fettleibig und kurzatmig nach 30 Jahren Macht, müsse «in die Opposition geschickt» werden.

Zu gleicher Zeit begann eine Häme-Offensive gegen Künstler, die seit den achtziger Jahren vor der blauen Katastrophe warnten. Die Autoren Gerhard Roth, Elfriede Jelinek und Peter Turrini wurden als «Gutmenschen» und «Tugendterroristen» qualifiziert, die Entsolidarisierung mündete in Entzweiung der Intellektuellen. Während die Beschimpften in ihren Warnungen ermüdeten und endlich (Turrini: «Ich bin kein Unterschriftsteller») jeden Eingriff in den Wahlkampf verweigerten, brachten die Wende-Yuppies ihre Forderung auf den Punkt: «Es» müsse anders werden. Mit dem identischen Slogan hatte kurz zuvor der Wiener Baumeister Lugner, eine Art Moshammer für Arme, seine viel belachte Präsidentschaftskampagne verloren. Diesmal schlug die Strategie ein. Auch die geforderte Öffnung gen Europa wurde Wirklichkeit, beglückwünschte doch Slobodan Milošević den Kanzlerimitator und sein Kärntner Über-Ich zur rundum geglückten Regierungsbildung.

Ehe diese im Februar 2000 Faktum wurde, befragte das Wochenmagazin NEWS zentrale Kunstpersönlichkeiten zur Lage. Staatsoperndirektor Ioan Holender, rumänischer Jude und Zuwanderer, hatte (auch in seiner Eigenschaft als Vertrauter von Bundespräsident Klestil) wochenlang vor sich anbahnendem Unheil gewarnt. Nun diagnostizierte er früh eine innen- und außenpolitische «Katastrophe». Elfriede Jelinek resignierte: «Ich habe das kommen sehen, obwohl ich selbst von liberaler Seite oft als Hysterikerin und Alarmistin bezeichnet worden bin. Ich selbst kann nicht weg, weil ich mich um meine alte Mutter kümmern muss. Aber emigrieren ist in dieser Situation schon eine Überlegung wert.» André Heller bereitete sich auf den «Dauerzustand von Ekel und Wut» vor, mit dem eine Minderheit inmitten der Mehrheit Blitzangepasster werde leben müssen.

Von Gegenwehr war immer noch keine Rede. Da verhängte die EU ihre Sanktionen, und mit einem Mal schienen den Künstlern riesenhafte Widerstandskräfte zu erwachsen.

Als Erster kündigte Gérard Mortier, Intendant der Salzburger Festspiele, seinen Rücktritt ein Jahr vor der Zeit an. Mit ihm drohte der Dirigent Sylvain Cambreling, das Land zu boykottieren. Elfriede Jelinek verbot ihre Stücke für österreichische Bühnen, Gerhard Roth, Peter Turrini und Werner Schneyder riefen in Serieninterviews zur Gegenwehr auf.

Am 19. Februar 2000 gingen 300 000 Menschen auf die Straße, und an der Spitze aller Demonstrationen standen Künstler: der Regisseur Luc Bondy, Michel Piccoli, Gérard Mortier, der Autor Doron Rabinovici, die Schauspielerin und Schriftstellerin Erika Pluhar, der Impresario André Heller, der populäre Fernsehkommissar und -doktor Harald Krassnitzer und fast alle Kabarettisten des Landes. Alfred Dorfer verspürte für die Kunst und seine Branche im Speziellen eine Art schmerzhaftes Durchatmen in eisiger Luft: «Wir stehen vor der Repolitisierung eines ganzen Landes, eine ganze Branche erwacht aus der Agonie. Bei den Kabarettisten war während der großen Koalition eine Lähmung der politischen Aussagekraft spürbar. Jetzt habe ich mein bereits fertiges Programm umgestoßen und reagiere täglich auf die aktelle Entwicklung.»

Kurios erging es Burgtheaterdirektor Klaus Bachler, Claus Peymanns Nachfolger mit Saisonbeginn 1999/2000 und in dieser Eigenschaft vom Feuilleton grausam misshandelt. Anders als der schlaue Operndirektor, der dank seiner Verbindungen von nahenden Unruhen Wind bekommen und seine Abendvorstellung abgesichert hatte, sah sich Bachler plötzlich in einen unnachahmlich österreichischen Akt der Subversion verwickelt: Vier Vermummte besetzten friedlich die Vorstellung der Volksschauspielerin Gusti Wolf, 82, welche gerade im Abonnement die Boulevardkomödie «Harold und Maude» spielte. Die resche Menschendarstellerin fasste sich nach anfänglichem Erschrecken ein Herz und disputierte mit den Demonstranten, deren amtliche Verweisung Bachler geistesgegenwärtig untersagte. Der Direktor bat in weiterer Folge eine Woche lang nach jeder Vorstellung zur Diskussion mit Mitwirkenden und auswärtigen Gästen, brachte es bis zur einmaligen Verfasserschaft eines Leitartikels in der «Süddeutschen», die ihm zuvor sechs Monate lang Böses zugedacht hatte, und sicherte dem Haus so internationale Beachtung. Freilich nur bis zu den beiden nächsten Premieren, die besonders krass missrieten und vom Feuilleton womöglich noch schlimmer gemartert wurden als das bis dahin Gebotene.

Der mittels Frosteinbruch beendete Frühling des Burgtheaters gipfelte in einem sonntagvormittäglichen Lynch-Clubbing. 1.500 Besucher – für etliche hundert musste das Ereignis aus Platzmangel in die Foyers übertragen werden – lauschten einer Podiumsdiskussion mit prominenten Teilnehmern wie Luc Bondy, Andrea Breth, Klaus Maria Brandauer und Robert Menasse.

Und alle, sei es auf oder vor der Bühne, wollten einen Mitdiskutanten zusammenbrechen sehen: Franz Morak, karenzierter Burgschauspieler, grüßte plötzlich als neuer Staatssekretär für Kulturangelegenheiten im blau-schwarzen Kabinett. Morak hatte sich seit seinen künstlerischen Anfängen in den späten sechziger Jahren die Anmutung des einsamen Wolfs verpasst. In skandalumtobten Ur- und Erstaufführungen der Autoren Wolfgang Bauer und Peter Turrini hatte der Mann aus tristen Grazer Verhältnissen den Underdog gegeben, war ans Burgtheater engagiert worden, hatte es dort in die erste Reihe (und mit Brechts Hitler-Karikatur Arturo Ui bis zum Berliner Theatertreffen) gebracht. Zudem hatte er sich als Rock-Sänger einen Namen gemacht. «Ich spucke gegen den Wind, ich trinke mit den Verlierern und bin nicht, wo die Sieger sind», hatte er noch in den frühen neunziger

Jahren gereimt. Dann hatte er sich, im Groll gegen Peymanns stark österreicherskeptische Besetzungspolitik, der ÖVP zugewandt und es bis zu deren parlamentarischem Kultursprecher gebracht. Die Attacken des linksliberalen Frontmanns gegen Haider waren so sprichwörtlich wie seine Eide, im Fall einer schwarzblauen Variante alle Konsequenzen zu ziehen.

Nun saß er, eines der wenigen sachkompetenten Regierungsmitglieder und «Dialogangebot Schüssels an die Künstler», auf seiner eigenen Bühne und wurde mit Pfiffen, Buh-Rufen und Gelächter am Ergreifen des Wortes gehindert. Robert Menasse, der sich unter faszinierenden intellektuellen Volten wieder gewendet hatte – und zwar gegen das selbst herbeigeschriebene Unheil –, ließ sich akklamieren. Und Klaus Maria Brandauer, der mit Morak einst reaktionäre Ensemblestrategien gegen Peymann ausgeheckt hatte, gab den Feuergeist. Schon zuvor war dem Staatssekretär seitens der Kollegenschaft alle Akzeptanz verweigert worden. Elfriede Jelinek: «Ich wundere mich, dass er glaubt, für Künstler etwas tun zu können. Weiß er denn nicht, dass jetzt kein Hund mehr ein Stück Brot von ihm nimmt?» Und André Heller: «Die intellektuellen Mitläufer behaupten zu allen Zeiten, ohne ihr Heldentum wäre alles noch schlimmer. Alles Unsinn und Selbstberuhigungsgeschwätz. Es gibt eine Gürtellinie bei der geistigen Selbsthygiene, und wer die unterschreitet, ist verloren und hat jede Selbstachtung und die Achtung seiner Kinder und Freunde verspielt.»

Was hat sich seit dem Aufstand der 300 000 ereignet? Nach wie vor wird jeden Donnerstag (19 Uhr, ab Kanzleramt) gegen die Regierung demonstriert, doch mit Ausnahme Elfriede Jelineks hat man dort seither nur wenige Künstler gesehen. «Eine Parade der Eitelkeiten mit viel Schmäh und Wiener Blut», nannte der «Spiegel» das Szenario.

Mortier und Cambreling haben sich, nach eigener Aussage unter dem Eindruck des überwältigenden Widerstands, vom Rückzug zurückgezogen. Blockierer Cambreling soll 2001 unter der

Intendanz des Abgängers Mortier in Salzburg «Die Hochzeit des Figaro» dirigieren. Gerüchte, mehrere namhafte Popkünstler würden während ihrer Tourneen Österreich meiden, wurden eilends dementiert.

Unwiderrufen blieben bis dato die Blockadeankündigungen George Taboris, der in Österreich nicht mehr inszeniert, und der Autoren Javier Marías und José Saramago, die das Land erst unter geänderten politischen Verhältnissen wieder betreten wollen. Elfriede Jelineks Aufführungsverbot bleibt aufrecht und kostet sie bares Geld bei indirekt proportionalem Aufkommen an Drohbriefen und medialen Beflegelungen. Nicht zum ersten Mal ist sie diejenige, die den Napf der Scheußlichkeiten für alle anderen leert.

Den Disput gewonnen hat, bei optimistischer Betrachtung, die andere Denkschule: diejenige nämlich, die zu Verbleib und Widerstand aufruft. An ihre Spitze stellte sich der bedeutende Regisseur Luc Bondy, Jude und Weltbürger, der kurz vor der Regierungsbildung seinen Vertrag als Intendant der Wiener Festwochen unterzeichnet hatte und in einem markanten Interessenkonflikt seine Entscheidung traf. Er mobilisierte via «Le Monde» gegen Blockadeaufrufe einer Künstlergruppe um den Filmregisseur Costa Gavras und fand mächtige Mitunterzeichner. Peter Zadek, Peter Brook, Peter Stein und Pierre Boulez appellierten an die Weltöffentlichkeit: «Es gibt auch ein anderes Österreich als das von Haider. Es ist in den Straßen und in allen Medien. Dort finden sich Männer und Frauen, die mit kultureller Sensibilität ausgestattet sind, die europäische Reaktion gutheißen und nicht begreifen, weshalb auch sie durch das Abkommen von Wolfgang Schüssel bestraft werden sollen. Den *naughty boy* von Europa ins Eck zu drängen, wird ihn nicht verträglicher machen, im Gegenteil, nur noch böser, noch fremdenfeindlicher.»

Ähnliches bewirkten im Bereich der klassischen Musik die Wiener Philharmoniker. Unter Einsatz ihrer Reputation hinderten sie politisch und biographisch hoch sensibilisierte Dirigenten wie Lorin Maazel, Zubin Mehta oder Simon Rattle an Blockade-Aktionen. Rattle will das Orchester am 7. Mai 2000 auf dem Gelände des ehemaligen Konzentrationslagers Mauthausen dirigieren: ein lang vorbereitetes Projekt des Orchesters, Einbekenntnis kollektiven Schuldigwerdens im Dritten Reich und unter dem Eindruck der aktellen politischen Entwicklung ein Zeichen von weltweiter Ausstrahlung. Dennoch zählten die Philharmoniker zu den ersten, die für ihre Regierung büßen mussten. Der Aktivist Serge Klarsfeld hatte vor einem philharmonischen Gastspiel in Paris Demonstrationen angekündigt. Eine den Programmheften beigelegte Erklärung für Toleranz und Humanität konnte zwar den Eklat verhindern – nicht aber die Bombendrohung, die dann das von Seiji Ozawa dirigierte Konzert unterbrach.

Bleibt noch der tragisch-komische Nachruf auf den Politiker Michael Krüger. Der FPÖ-Abgeordnete wurde, noch vor der Regierungsbildung, unter ungläubigem Staunen der Künstlerschaft mit den Stimmen der SPÖ zum Vorsitzenden des parlamentarischen Kulturausschusses ernannt. Fortan war er mit allen Anzeichen unerwiderter Leidenschaft hinter den Künstlern her. Er könne kein Nazi sein, verkündete er verzweifelt über Medien, immerhin habe er soeben zwei reichlich teure Bilder von Arnulf Rainer erstanden. Eine zufällige Begegnung mit Elfriede Jelinek im Eurocity Wien-Graz referierte er in großer Begeisterung immer wieder, bis ihn Haider-Berater Mölzer wegen «Serienpflichtübungen in Political Correctness» abmahnte. Dann wurde er Justizminister und versank in einem Strudel katastrophaler Interviews (es ging unter anderem um einen Jaguar, welchen er dienstlich zu fahren wünschte, und um Fleischlichkeiten, verübt an einer verflossenen Miss Vienna). Mit offenbar psychiatrisch-neurologischer Diagnose wurde er in künstlichen Tiefschlaf versetzt. Als man ihn erweckte, soll er von seinem Rücktritt erfahren haben.

Das war der Paradeliberale, der Freund der Künste in der Haider-Partei. Selbst der politische Gegner mochte ihn. Seine Amtszeit als Minister währte 24 Tage.

Elfriede Jelinek

Nichts ist mehr wie vorher

Das Wort zur Lage lautet «Zynismus». Die kulturpolitische Kernthese der FPÖ lautet, man werde jetzt endlich das Gebot der Verfassung einlösen und die Kunst frei machen. Wobei man aber sogleich hinzufügt, wie das gemeint ist: Man werde die Kunst vom Staatskünstlertum befreien. Weiter gedacht: Damit sie wirklich frei wird, befreit man sie von Subventionen. Die FPÖ hat über Jahre mit Unterstellungen für die Zeit der Macht vorgearbeitet: Ihre Gegner würden von den Sozialdemokraten mit Subventionen bestochen, hieß es. So nachweislich das auch gelogen ist: Man hat mich ständig als Prototyp der Staatskünstlerin diffamiert. Aber ich habe seit Jahrzehnten nie einen Groschen Subvention bezogen.

Die Folgen der neuen Kulturdoktrin sind offenkundig. Nur, wer sich auf dem Markt behaupten kann, wird übrig bleiben. Die nicht Marktgängigen, die Ungesicherten und Schwierigen, deren Subventionierung ganz besonders Verpflichtung des Staates ist, verschwinden. Man geht damit weiter als selbst härteste neoliberale Gesellschaftstheoretiker, die sich ja darauf verständigt haben, dass sich der Staat aus zwei Verpflichtungen nicht verabschieden kann: vom Straßenbau und von der Kunst.

Gerade in stärker autoritär strukturierten Ländern wie Österreich ist die Kunst die einzige gesellschaftskritische Institution. Sie auszuhungern, ist ein besondrer Coup der neuen Regierung, vor allem der FPÖ. Übrig bleiben die Repräsentativkunst, die sich mit privaten Sponsoren arrangieren kann, und der Triumph der Volkskunst, die der FPÖ ja das eigentliche Anliegen ist. In Kärnten sieht man schon Ansätze offensiver Jodel- und Operettenkultur. Dort herrscht die FPÖ schon länger, dort gibt Mölzer His Master's Voice und in der Doppelconference *Good Guy – Bad Guy* den Schurken. Haider lobt das Klagenfurter Stadttheater, Mölzer regt an, ihm die Subvention wegzunehmen, da dort schließlich internationale statt nationaler Kunst gemacht werde. Weshalb man sich auch im Ausland nach Geld umsehen möge.

Ich selbst bin in der Allianz zwischen der «Kronen Zeitung» – in der Gestalt ihres Kolumnisten Staberl und ihres Hetzdichters Wolf Martin – und der FPÖ ein besonderer Kulminationspunkt des Hasses. Woran es liegt, habe ich nie restlos herausgefunden, zumal die Leute, deren Wut ich errege, meine Texte gar nicht rezipiert und verstanden haben. Aber es hat sicher damit zu tun, dass ich als Frau besondere Rollenüberschreitungen begehe. Die sozialpolitischen Vorstellungen dieser Partei dulden die Frau nur als Mutter. Dass ihnen eine Frau kritisierend begegnet, ertragen sie nicht, weil es ihnen Angst macht. Homoerotische Männerbünde wie die FPÖ haben daher immer etwas Elitäres, die Frau Verachtendes und Ausschließendes. Das trifft in hohem Maß auf die schlagenden Verbindungen zu, von denen diese Leute ja kommen. Die meisten von ihnen haben ihre Sozialisiation auf den Paukböden erfahren.

Die FPÖ wirbt mit homoerotischen Codes. Sie spricht vor allem junge – auch ältere – Männer an. Haider ist niemals nur als Politiker zu verstehen, sondern immer auch als homoerotisches Phänomen. Er fixiert seine Zielgruppe in einer ihr selbst kaum bewussten Weise erotisch auf sich – durch Kleidung (Leder!), Sportfotos, kosmetische Operationen, Halbakte am Ufer des Wörthersees. Deshalb hat er es auch weiter gebracht als alle anderen rechten Führer unserer Zeit, als Le Pen und Schönhuber und andere für die Jugend wenig attraktive, ältere Männer. Auch Hitler hat seine Erotik ausgespielt, so grotesk uns das beim Ansehen seiner Fotos heute erscheinen mag. Heidegger hat von den blauen Augen des Führers geschwärmt und von der Schönheit seiner Hände.

Im Übrigen glauben FPÖ und «Kronen Zeitung» nicht ganz zu Unrecht, in der Bevölkerung auf Verständnis zählen zu können, wenn es gegen mich geht. Ich bin nun einmal unbeliebt und der sicheren Überzeugung, dass in dieser Unbeliebtheit auch ein ordentlicher Schuss Antisemitismus verborgen ist, wie sich aus vielen anonymen Briefen schließen lässt. Das Ganze ist wie ein Code für etwas, das man nicht will und bei dessen Bekämpfung man sich des Einverständnisses in breiten Bevölkerungsschichten sicher sein kann, ohne es explizit aussprechen zu müssen (aber man spricht es natürlich auch aus). Ich bin in diesem Szenario die keifende Hexe, die ein Klosett auf die Bühne des Burgtheaters gestellt hat (in der Komödie «Raststätte», Anm.). Nichts hat man mir je mehr vorgeworfen.

In der Literatur sind es vor allem Gerhard Roth und ich, die offenbar Kulminationspunkte freiheitlichen Hasses darstellen. Peter Turrini seltsamerweise weniger, oder vielmehr: begreiflicherweise. Er ist ein Sympathieträger, als warmherziger, freundlicher Mensch, bei dessen Bekämpfung man kein Mehrheitsvotum zustande brächte. Das ist die Witterung der Populisten, die mit dem Instinkt eines Tiers wissen, gegen wen sie vorgehen können und bei wem sie sich eher zurückhalten sollten. Geholfen hat ihnen dabei eine – gewiss nicht «rechte» – intellektuelle Szene, die Roth und mich als Tugendterroristen, Gutmenschen und Fanatiker der Political Correctness diffamiert hat. Das Ergebnis war ein Desolidarisierungseffekt innerhalb der Intellektuellen, der sich jetzt bitter rächt. Jetzt kommt es wieder zum Schulterschluss. Aber jetzt ist das Unglück, das sich längst abgezeichnet hat und vor dem gewarnt zu haben man uns trotzdem nicht verzeihen wollte, passiert.

Man ist mir zuletzt mit schweren Vorwürfen begegnet, weil ich meine Stücke von österreichischen Bühnen zurückziehe, solange diese Regierung im Amt ist. Aber diese Entscheidung ist eine ganz persönliche, und ich bin froh, keine Nachahmer gefunden zu haben. Weniger bekannte Künstler würden sich damit praktisch selbst auslöschen. Und auch ich würde anders handeln, wenn ich ein Stück zur Lage, einen schnell reagierenden Kommentar zur Hand hätte. Aber das ist nicht meine Art der Arbeit. In Österreich ist ein Zivilisationsbruch passiert. Nichts ist mehr wie vorher. Ich aber schreibe im Grunde immer ein und denselben Text weiter, und dieser Text ist ich. Ich konnte mit diesem Text nichts verhindern. Also schweige ich jetzt einmal.

Hermann Nitsch

zur politischen lage in österreich

ich möchte vorausschicken, dass ich unpolitisch bin, das heisst, dass ich mit dieser form von tagespolitik, wie man sie bisher verstanden hat, wie man sie auf der ganzen welt betrieben hat und betreibt, nichts zu tun haben möchte. meine tiefe verachtung trifft politik und politiker. das denken der politik ist viel zu kurz gesteckt, ist viel zu unwissenschaftlich. politiker sind meist halbgebildete individuen, die durch ihre ideologische verlogenheit und machtgier die welt ins unglück stürzen. ich bin weder rechts noch links noch liberal, noch konservativ oder fortschrittlich. patriotismus und den unfug des staates verabscheue ich zutiefst. ich bin weltbürger, kosmopolit. ich erträume eine wissenschaftliche, unideologische, nicht zentralistische, ökonomisch und sozial gerechte verwaltung der welt.

meine kunst war nie politisch, sie hat nur dann politisch gewirkt, wenn politische gruppen, selbst der staat, ihre tabus und ungerechtfertigten statischen wahrheitsansprüche in gefahr glaubten.

der austrofaschismus zwischen den kriegen, der tatsächliche faschismus und der postfaschismus nach dem krieg haben die schöpferische kultur in österreich nahezu zur gänze ruiniert, es gab nach 1945 ein nachholbedürfnis von fast 40 jahren. moderne kunst war in österreich nach dem krieg etwas perverses, erbärmliches, für das sich jeder anständige österreicher zu schämen hatte. freud und die psychoanalyse und die moderne der jahrhundertwende hat man verschlafen und wieder vergessen. die der kirche nahe stehende övp-regierung hat mich wegen meiner arbeit in den jahren 1964–66 dreimal ins gefängnis gebracht und mich durch eine bedingte gefängnisstrafe von einem halben jahr aus dem land geekelt. ich hatte quasi berufsverbot. zu dieser zeit waren h.c.artmann, brus, kubelka, rühm, oswald wiener bereits im ausland im exil. ich selbst lebte 10 jahre in deutschland. die fpö, die sich damals anders nannte, verschärfte noch die unfreundliche gesinnung gegen die neue kunst. einige unverbesserliche, den freiheitlichen nahe stehende narren liefen damals durch die wenigen wiener galerien und notierten die werke und namen der neuen künstler. sie hofften auf andere zeiten und gaben das unmissverständlich zu verstehen. ein exemplar dieser gattung führt unverdrossen seinen kampf gegen alles neue in der kunst weiter, es ist der pornojäger humer.

man braucht nur in den statuten des vereines der unabhängigen (vdu) nachlesen, so nannten sich ursprünglich die freiheitlichen, um zu sehen, mit welcher gesinnung diese partei in die nachkriegsrepublik sich einschlich. es war die partei der alten naziofﬁziere, der ewig gestrigen, die zum aussterben verurteilt waren, wie wir glaubten. durch kreisky besserte sich anfang der 70er jahre das politische klima in österreich. wir konnten wieder zurückkehren und unsere aktivitäten veranstalten. der paragraph für die freiheit der kunst wurde von den sozialisten verabschiedet. meine erfolge im ausland machten vieles leichter. meine verstorbende frau beate nitsch erwarb das schloss prinzendorf für das o.m. theater. prinzendorf ist mein bayreuth. regelmässig sollen dort in zukunft aufführungen des o.m. theaters stattfinden. 1981 wurde unter dem freiheitlichen bürgermeister götz eine beispiellose hetze gegen eine retrospektive ausstellung von mir im grazer kulturhaus veranstaltet. eine fuhre mist wurde vor dem museum ausgeleert. protestierende ausstellungsbesucher simulierten ohnmacht. die ganze rechte mannschaft, pornojäger humer, der bombenleger burger, wurden zu kulturexperten, und viele andere attackierten die ausstellung. sie wollten ihre schliessung durchsetzen. pornojäger humer zerstörte einige meiner objekte. von da an besuchte er fast alle meine veranstaltungen. ein ungeheuerlicher presseskandal pro und kontra, der bis deutschland reichte, wurde ausgelöst. die ausstellung wurde nicht geschlossen, sie war ein grosser triumph für mich, sie wurde zur ausstellung des jahres ernannt. man holte mich zur dokumenta 82. haider rückte gerade zu dieser zeit ins öffentliche bewusstsein. er hatte keine eigentliche ideologie mehr. er war nur populist und machtgierig und versicherte sich durch nazisprüche seiner grundschar, um sich dann durch ausländerfeindlichkeit und ökonomische versprechungen an die kleinen leute heranzumachen. durch die farblosigkeit der sozialisten und der övp hatte er immer mehr erfolg. er war immer ein gegner von mir, und ich glaube, ein gegner aller kunst. In seinem buch «Die Freiheit, die ich meine. Das Ende des Proporzstaates. Plädoyer für die Dritte Republik», seite 227, meint er:

> «Wer lässt sich auch schon gerne bescheinigen, in seiner Kritik an der heutigen Kulturpolitik vom Geiste der Provinzialität oder mentaler Dumpfheit getrieben zu sein. Selbst der amtierende Bundespräsident kapitulierte vor dieser kulturellen Volksfront. Als der für sein «Orgien-Mysterien-Theater» berühmte Aktionist Hermann Nitsch das kulturelle Österreich, unterstützt von ministeriellen Millionensubventionen, bei der Weltausstellung in Sevilla 1992 vorstellte, sagte der Präsident «aus Termingründen» die Eröffnung ab. Hätte er mutig bekannt, dass er in Nitschs Ferkeleien die kulturelle Identität unserer Republik nicht erkennen kann, dann wäre das vielleicht eine Chance für eine intelligente Auseinandersetzung mit dem staatlichen Kulturtotalitarismus gewesen. Dass das notwendig ist, zeigt ein Satz aus dem Text von Hermann Nitsch, Christus im Schlachthaus: «In einer Orgie begatten Männer Schlachttiere, bringen sie um, wühlen im Blut oder Kot ihrer Eingeweide und begatten schließlich Christus homosexuell.»

1984 veranstaltete ich mein 3-tage-spiel, eine voraufführung von drei tagen meines 6-tage-spieles. ich bat die damalige regierung nicht um geld, sondern um alle genehmigungen. sie wurden mir gewährt. lediglich die rechten setzten wieder alles daran, meine veranstaltung zu verhindern. demonstrationen wurden gegen mich und meine gäste organisiert. der ortspfarrer machte mit ihnen eine sache und predigte von der kanzel gegen das o.m. theater. an allen geschäften des ortes waren aufkleber «nitsch nein danke».

1987 fand in der wiener sezession eine malaktion und ausstellung statt. wieder waren es rechte gruppen, die dagegen demonstrierten und stinkbomben warfen. eine katholische abteilung vor der sezession betete für mein seelenheil.

noch im gleichen jahr wurde ich vom steirischen herbst zur aktion «brudermord» eingeladen, die in den kasematten aufgeführt wurde. auch in diesem fall wurde von rechts aus ein riesenskandal organisiert.

1993 gab es im museum der stadt wels eine retrospektive. auch hier waren es wieder rechte abgeordnete, welche die ausstellung verhindern wollten. einem stadtrat von der övp, der meine ausstellung befürwortete, wurde vor die wohnungstür geschissen. meinem anwalt, der jude ist, hat man die kanzleitür mit blut beschmiert. wieder hat man gegen mich demonstriert und für mich gebetet. eine gegendemonstration, die sich für mich einsetzte, gab es auch.

1994 ging ein lang ersehnter wunsch von mir in erfüllung, ich durfte in der kunsthalle krems, in der kirche von stein, eine sehr grosse ausstellung aufbauen. die freiheitlichen versuchten, durch eine öffentliche unterschriftensammlung die ausstellung zu verhindern. nach einem positiven gemeinderatsbeschluss durfte die ausstellung nun doch stattfinden. arbeiten wurden zerstört.

1998 realisierte ich mithilfe meiner frau im schloss prinzendorf mein hauptwerk, das 6-tage-spiel. ich hatte an die 300 mitwirkende, mehrere orchester, akteure und organisationshelfer. ich hatte spielteilnehmer und akteure aus 18 nationen. ein jahr vor den spielen hetzte die populistische zeitung «täglich alles» massiv und systematisch gegen das unternehmen. wieder setzte ich mich mit politikern auseinander, wieder wollte ich kein geld, sondern nur alle genehmigungen für die aufführung. man unterstützte mich recht und schlecht. polizei sollte mich schützen gegen demonstranten, sie verhielt sich aber eher gegen uns. am dienstag, den 4. august, hielt die fpö, geführt von peter westenthaler, eine kundgebung gegen uns ab. westenthaler las, aus dem zusammenhang gerissen, aus meinem buch «die eroberung von jerusalem», um gegen mich stimmung zu machen. der bezirksverantwortliche für grossveranstaltungen, hans-jörg schimanek, landesparteiobmann der fpö, dessen sohn wegen wiederbetätigung im gefängnis sass, wollte aus vereinsrechtlichen gründen am mittwoch, den 5. august, die veranstaltung schliessen. es gelang ihm nicht, lediglich durften wir für die veranstaltung kein geld mehr verlangen. da wir ohnehin alles selbst finanzierten, traf uns dies hart. trotzdem konnten wir das 6-tage-spiel zu ende führen, es war ein grosser erfolg. das medienecho war beispiellos, grösser als das der salzburger festspiele, wurde uns gesagt. es reichte buchstäblich um die ganze welt. in der folge erhielten wir die sinnwidrigsten anklagen, wie in den 60er jahren. 1999 beantragten im salzburger stadtrat die fraktion der fpö und einige övp-abgeordnete, dass mich die salzburger sommerakademie nicht mehr berufen darf. andernfalls solle die sommerakademie keine öffentlichen unterstützungen mehr bekommen. ich war zehn jahre dort in der nachfolge von kokoschka und vedova erfolgreicher und beliebter lehrer.

besagter h. j. schimanek gibt zur zeit apa-meldungen heraus, dass man auf jeden fall unterbinden muss, dass ich in prinzendorf meine spiele aufführen und institutionalisieren will. zu beginn des jahres wurden meine biografie und die videos des 6-tage-spiels in der kunsthalle krems präsentiert. h. j. schimanek forderte neuerlich in einer apa-meldung, dass ein öffentlich gefördertes museum mich nicht einladen darf. die folge war: kurz nach beginn der veranstaltung mussten wir das museum verlassen, weil eine bombendrohung bei der polizei eingegangen war. die neue regierungsbildung liefert uns künstler vollends aus. die övp, die sich in den letzten jahren der jungen kunst näherte, ist auf einem kurs wie in den 60er jahren.

dies alles betrifft skizzenhaft aktivitäten, die ich in meinem heimatland durchführte, und die damit verbundenen verfolgungen und anfeindungen, die eigentlich alle von einer bestimmten politischen seite ausgehen. gott sei dank mache ich fast mehr veranstaltungen im ausland. ich unterrichte an der städelschule in frankfurt. oft frage ich mich, und jetzt erst recht: warum tue ich mir das an, in österreich um meine arbeit zu streiten. wenn ich nicht den bezugspunkt prinzendorf, mein theater im weinviertel hätte, und meine arbeit nicht in dieser dionysischen gegend ihre wurzel hätte, wenn es nicht die weingärten, weinkeller und heurigen gäbe, von welchen ich meine künstlerische tätigkeit ableite, ich würde auf österreich den hut draufhauen. vorläufig gute nacht, österreich, ich denke nicht daran, wegen ein paar politischer abenteurer mein projekt in prinzendorf aufzugeben.

von verdrängungen geleitete neurotisierte politische gruppen und machthaber können der wahrheit nicht ins auge sehen. daher wollen sie auch keine kunst, die wahrheit und abgründe sucht. das typische beispiel dafür ist die kunst des dritten reiches. von aggressionswahn besessene zwangsneurotiker züchteten sich eine verlogene scheinkunst. die schönste und beste kunstausstellung neuerer kunst unter den nazis war die ausstellung «entartete kunst». es ist sehr gefährlich, mit wertungen in der kunst einfache leute, denen die kenntnisse fehlen, zu manipulieren.

ich war immer ein gegner von ideologien, von vorgeformtem politischen schemen- und plastikdenken. aber das letzte symptom politischer abgefeimtheit liegt in der unideologischen machtgier, wo es nur darum geht, um jeden preis stimmen zu gewinnen. hier ist der bereich kunst natürlich ein willkommenes betätigungsfeld.

man versucht einfache leute in dingen der kunst mündig zu machen und ihnen mut zu machen, zu werten. um diese manipulation geht es im falle haider und den freiheitlichen. eigentlich ist ihnen die kunst scheissegal, aber sie können sie gebrauchen, indem sie statt zu belehren irrtümer und missverständnisse züchten und ernsthafte künstler zutiefst beleidigen.

Werner Schneyder

Die rechte Meinung

Andreas Mölzer, der weltanschauliche Couturier des Gesinnungsmannequins Jörg Haider, verkündet, man müsse sich daran gewöhnen, dass «auch Rechte eine Meinung haben». Wer hätte das je bestritten? Die Meinung der Rechten ist in Bild und Wort überliefert. Die Ausstellungen der «entarteten Kunst», die Bücherverbrennungen, die Deportationen und Auslöschung von Künstlern sind bekannt. Auch die komischen Seiten dieser rechten Meinungen. Wollte das «Großdeutsche Reich» auf die eine oder andere Operette oder etwa das «Fiakerlied» im Sinne von «Kraft durch Freude» nicht verzichten, strich man eben die Namen der Autoren oder nannte einen anderen. Man war eben der rechten Meinung, das Werk ist würdig, von rechten Menschen genossen zu werden, nicht jedoch dessen Urheber.

Selbstverständlich waren das alles rechte Meinungen, die der Kulturberater Haiders nicht meint. Der will nur die Meinungen der Rechten gehört und befolgt wissen, welche Arten von Kunst subventioniert oder sonst gefördert werden sollen, er will die vielen Szenen des Kulturlandes Österreich dem gesunden Volksempfinden öffnen, er würde nie etwas gegen ihm politisch missliebige Künstler tun oder sagen, außer sie schwiegen nicht.

Ausgetragen wird der nicht bevorstehende, sondern bereits ausgetragene Kulturkampf auf dem Gebiet der Ökonomie, des Budgets. Der Staat muss sparen, in allen Sparten, auch auf dem Feld der Kultur. Die Sparte Kultur wehrt sich, wie alle anderen Sparten auch. Es gilt, ihr das Recht zu verwehren, sich zu wehren. Wenn gekürzt wird, muss man entscheiden wo, und wenn sich die

Meinung des Andreas Mölzer durchsetzt, bedarf es keiner langen Diskussionen, wo gekürzt wird und wo nicht. Alles, was den von Jörg Haider vertretenen «fleißigen, braven und anständigen» Österreichern gefällt, wird weiterhin unterstützt, alles, was faule, schlimme und unanständige Österreicher – also die restlichen 73 Prozent – interessieren könnte, kann ausgedünnt, ausgehungert, trockengelegt werden.

Die Kulturszene wird sich schützen wollen. Wer sich schützen will, darf sich keine Blöße geben. Nicht ästhetisch, nicht ökonomisch. Ästhetisch nicht, indem man tunlichst vermeidet, durch die Wiederaufbereitung faschistischer Rituale und Sprachmelodien deren Attraktivität aufzubereiten, ökonomisch nicht, indem man der Verschwendung und Veruntreuung einen Riegel vorschiebt. Es bedarf nicht der rechten Meinung, um zu wissen, dass auf dem Gebiet der Produktionsweisen großer Bühnen, auf dem Sektor der Regiegagen der mit großem Feuilleton-Namen Erpressenden, auf dem der Ausstattungen, auch dem der Lizenzen und Rechte, erstaunliche Beträge abhanden kommen, die der jungen Szene fehlen. Man darf der rechten Meinung niemals die Chance lassen, deren Anwalt zu werden. Man darf der rechten Meinung niemals die Chance lassen, Unverschämtheiten genialischen Größenwahns aufzudecken, nur weil man den Mahnern und Ermahnern erklärt, große Kunstproduktion entziehe sich der Planung und Disposition.

Nichtsdestotrotz wird es immer Menschen geben, die ein Privileg haben. Nämlich das, große Künstler zu sein. Es ist dies ein weit größeres Privileg als die eine oder andere soziale Sonderregelung in Behörden und Betrieben, wie sie Haider immer wieder anprangert. Doch es gibt eine grundlegende der rechten Meinungen: Alle «Privilegien» gehören abgeschafft. Und wenn Künstlertum eines ist, dann fällt es eben darunter. Da man der Schöpfung oder den Genen aber nicht vorschreiben kann, wen die mit diesem Privileg bedenken, muss man wenigstens den Neid der weniger Begabten, der Unbegabten und Überhauptnichtkünstler schüren.

Den der – man kann es nicht oft genug sagen – braven, fleißigen und anständigen Österreicher. Man muss anprangern, dass es auch in der Kunst einen freien Markt gibt, dass die eine Kunst nach Brot und die andere nach Tafelspitz schreit. Man muss den Künstlern ihr Künstlertum durch demagogische Nachstellung vermiesen, wie es nur geht. So die rechte Meinung.

Ein Kulturkampf ist zu bestehen. Die Kulturschaffenden haben in ihm etwas zu beweisen: dass sie von anständigen Politikern gelernt haben, was man die «Solidarität der Demokraten» nennt. Das heißt, keiner muss darauf verzichten, innere Konflikte auszutragen, Wertungen auszusprechen, einander zu mögen oder nicht, um gegen den Ungeist zusammenstehen zu können. Haider hat einmal plakatiert: «Wollen Sie ...(es folgten Eigennamen)... oder Kunst und Kultur?» Das ist die abgrundtiefe Blödheit, wie sie jedwedem Faschismus innewohnt. Denn man kann künstlerische Äußerungen ablehnen und sich ihnen verweigern. Aber man muss wissen, in der Zehntelsekunde ihres Entstehens beginnen sie zur Kultur ihrer Zeit zu gehören.

IV. DIE HERAUSFORDERUNG EUROPAS

Richard Herzinger

Das ungeschriebene Gesetz Europas

Der Aufstieg Haiders stellt den Grundkonsens westlicher Demokratien in Frage

Die Vorstellung, mit der Regierungsbeteiligung der FPÖ stehe in Österreich ein neuer Faschismus vor der Tür, ist abwegig. Derartige alarmistische Warnrufe könnten am Ende das Gegenteil von dem bewirken, was sie erreichen wollen. Stellt sich erst einmal heraus, dass von einer akuten Gefährdung der österreichischen Demokratie durch die ÖVP-FPÖ-Regierung keine Rede sein kann, wird die Aufmerksamkeit auf die längerfristige Gefahr umso schneller erlahmen. Nichts wirkt auf Dauer so demobilisierend wie falscher Katastrophenalarm. Genau das aber weiß Jörg Haider nur zu gut. Er spekuliert darauf, nach einer Periode der Beruhigung der Öffentlichkeit durch eine gemäßigte Regierungstätigkeit seiner Statthalter selbst die Kanzlerschaft übernehmen zu können. Sein Schachzug, den FPÖ-Parteivorsitz niederzulegen und sich zum Schein in die Landespolitik zurückzuziehen, belegt einmal mehr, dass er institutionell nicht einzubinden ist. Die Hoffnung, die FPÖ könne in der Regierung «gezähmt» werden, hat er damit durchkreuzt: Sein Mannöver offenbart, dass die «Freiheitlichen» keine demokratische Partei sind, sondern eine nach seinen politischen Bedürfnissen zugeschnittene «Bewegung», die er auch ohne formales Parteiamt lenken kann.

Darum ist es mindestens ebenso fatal, den Regierungseintritt der FPÖ als einen «normalen» demokratischen Vorgang zu verharmlosen. Fest steht: Haider ist kein zweiter Hitler, und die überwältigende Mehrzahl seiner Anhänger und Wähler sind keine Nazis. Reicht diese Feststellung aber schon aus, Entwarnung zu geben? Keineswegs: Gefährlich ist die Haider-Bewegung gerade nicht, weil sie die Reinkarnation eines bereits bekannten historischen Ungeistes wäre, sondern weil sie etwas Neuartiges, noch längst nicht ausreichend Begriffenes repräsentiert.

Die veröffentlichte Meinung in Deutschland scheint sich indessen darauf verständigt zu haben, den smarten FPÖ-Führer als «Rechtspopulisten» einzuordnen. In dieser hilflosen Bezeichnung schwingt sowohl eine alarmistische Dramatisierung als auch eine beschwichtigende Untertreibung mit. Der Begriff suggeriert, Haider mobilisiere «nur» irrationale Affekte und unreflektierte Emotionen. Das klingt zwar einerseits beängstigend – ist doch aus der Geschichte zur Genüge bekannt, wie man mithilfe aufgeputschter Massenreflexe das gesellschaftliche Klima vergiften und demokratische Systeme zugrunde richten kann. Der Terminus «Rechtspopulismus» suggeriert andererseits aber auch die tröstliche Hoffnung, die ihn tragende Bewegung werde sich, sei sie erst einmal zu rationalem Regierungshandeln gezwungen, bald selbst «entzaubern» und damit schnell wieder an Attraktivität verlieren.

Diese naive Hoffnung auf die rasche Selbstentlarvung des Scharlatans bescherte uns solch peinliche Medienereignisse wie die TV-Talkshow Erich Böhmes[1], in der Jörg Haider die Angriffe seiner erschreckend schlecht informierten linksliberalen Kontrahenten Freimut Duve und Ralph Giordano mit geradezu spielerischer Leichtigkeit parierte und den Moderator Böhme wie einen denkfaulen Tölpel aussehen ließ. Böhme, dem der Ruf eines gewieften Journalisten vorauseilt, hatte wohl allen Ernstes geglaubt, er könne den verlogenen «Jörgl» mit jovialer, augenzwinkernder Vertraulichkeit zum Eingeständnis seiner schlechten Ge-

1 «Talk in Berlin» auf n-tv am 6. 2. 2000

sinnung bewegen. Und das in der herablassenden Art eines gemütlichen Schuldirektors, der einen ungezogenen Buben auffordert, nun, da man von Mann zu Mann unter vier Augen rede, doch einfach mal mit der Wahrheit herauszurücken – schließlich werde alles schon nicht so schlimm werden.

Haider aber hat das Lügen und kalte Bestreiten seiner eigenen früheren Aussagen längst zur diskursstrategischen Systematik entwickelt. Sogar wenn es einem Gegner gelingt, ihn durch Quellennachweise auf bestimmte Aussagen festzunageln, hat er noch allemal die Chuzpe zu behaupten, er habe das zwar gesagt, aber ganz anders gemeint oder er habe lediglich die Worte eines anderen, rechter Umtriebe gänzlich unverdächtigen Menschen wiederholt. Was Haider will, erfährt man nicht dadurch, dass man ihn danach fragt, was er wirklich denkt. Sondern nur, indem man das, was er sagt und tut, interpretiert und ihm den wahren Sinn seiner Aussagen offensiv entgegenhält. Dazu aber, das war die bestürzende Erkenntnis der Haider-Auftritte im deutschen Fernsehen, sind selbst die erprobtesten Köpfe des politischen Journalismus in Deutschland bisher nicht imstande.

Die Grundhaltung, bei Haider handle es sich um einen ungehobelten Störenfried, der zwar lästig falle, für zivilisierte Menschen aber keine ernsthafte intellektuelle Herausforderung darstelle, bereitet ihm die ideale Bühne zur Selbstdarstellung. Von dieser Haltung aus ist es nur ein kleiner Schritt, den Mann, hat man ihn erst einmal von Angesicht kennen gelernt, doch eigentlich ganz sympathisch und klug zu finden. Aber die dahinterstehende Zuversicht, man werde ihm seine irrationalen Zwangsvorstellungen mit der Zeit schon austreiben können, geht von falschen Vor-aussetzungen aus. Hinter Haiders Erfolg steht weit mehr als nur ressentimentgeladene Demagogie. Sein Durchmarsch wird nur verständlich, wenn man sein strategisches Kalkül vor dem Hinter-grund eines ideologischen Gerüstes betrachtet, an dem rechtskon-servative Vordenker seit Jahrzehnten mit Akribie und Beharrlichkeit gebastelt haben.

Die Ideologie einer «organischen Demokratie homogener Völker»

Die Grundlinien dieses Konzepts hat eine schon Ende der sechziger Jahre ins Leben gerufene Gruppe rechtsextremer Intellektueller um den französischen Publizisten Alain de Benoist formuliert.[1] Diese Denkschule, die bald unter der Bezeichnung «Nouvelle Droite» («Neue Rechte») bekannt wurde, hatte sich zum Ziel gesetzt, rechtes Denken vom Geruch verstaubter Rückwärtsgewandtheit zu befreien und einen modernisierten, zukunftsfähigen, aber gleichwohl radikal antiliberalen Konservatismus zu entwickeln.[2]

Ins Zentrum ihrer Vorstellungen rückte die «Nouvelle Droite», die Vision von einem vereinten Europa, das freilich auf völlig anderen Voraussetzungen beruhen soll als das vom liberalen Universalismus propagierte Modell einer supranationalen Staatengemeinschaft. Im Gegensatz zur universalistischen Prämisse, nach der alle Menschen frei und gleich geboren und mit allgemeingültigen, unveräußerlichen Menschenrechten ausgestattet sind, geht Alain de Benoist davon aus, dass «jedes Volk, jede Kultur seine eigenen Normen hat». Jede ethnische Kultur bilde eine «sich selbst genügende Struktur», und jedes Individuum sei primär durch seine «völkische Zugehörigkeit» definiert. Im Kampf gegen eine nivellierende «Weltzivilisation» solle ein «europäisches Imperium» auf der Basis angestammter, ethnisch rein gehaltener Kulturgemeinschaften und schließlich eine «heterogene Welt homogener Völker» entstehen. Zwar basiert dieses Konzept auf

1 Vgl. Alain de Benoist: Kulturrevolution von rechts. Krefeld 1985.

2 Ihre Vorbilder waren Denker der «Konservativen Revolution» wie Ernst Jünger, Carl Schmitt und Moeller van den Bruck. Der Konservative sei kein Reaktionär, hatte Moeller Anfang der zwanziger Jahre erklärt; er kämpfe nicht für die Wiederherstellung alter, überlebter Formen. Vielmehr gelte es, in einer vom Liberalismus zersetzten Welt Werte neu zu setzen, die der Bewahrung lohnten. Vgl. dazu: Moeller van den Bruck: Das dritte Reich (1923), Hamburg 1931.

einer Rassentheorie, die das «Indoeuropäertum» oder «Indogermanentum» als ihren idealen Bezugspunkt hat. Doch war die «Nouvelle Droite» von Anfang an bemüht, sich vom Verdacht des Rassismus rein zu waschen. Dazu prägte sie den irreführenden Begriff «Ethnopluralismus»: Sie achte die Vielfalt von Völkern und Kulturen, die es gegen ihre Vermischung durch eine «One-World-Ideologie» zu verteidigen gelte. Deren Ausgangspunkt seien die USA, die der ganzen Welt ihr Modell einer multiethnischen, identitätsauflösenden Einheitsgesellschaft aufzwingen wollten.

Grundlegend für diese Konzeption ist die Auffassung, dass der Durchsetzung politischer Macht die Deutungshoheit über die vorherrschenden politisch-gesellschaftlichen und kulturellen Denkmuster vorausgehen müsse. Es gelte, dem herrschenden Liberalismus seine eigenen Schlüsselbegriffe streitig zu machen und sie mit rechten Inhalten zu besetzen.[1] Die «ideologische Mehrheit» sei wichtiger als die parlamentarische, denn die «kulturelle Macht» wirke «auf die impliziten Werte ein», um die herum sich jener unverzichtbare politische Konsens «kristallisiere», der für politische Macht unverzichtbar sei. Benoist schmückte diese Strategie mit dem Schlagwort von der «kulturellen Hegemonie», das er von dem italienischen kommunistischen Theoretiker Antonio Gramsci übernommen hat. Folgerichtig versuchte die «Nouvelle Droite», zentrale Konzeptionen des Selbstverständnisses westlicher Demokratien aufzugreifen und in ihrem Sinne umzuwerten. So propagiert Benoist eine «organische Demokratie», die auf der «Mitwirkung» aller Angehörigen einer homogenen ethnisch-kulturellen Gemeinschaft beruhen soll.[2] Nur eine solche in der «Volksgemeinschaft» verwurzelte «direkte Demokratie» könne die klassischen demokratischen Ideale der Antike verwirklichen,

1 Vgl. Alain de Benoist: Aus rechter Sicht. Eine Anthologie zeitgenössischer Ideen. Tübingen 1984.
2 Vgl. Alain de Benoist: Plädoyer für eine organische Demokratie. In: Elemente für die europäische Wiedergeburt, 1/1986.

während der Liberalismus und sein abstraktes Gleichheitsprinzip mit diesen Idealen in Wahrheit unvereinbar seien.

Im Laufe der Jahre hat die von Alain de Benoist inspirierte europäische Rechte – die sich in Deutschland vor allem um die Wochenzeitung «Junge Freiheit» sammelt – ihre ursprüngliche nationalrevolutionäre Rhetorik abgeschwächt. Sie bevorzugt nun eine evolutionäre, auf langfristigen Bewusstseinswandel angelegte Perspektive. Die Rechte soll von Diktatur-Nostalgie Abschied nehmen, sich den Prozeduren der pluralistischen Demokratie unterwerfen und darin nach Spielräumen und Bündnispartnern in allen politischen Lagern suchen. Längst haben sich die Ideen der Nouvelle Droite so vom rechten Sektenwesen emanzipiert und strahlen bis in die Mitte der Gesellschaft aus.

Jörg Haider hat wesentliche Elemente dieser Diskursstrategie über Jahre hinweg geradezu prototypisch in politische Praxis umgesetzt. Zu seinen Beratern zählt dabei Andreas Mölzer, der Herausgeber der Wochenzeitung «Zur Zeit» – des österreichischen Pendants zur «Jungen Freiheit». Für Mölzer und seine Mitstreiter ist Österreich integraler Bestandteil der «deutschen Kulturnation» und die gegenwärtige Form der Eigenstaatlichkeit Österreichs das künstliche Produkt eines Siegerdiktats als Folge des Zweiten Weltkriegs. Vor diesem Hintergrund wird klar, dass Haiders vor einigen Jahren – von ihm heute mit verschleiernden Worten relativiertes – Dik-tum, der österreichische Staat sei eine «ideologische Missgeburt», kein bloßer Ausrutscher war.

Anders als der an seinem rassistischen Rabaukentum gescheiterte Jean-Marie Le Pen beweist Haider weitsichtiges taktisches Geschick, politische Wendigkeit – und vor allem große strategische Geduld. Ausgerüstet mit den Finessen neurechter Dialektik macht es ihm keine Mühe, Bekenntnisse zur pluralistischen Demokratie oder zur Europa-Idee zu unterschreiben und dabei doch konsequent am rechtsextremen Ideal einer homogenen Volksgemeinschaft festzuhalten. Ebenso problemlos gelingt es ihm, das Thema «Überfremdung» mit der Frage einer Demokratisierung von Staat und Gesellschaft zu verbinden: Seine Forderung nach einem Einwanderungsstopp entspringt angeblich nicht rassistischem Ressentiment, sondern der Sorge um die Erhaltung der Funktionsfähigkeit nationalstaatlicher demokratischer Institutionen. Damit macht er der Linken, aber auch vielen besorgten Liberalen und Liberal-Konservativen, die sich vor demokratiefeindlichen Auswirkungen der «Globalisierung» fürchten, thematisches Terrain streitig. Zuerst besetzte seine FPÖ die Themen «Bürgernähe» und «plebiszitäre Demokratie» – Forderungen, die vormals mit der Linken assoziiert wurden. Inzwischen hat er es sogar geschafft, vor vielen Österreichern – auch solchen, die politisch nicht mit ihm sympathisieren – als Symbol für die Verteidigung ihrer demokratischen Souveränität insgesamt dazustehen. Dabei hilft ihm die heftige Reaktion der Europäischen Union, die Österreich wegen der ÖVP-FPÖ-Koalition zu isolieren versucht. Das ist Wasser auf die Propagandamühlen der europaweiten nationalkonservativen und nationalrevolutionären Rechten, die nachweisen will, dass der liberal-demokratische Supranationalismus in Wahrheit eine unterdrückerische, imperialistische Ideologie sei.

Darüber, ob und inwieweit der Österreich-Boykott der EU-Staaten verhältnismäßig und politisch zweckmäßig ist, kann man durchaus streiten. Unzweifelhaft Recht hat die EU aber mit ihrer Einschätzung, dass mit der Regierungsbeteiligung der Haider-Partei eine Tabugrenze überschritten wurde: Erstmals erkennt eine etablierte europäische konservative Partei einen extremistischen Konkurrenten offiziell als politik- und koalitionsfähig an. Damit ist für die «moderne» Rechte ein wichtiges strategisches Etappenziel erreicht: die systematische Verwischung der Grenze zwischen demokratischem Konservatismus und Rechtsradikalismus. Genau darauf aber kommt es Haider in der gegenwärtigen Periode an: die Öffentlichkeit an die staatstragende Präsenz einer Partei zu gewöhnen, die wesentliche philosophisch-ethische Grundlagen der liberalen Verfassungsdemokratie negiert. Er wird sich hüten, diesen Prozess durch kurzfristige radikale Umsturzbestrebungen zu gefährden. Daher läuft auch die Forderung der EU-Kritiker, man solle die ÖVP-FPÖ-Koalition ausschließlich nach ihren Taten beurteilen, ins Leere: An den konkreten Maßnahmen dieser Regierung wird sich der tatsächliche Charakter der Haider-Partei kaum ablesen lassen.

Denkbar ist freilich, dass Haiders Anpassungsmanöver über kurz oder lang zu einer Erosion der radikalen Energien der FPÖ führen wird. Man macht es sich aber entschieden zu leicht, wenn man sie als ein ephemeres «Phänomen» krisenhaften Übergangs auffasst, das wieder verschwinden müsse, wenn die etablierten demokratischen Parteien nur erst wieder Tritt gefasst haben. Der Erfolg der FPÖ dokumentiert nicht zuletzt ein überall in Europa wachsendes Unbehagen gegenüber dem Modernisierungsschub, der durch den beschleunigten europäischen Einigungsprozess ausgelöst wird. Die radikale Rechte profitiert davon, weil sie nationale und soziale Demagogie miteinander in Einklang bringt.

Der Aufstieg der Haider-Partei ist zudem Symptom einer beginnenden, tief greifenden Transformation des Parteiensystems in Europa. Die alten Parteienblöcke, die sich als Dauerverwalter der Wählerinteressen verstanden und immer enger mit dem Staatsapparat verwachsen sind, verlieren an Integrationskraft. Die traditionellen Unterscheidungen in Links, Rechts und Mitte, die auf die weltanschaulichen Formationen des 19. Jahrhunderts zurückgehen, werden immer undeutlicher. Alle politischen Lager stehen über kurz oder lang vor dem Problem, ihre politisch-philosophischen Grundlagen neu zu definieren. Nach der Linken, die mit den Ereignissen von 1989/1990 ihre ideellen Grundbestände infrage gestellt sah, hat es jetzt auch die demokratische Rechte erwischt: Den europäischen Konservativen droht – die Krise der CDU ist das jüngste Signal dafür – der Sturz in eine tiefe politisch-philosophische Identitätskrise. Da könnte eine regierungstaugliche FPÖ zum Vorbild für eine ideologisch und strategisch erneuerte Rechte in ganz Europa werden.

Offen bleibt freilich die Frage, inwieweit Haiders Erfolgsgeschichte an die spezifischen österreichischen Bedingungen gebunden ist. Die ausländerphobische und auslandsfeindliche Trotzhaltung der FPÖ spricht in besonderer Weise die Ängste einer kleinen Nation an, die sich von einem zentralistischen Europa in ihrem Eigensinn bedroht glaubt. In größeren Nationen wie Deutschland, aber auch Frankreich, die den europäischen Einigungsprozess dominieren und aus ihm die offensichtlichsten Vorteile ziehen, hat es die radikale Rechte wesentlich schwerer, ihre Vorstellung von einem Flickenteppich autochthoner, vermeintlich eth-nisch reiner Gemeinschaften als alternatives, besseres Europa-Konzept zu verkaufen. Ein «deutscher Haider» ist daher einstweilen nicht in Sicht.

Bruchlinien im gesamteuropäischen Selbstverständnis

Gleichwohl: Haiders Durchmarsch ist ein Problem von europäischer Dimension – nicht zuletzt für die europäischen konservativen Parteien. Die Europäische Volkspartei, der Zusammenschluss konservativer Gruppierungen in Europa, leitete nach dem Vollzug der schwarz-blauen Koalition ein Ausschlussverfahren gegen die ÖVP ein. Die Gremien der EVP wollten prüfen, ob die Verbindung ihrer österreichischen Mitgliedspartei mit Haiders FPÖ gegen die gemeinsamen Grundsätze der konservativen Demokraten in Europa verstößt. Mit Sanktionen gegen die ÖVP war allerdings von vorneherein nicht zu rechnen – schon deshalb, weil die CDU/CSU dagegen Einspruch erhob.

Mit Vehemenz nehmen die deutschen Konservativen die ÖVP-FPÖ-Koalition vor europäischer Kritik in Schutz. Führende CSU-Politiker wie Edmund Stoiber und Michael Glos üben gar lautstarke Solidarität mit dem «kleinen Österreich», dessen Souveränitätsrechte von einem autoritären EU-Zentralismus missachtet würden. Vergessen ist auch nicht, dass Stoiber seiner Schwesterpartei nach den österreichischen Wahlen im vergangenen Herbst ausdrücklich – und unter Missachtung des von ihm heute so eindringlich beschworenen Einmischungsverbots in die inneren Angelegenheiten eines befreundeten Staates – eine Koalition mit der FPÖ empfohlen hat. Noch schwerer wiegt, dass die CSU ihre polternde EU-Kritik mit Attacken auf die vermeintliche Arroganz und Heuchelei der Franzosen würzt – und das, ohne auf entschiedenen Widerspruch aus den Reihen der angeschlagenen Christdemokratie zu stoßen. Solche Töne nähren den Verdacht, ausgerechnet die Unionsparteien – die Erben der Europapolitik Helmut Kohls – stellten ihre besondere Verbundenheit mit Österreich als einem Teil des «deutschen Kulturraums» über die Loyalität zur deutsch-französischen Achse. Ideologische Gespenster aus der Vergangenheit drohen wiederzukehren: Geht «deutsche Kultur» erneut gegen «französische Zivilisation» in Stellung?

Dass die Deutschen dazu berufen seien, die «kulturelle Identität» der Nationen vor dem angeblich gleichmacherischen französischen Universalismus zu schützen, war seit der Romantik ein Kernmotiv deutscher nationalistischer Ideologie. Und des Konservatismus, der im französischen Menschenrechts-Pathos eine imperialistische Lüge witterte. Sollte die deutsche Rechte diese Tradition wieder aufgreifen, würde sie an den Grundfesten des europäischen Einigungsgedankens rühren, der ja auf der Harmonisierung deutscher und französischer Interessen beruht.

So offenbart der Konflikt um die Einschätzung Haiders untergründige Bruchlinien im gesamteuropäischen Selbstverständnis. Französische Intellektuelle registrieren mit Unverständnis und Argwohn, wie vergleichsweise lethargisch die deutsche Öffentlichkeit auf die Herausforderung durch Haider reagiert. Für den Philosophen André Glucksmann markiert der Regierungseintritt der FPÖ den Bruch eines «ungeschriebenen Gesetzes Europas»: dass sich demokratische Politik auf die Erinnerung an die totalitären Katastrophen des 20. Jahrhunderts gründen muss. «Haider ist nicht Hitler», meint Glucksmann, er «will keinen zweiten Führer abgeben; es genügt ihm, so zu tun, als habe es den ersten nicht gegeben.»[1]

Haider repräsentiert in dieser Sicht eine neuartige Variante des Geschichtsrevisionismus. Der versucht gar nicht erst, nationalsozialistische Verbrechen zu leugnen; er konzentriert sich darauf, das ständige Insistieren auf die Vergangenheit für überholt, für unmodern zu erklären. Frühere, leichtfertige Äußerungen von der Art, dass KZs «Straflager» gewesen seien, hat sich Haider inzwischen abgewöhnt. Was immer sie gewesen sein mögen: Jetzt gehe es darum, sich der Zukunft zuzuwenden. Seine Anhänger verstehen genau, worauf er damit zielt: auf die Entsorgung der belastenden Vergangenheit durch das, was man ihre offensive, aggressive Nicht-Erwähnung nennen könnte.

Französische Intellektuelle aus der Denkschule der «Nouveaux Philosophes»[2] wie Glucksmann oder Bernard-Henri Lévy betrachten das Haider-Syndrom nicht mehr in der Perspektive eines einäugigen «Antifaschismus», sondern im Kontext antitotalitärer Äquidistanz zu allen Versuchen, die Intensität der Erinnerung an die stalinistischen und faschistischen Massenvernichtungsorgien des 20. Jahrhunderts abzuschwächen. Angesichts der Blutspur des ethnischen Nationalismus in Ost- und Südosteuropa nehmen sie das Vordringen einer vergleichbaren Ideologie im scheinbar zivilisatorisch stabilen Westen Europas als Alarmzeichen sehr ernst – auch wenn sich diese vorläufig noch in «harmlosen» demokratischen Bahnen bewegt. Das europäische Schweigen zu den russischen Massakern in Tschetschenien und der Aufstieg ethno-nationalistischer Kräfte innerhalb Westeuropas – in welcher ideologischen Verkleidung sie auch immer auftreten mögen – sind für sie zwei Aspekte des gleichen Syndroms:

1 André Glucksmann: Europa vergißt sich selbst, in: «Die Welt» vom 23. 2. 2000.
2 Die Gruppe jener einstmals linksradikaler Intellektueller, die seit Mitte der siebziger Jahre die Abrechnung mit dem totalitären Charakter des Marxismus und der sozialistischen Diktauren betrieb.

des Fehlens europäischer politischer Frühwarnsysteme gegenüber totalitären Bedrohungen.

In Deutschland wird diese Dimension des Angriffs auf den vergangenheitspolitischen und universalistischen Konsens der Nachkriegseuropäer weit weniger scharf wahrgenommen als in Frankreich. Die Mehrheit der Deutschen spricht sich in Umfragen gegen die Regierungsbeteiligung der Haider-Partei aus, lehnt aber die Reaktion der EU als überzogen ab. Da will sich auch die rotgrüne Regierung nicht allzu weit aus dem Fenster lehnen. Selbst Joschka Fischer begründet seine Zustimmung zur harten EU-Linie mit dem auffallend defensiven Hinweis, Deutschland dürfe nicht in den Verdacht geraten, sich gegenüber neofaschistischen Tendenzen unentschlossen zu zeigen. Das klingt, als ob seine Zustimmung zur EU-Linie nur äußerem Druck, nicht aber innerer Überzeugung entspringe. Führende liberale Politiker wie der FDP-Generalsekretär Guido Westerwelle grenzen sich zwar mit unzweideutiger Schärfe von Haider ab – doch der liberale Ex-Außenminister Klaus Kinkel distanziert sich mit ebenso großer Deutlichkeit von der «unklugen» Haltung der EU und setzt seine ganze Autorität dafür ein, um Vertrauen für die europapolitische Zuverlässigkeit seines früheren Amtskollegen Wolfgang Schüssel zu werben.

Linke Verunsicherung, konservative Identitätskrise

In der deutschen intellektuellen Öffentlichkeit wird Haider eher als ein isoliertes österreichisches Regionalphänomen aufgefaßt. Darin schwingt eine gewisse Herablassung gegenüber dem vermeintlich hinterwäldlerischen Nachbarland mit – die freilich selbst eine bedenkliche Provinzialisierung des deutschen Denkens erkennen lässt. Denn die Vergangenheit, die in Österreich verhandelt wird, ist ja zugleich Deutschlands Vergangenheit. Österreich war Teil des Großdeutschen Reiches, österreichische Soldaten kämpften in Hitlers Wehrmacht, österreichische SS-Männer quälten und mordeten in den Vernichtungslagern voll integriert mit. Aus französischer Sicht ist es unverständlich, warum ausgerechnet deutsche Intellektuelle wie Günter Grass oder Walter Jens, die sich gegenüber Relativierungsversuchen der NS-Verbrechen früher höchst empfindlich zeigten und die Beschwörung von «Auschwitz» als einem apokalyptischen Geschichtszeichen nicht selten als politisches Argument einsetzten[1], in der Debatte um Haiders Infragestellung ungewöhnliche Zurückhaltung üben. Es offenbart sich hier wohl eine besondere, «progressive» Variante nationaler Selbstbezogenheit.

Viele deutsche Linksintellektuelle sind zudem vom Fall Haider auf dem falschen Fuß erwischt worden. Gerade noch hatten sie den Nato-Luftkrieg gegen Jugoslawien als völkerrechtswidrigen Angriffskrieg und Missachtung der Souveränitätsrechte eines fremden Staates gegeißelt. Darf man sich jetzt in österreichische Angelegenheiten einmischen, weil der Stein des Anstoßes diesmal eine – im Vergleich zum Regime Miloševićs wohlgemerkt unvergleichlich weniger anstößige – «rechte» und keine postkommunistische Regierung ist?

Namentlich die PDS hat gute Gründe, sich nicht allzu lautstark für die Ausgrenzung der FPÖ stark zu machen. Möchte sie selbst doch so bald wie möglich auf Bundesebene regierungsfähig werden. PDS und FPÖ aber ist bei allen gravierenden Unterschieden eines gemeinsam: Sie haben ein ungeklärtes Verhältnis zu der Republik, die sie mitregieren wollen, und zu den Verfassungsgrundsätzen, auf der sie beruht. Und sie sind beide in eine unbewältigte totalitäre Vergangenheit verstrickt, an die sie so wenig wie möglich erinnert werden wollen.

Noch weit mehr als für die Linke ist Haider jedoch eine Her-

1 So, als es darum ging, die deutsche Einheit mit dem Hinweis auf die deutschen Verbrechen unter dem Nationalsozialismus für historisch verspielt zu erklären.

ausforderung für die demokratische Rechte. Wirklich effektiver Widerstand gegen den Zuwachs des rechten Extremismus kann auf Dauer nur aus ihren Reihen kommen – so wie es den demokratischen Sozialisten Europas oblag, die kommunistischen Parteien und die extreme Linke zu zermürben und zu marginalisieren. Die konservative Mitte steht jetzt in besonderer Verantwortung, eine klare politische und moralische Trennlinie gegenüber rechten Antidemokraten zu ziehen. Doch ausgerechnet in dieser Situation droht den Parteien der demokratischen Rechten eine tiefe Identitätskrise. Als moderne Volksparteien befürworten sie den Fortschritt der «Globalisierung» und die dazu notwendigen supranationalen Strukturen. Dabei können sie jedoch immer weniger deutlich machen, worin ihr besonderer, Worte bewahrender Charakter besteht. Zwischen ihrer universalistischen Fortschrittsorientierung und ihrer Rhetorik von einem heimeligen «Europa der Vaterländer» drohen die – nach dem Zerfall der italienischen Democrazia Cristiana übrig gebliebenen – konservativen Einheitsparteien Europas zermahlen zu werden.

Das gilt neuerdings auch für die bisher so vorbildlich stabile deutsche Christdemokratie. Bei ihrem Versuch, sich nach der verheerenden Finanzaffäre so schnell wie möglich wieder politisch in Szene zu setzen, lässt die neue, verjüngte Führungsgruppe der CDU unter der Hand ordnungspolitische Grundsätze fallen, an denen die Unionsparteien jahrzehntelang mit größter Zähigkeit festgehalten haben. Ihr neuer Bundestags-Fraktionsvorsitzender Friedrich Merz fordert jetzt ein Einwanderungsgesetz – so als habe es die stereotyp wiederholte Floskel, Deutschland sei «kein Einwanderungsland», mit der die Union noch vor Jahresfrist ihren Widerstand gegen die Liberalisieung des Staatsbürgerschaftsgesetzes begründete, nie gegeben. Freilich verbindet er seine Konzession in der Einwanderungsfrage mit der Forderung, das bisherige Asylrecht abzuschaffen. Und der nordrhein-westfälische CDU-Landesvorsitzende Jürgen Rüttgers schlägt die Aufnahme plebiszitärer Elemente in die Verfassung vor und reißt damit en passant ein lange gehegtes staatstheoretisches Dogma der Uni-onsparteien nieder.

Alles deutet darauf hin, dass die junge Garde der neuen CDU ihr Heil in einer Öffnung zur liberalen Mitte und zu jener modernen Elite hin suchen wird, die Parteien und Staat nicht mehr als Hüter eines unantastbaren Ordnungsprinzips, sondern als zu effektivierende Dienstleistungsunternehmen betrachten. Da aber diese Öffnung nicht auf nachvollziehbaren innerparteilichen Klärungsprozessen beruht, verfestigt sich der Eindruck, CDU-Positionen seien zukünftig dem Belieben anheim gestellt. So gibt es keinerlei Gewähr dafür, dass Teile der Partei, sobald es opportun erscheint, nicht auf die rechtspopulistische Karte setzen werden.

Für Jürgen Rüttgers ist dieser Fall schon eingetreten. Mithilfe einer demagogischen Kampagne, die er – unter der dämlichen Parole «Kinder statt Inder» – gegen die Ausgabe von «Green Cards» an ausländische Computerspezialisten und für «Mehr Ausbildung statt mehr Einwanderung» führt, hofft er, die schon fast verloren gegebene bevorstehende Landtagswahl in Nordrhein-Westfalen doch noch für sich zu entscheiden. Rüttgers, unter allen orientierungslos gewordenen CDU-Führungspersönlichkeiten der ideologisch Biegsamste, setzt zweifellos aus Prinzipienlosigkeit, nicht aus Rassismus auf die Aufstachelung xenophober Instinkte. Aber sein Beispiel zeigt, wie groß die Gefahr einer «Haiderisierung» der demokratischen Rechten schon geworden ist.

Mittlerweile werden in deutschen Intelligenzblättern die Stimmen lauter, die sich über die Sanktionen der EU weitaus mehr empören als über Haiders Triumphe selbst. Solche Polemik fügt sich in das Muster neokonservativer und nationalliberaler Grundsatzkritik an der gegenwärtigen amerikanischen und westeuropäischen Menschenrechtspolitik ein.[1] Die «Ausgrenzung» der öster-

1 Aus der Sicht konservativer und nationalliberaler Kritiker wie Rudolf Augstein und «FAZ»-Redakteur Konrad Adam ist Joschka Fischers Unterstützung für den Nato-Luftkrieg gegen Jugoslawien und seine Bejahung einer weltweiten Beteiligung der Bundesrepublik an friedenserzwingenden Uno-Missionen Aus-

reichischen Regierung sei ein erneuter Beweis dafür, dass die Verpflichtung westlicher Demokratien auf die Verteidigung von Menschenrechten zu einer verhängnisvollen «Übermoralisierung» ihrer Außenpolitik führe. Diese Denkschule stellt einen direkten Zusammenhang zwischen der ihrer Meinung nach völkerrechtswidrigen Handlungsweise der Nato im Kosovo-Konflikt und der Reaktion der EU auf die Bildung der ÖVP-FPÖ-Regierung her, die sie als Ausdruck einer «Kreuzzugsmentalität» und einer Selbstermächtigung zu «Gesetzesbrüchen» gegenüber «missliebigen Politikern» brandmarken.[1]

Hinter dem aktuellen «Gerede von der europäischen ‹Wertegemeinschaft›», meint ein Kommentator im kulturkonservativen Monatsblättchen «Mut», stecke «die Ambition der europäischen Linken (...), der europäischen Menschenrechtskonvention einen rot-grünen Grundwertekatalog zur Seite zu stellen».[2] Die These, die Linie der EU sei Ausdruck einer «linken» Strategie, gar eines liberal getarnten «totalitären» Bewusstseins[3], übersieht freilich, dass gerade europäische konservative Parteien und Regierungen – allen voran die belgische Christliche Volkspartei und die französischen Gaullisten – zu den entschiedensten Befürwortern der Isolierung der österreichischen Regierung gehören. Mit Vehemenz warnt auch der konservativ-liberale – rot-grüner Sympathien eher unverdächtige – «Merkur»-Herausgeber Karl Heinz

druck eines «linken» universalistischen Utopismus, dessen idealistischer Absolutheitsanspruch eine Gefahr für Völkerrecht und Weltfrieden darstelle. Adam sieht sogar eine «Fischer-Doktrin» im Vormarsch – eine Formel, die an den Begriff «Breschnew-Doktrin» erinnern soll, der einst der Sowjetunion zur Selbstermächtigung diente, in ihrem Einflussbereich nach Belieben zu intervenieren. Adam stellt (in der «FAZ» vom 26.10.99) die Menschenrechtsorientierung der rot-grünen Regierung in den Kontext einer ungebrochenen linken Systemveränderungsstrategie, die jetzt in einer «Hypermoralisierung der Politik» kulminiere.

1 So Cora Stephan in «Die Welt» vom 23.3.2000, S. 11

2 Karl-Peter Schwarz: In der Wahnwelt der Politik. In: «Mut», Nr. 391, März 2000, S. 12.

3 Vgl. ebd.

Bohrer vor einem neuen deutschen Sonderweg.[1] Für Bohrer ist der Konflikt um Haider primär eine Zerreißprobe für den Wertekonsens, der seit den Tagen Adenauers und de Gaulles zwischen der bürgerlichen Rechten Frankreichs und Deutschlands herrscht. Diese Grundübereinstimmung über das Primat von demokratischen Universalien vor nationalen oder regionalen kulturellen Besonderheiten ist in Bohrers Sicht das eigentliche Fundament der europäischen Einigungsidee – das durch das jüngste Ausscheren der deutschen Konservativen aus der gesamteuropäischen Solidarität bedrohliche Risse bekommen habe.

Auch das: Alarmismus? Jedenfalls steht es den Unionsparteien schlecht an, wie sie sich in der europäischen Öffentlichkeit als Apologeten ihres prinzipienlosen Kollegen Schüssel betätigen. Das verstärkt nach außen den Eindruck, den die krisengeschüttelte CDU derzeit innenpolitisch macht: Ideen und Grundsätze scheinen ihr gleichgültig zu sein, wenn es um machttaktische Durchhaltemanöver geht. CDU und CSU sollten ihren Schmusekurs gegenüber der ÖVP-FPÖ-Koalition aufgeben und auf ihre österreichische Schwesterpartei einwirken, ihr Abenteuer mit Herrn Haider schnellstens zu beenden. Und sie sollten sich selbst endlich inhaltlich präzise gegenüber dem neuen Kulturnationalismus à la Haider abgrenzen.

Gegen das Fernziel der Haider-Bewegung, ein ethnisch homogenes Europa zu schaffen, helfen auf Dauer weder gutgläubige Umarmungsstrategien noch formale Ausgrenzungsbeschlüsse. Gefordert ist eine kämpferische politische Auseinandersetzung, die deutlich macht, dass hinter Haiders verschleierndem Gerede der langfristige Plan für einen Umsturz der freiheitlichen Werteordnung und die Zerstörung der offenen Gesellschaft in Europa steckt.

1 Vgl. Karl Heinz Bohrer: Die französische Herausforderung, in: «Süddeutsche Zeitung» vom 23. 2. 2000, S. 17

Hella Pick

Lueger und Haider oder Die verführerische Kraft des Shoah

Jörg Haider wird gegenwärtig immer wieder – zumindest außerhalb Österreichs – als Neofaschist, als eine Art Wiedergänger Hitlers beschrieben. Das trifft nicht zu. Wenn man denn nach Vergleichen sucht, so macht es mehr Sinn, in das neunzehnte Jahrhundert zurückzugehen: In das Österreich zu Zeiten der Karl Lueger und Georg von Schönerer – und natürlich Theodor Herzls.

Wenn auch seither mehr als hundert Jahre vergangen sind, so erlaubt doch der Vergleich zwischen dem Phänomen Lueger und dem Phänomen Haider einige interessante Parallelen. Sie lassen sich auf die Personen ebenso beziehen wie auf die Zeitumstände, die einen Lueger hochkommen ließen und jene, die den aktuellen Erfolg Jörg Haiders begünstigen.

I.

Wien vor hundert Jahren: Die Massen jubelten euphorisch, viele hatten ihre Häuser beflaggt und ihre Fenster erleuchtet, Hoch-Rufe erklangen vor dem Rathaus, als Karl Lueger 1897 zum Bürgermeister von Wien gewählt wurde, der so genannte «Bürgermeister der kleinen Leute». Lueger, Gründer und Führer der Christlich-Sozialen Partei, war einen langen Weg gegangen, bis er das von ihm beharrlich angestrebte Amt endlich erreicht hatte.

Der «schöne Karl», wie man ihn auch nannte, sollte es 13 Jahre lang ausüben.

Lueger unternahm mehrere Anläufe auf das Amt. Sein erster Wahlsieg war ihm zu knapp, er nahm das Amt nicht an. Drei weitere Male scheiterte er trotz Wahlsieg an einer Intervention von Kaiser Franz Joseph, der starke Vorbehalte gegen ihn hatte. Er bediente sich zunächst eines Strohmannes, um seine Politik im Rathaus zu vertreten. Auch hier könnte man eine gewisse Parallele behaupten zwischen des Kaisers Position zu Lueger und der heutigen Reserve von Bundespräsident Klestil gegenüber Jörg Haider und der Mitwirkung seiner FPÖ in der Koalitionsregierung.

Es gibt weitere erstaunliche Parallelen zwischen diesem Wiener Bürgermeister der Jahrhundertwende, den man heute wohl einen Populisten nennen würde, und Jörg Haider. Beide machten schon früh durch ihre rhetorische Kraft von sich reden. Haider etwa gewann schon als Student Redewettbewerbe; Lueger war ein außerordentlicher Redner, der die Menschen für sich einnehmen konnte und für seinen Sprachwitz bekannt war. Es gelang ihm zunächst sogar, die jüdische Bevölkerung für sich einzunehmen, in deren Bezirken er anfangs kandidierte. Von seinen stark antisemitischen Zügen ließ er da noch wenig hören, sein politisch-strategisches Geschick täuschte eine ganze Zeit lang darüber hinweg. Strategisch agiert auch Jörg Haider; ungeachtet seiner rechtslastigen Aussprüche scheint er sehr darauf zu achten, den Rahmen nicht zu sprengen.

Ein Zeitgenosse Luegers, von dem hier auch die Rede sein soll, war weniger pragmatisch. Georg von Schönerer, ein überzeugter Deutschnationaler, übte in jenen Jahren einen großen Einfluss aus und wurde Hitlers politisches Leitbild. Anders als Lueger hatte er weniger Zugang zum Volk. Er verbreitete einen aggressiven Antisemitismus, von dem der junge Hitler tief beeindruckt war.

Das Wien vor hundert Jahren war antisemitisch. Es war die Zeit, in der Theodor Herzl die Idee des Staates Israel gebar. Es war – wie gegenwärtig – eine Periode, gekennzeichnet von einer großen Unsicherheit durch wirtschaftliche und soziale Veränderungsprozesse. Das sind Zeiten, in denen nach Sündenböcken gesucht wird. Wie es Lueger damals verstanden hat, mit Charisma und Volkstümlichkeit die Situation zu seinen Gunsten auszunutzen, so hat Haider mit ähnlichen Mitteln den Zugang zu den Menschen gefunden.

Zu Luegers – und natürlich Herzls – Zeiten waren es die Juden, vor allem die Ostjuden und die russischen Juden, die als Zielscheibe gedient haben. Viele von ihnen waren seit den siebziger Jahren, seit die Wirtschaftskrise zu einer Landflucht führte, die Wiens Einwohnerzahl um mehr als ein Drittel anwachsen ließ, in die Stadt gekommen. Heute ist der Antisemitismus eigentlich nur als Subtext berührt – ich weiß, dass es da Meinungsunterschiede gibt –, denn die Anhänger Haiders beziehen sich vor allem auf die Fremden, die Ansiedler vom Osten, die für alle Unsicherheiten und Übel verantwortlich seien, die die wahren (!) Österreicher bedrücken. Aber der Hintergedanke ist derselbe.

Natürlich kann man Vergleiche auch zu weit treiben. Mir geht es auch gar nicht darum, nur um des Vergleichs willen zu vergleichen; ich will damit im Folgenden auch die Differenz herausstellen, die das heutige Österreich, mit Wien als maßgebendem Epizentrum, von Herzls Habsburger Umgebung trennt. Es soll am Ende deutlich werden, wie weit ein Jörg Haider das Bild des demokratischen Nachkriegs-Österreich, das die Welt seit 1945 gewonnen hat, verzerrt hat – sodass Österreich jetzt wieder auf die Probe gestellt wird.

II.

Zunächst aber zurück in das Österreich des 19. Jahrhunderts. Vor allem die zweite Hälfte des Jahrhunderts war die Ära der Industriellen Revolution. Es fand eine wirtschaftliche Transformation statt, die das europäische Wesen erschütterte. Auch wenn Österreich nicht in demselben Ausmaß betroffen war wie zum Beispiel Großbritannien, so kam es doch zu weitgehenden Veränderungen im Habsburger Imperium. Auch hier veränderten die neuen Fabriken die Produktionsbedingungen, der entstehende Eisenbahnverkehr die Mobilität und Kommunikation, die überdies durch die Telegraphie weiter gefördert wurde. Das intellektuelle Leben nahm einen bedeutenden Aufschwung. Der Reichtum wuchs. In Wien erlangte die relativ kleine Schicht von assimilierten Juden besseren Zugang zu den Universitäten, zum Militär und zu höheren Positionen im öffentlichen Dienst.

Gleichzeitig wuchs als bedeutendes Gegengewicht zu den überkommenen Klassen ein – oft arbeitsloses – Proletariat heran und verwurzelte sich. Das allein wäre genug gewesen, um die soziale Struktur radikal umzuwälzen. Hinzu kamen aber noch zwei weitere Entwicklungen: Erstens die Einwanderung armer Ostjuden nach Wien, die dort günstigere Bedingungen erhofften als in ihrer Heimat. Ihre Präsenz in Wien steigerte den ohnehin vorhandenen Antisemitismus weiter und wurde zum Anlass einer übersteigerten Idee des Großdeutschtums genommen, eines «wahren Deutschtums», von dem jeder Fremde – inbegriffen jeder Jude, ob assimiliert oder Neuankömmling – ausgeschlossen sein musste.

Zweitens aber fasste in dieser Zeit die Idee der Demokratie stärker Wurzeln. Das Stimmrecht wurde erweitert, neue politische Bewegungen entstanden, das politische Leben spielte insgesamt eine viel wichtigere Rolle als in den früheren Habsburger Zeiten. Der Deutschnationale Georg von Schönerer, der antiliberale Karl Lueger, der Sozialdemokrat Viktor Adler und Theodor Herzl waren Produkte dieser Zeit.

Im heutigen Österreich gibt es sicher keine Persönlichkeit von Rang, die mit Georg von Schönerer vergleichbar wäre, der für sich und seine Anhänger – Hitler inklusive – das «Deutschtum» und den Antisemitismus zur Glaubenssache machte. Es soll nicht vergessen werden, dass auch Herzl und Adler zunächst dem pangermanischen Konzept anhingen. Von Schönerers Radikalisierung, seine Entscheidung, dass nicht nur die Ostjuden, sondern auch die deutschsprachigen Juden von seiner Bewegung fern gehalten werden mussten, beförderten ihren Meinungswechsel. «Es gibt keine Ausnahmejuden. Wenn wir die Juden nicht vertreiben, so werden wir Deutsche vertrieben», hatte von Schönerer behauptet.

Auch Jörg Haider hat sich in früheren Zeiten einmal für die Idee eines Großdeutschland eingesetzt. Heute allerdings gibt er sich als überzeugter Österreicher, dessen Ziel es sei, die österreichische Identität zu verteidigen und zu stärken. Haider schlägt jedenfalls viel eher nach Karl Lueger als nach Georg von Schönerer – Karl Lueger, der sicher Antisemit war, indessen auch Pragmatiker und deshalb jenen Satz sagen konnte, an den man sich bis heute erinnert: «Wer Jude ist, bestimme ich.» Lueger, anfangs ein Anhänger von Schönerers, bald aber sein politischer Feind, hatte einen viel schärferen politischen Sinn als dieser. Er war ein Populist, der instinktiv verstand, wie man die Unzufriedenheit und Unsicherheit der Wiener Bürger ansprechen musste, um ihre Stimmen zu gewinnen.

Lueger und seine Christlich-Soziale Partei boten dem Wiener Kleinbürgertum eine Identifikationsmöglichkeit, das sich einerseits vom Kapitalismus – personifiziert von reichen Juden – bedroht fühlte, andererseits ebenso existentiell verunsichert wurde durch Viktor Adlers – natürlich wieder ein Jude – ‹revolutionäre› Sozialdemokraten. Zu diesen Feindbildern kamen auch noch die «Fremden» hinzu, die armen jüdischen Einwanderer, ebenso der größte Teil der Presse, weil er in jüdischem Besitz war.

Lueger appellierte stets mehr an die Gefühle denn an den Intellekt und das logische Denken der Menschen. Sein Antisemitismus war dabei immer präsent. Er hatte immer schon Einwanderungsbeschränkungen gewollt, wendete sich aber auch gegen assimilierte Juden. Sicher ist, dass auch Luegers Auftreten einigen Anteil daran hatte, dass Theodor Herzl schließlich als einzigen Ausweg gegenüber der Judenverfolgung 1896 den Judenstaat postulierte. Gleichwohl war er ein deutlich nuancierterer Politiker als von Schönerer.

Um es kurz zu sagen: Luegers Erfolg verdankt sich der Opposition. Es war die Opposition zum Kapitalismus und zum Marxismus, zum Liberalismus und zum Judentum. Dazu verstand er, wie man mit den Wienern umgehen muss.

Dieser Befund eröffnet auch im Detail eine ganze Reihe von Vergleichsmöglichkeiten mit Jörg Haider. Zum Beispiel die Volkstümelei. Wie Lueger stets betonte, ein «echter Wiener» zu sein, so verweist Haider immer wieder darauf, ein «echter Kärntner» zu sein. Während Lueger die Angst des Kleinbürgertums vor den Folgen der industriellen Revolution zu nutzen und zu schüren verstand, so versucht Haider bei den Kleinbürgern von heute dasselbe in Bezug auf mögliche negative Wirkungen der Europäischen Union, die Globalisierung und die Aktivitäten multinationaler Unternehmen in Österreich. Haider erweckt immer wieder Bedenken gegen die so genannte Übermacht der Europäischen Union; und er warnt, die Erweiterung der EU um Nachbarländer Österreichs könne nur dazu führen, dass die Migration zunimmt und Österreicher dadurch ihre Arbeitsplätze verlieren. Es kommt einem bekannt vor. Auch Lueger zu seiner Zeit malte das Gespenst einer Überflutung aus den Grenzgebieten der Monarchie, vor allem aber aus Ungarn an die Wand.

Selbst charakterlich zeigen sich Ähnlichkeiten zwischen dem «schönen Karl» und dem «feschen Jörg», ihrer Eitelkeit und ihrem Drang, im Mittelpunkt zu stehen. Lueger hat immer wieder provozierende Aussprüche von sich gegeben, sie später dann nur abgemildert, indem er sich differenziert zum selben Thema äußerte. Einer seiner Gegner hat einmal über Lueger gesagt, er sei ein Mensch, der nur von einem einzigen Gedanken erfüllt werde: dem Willen zur Macht, und zwar seiner eigenen Macht. Staat, Volk, Partei hätten für ihn nur einen einzigen Brennpunkt, nämlich sein eigenes Ich.

III.

Angesichts solcher Bemerkungen ist man schnell bereit, den Namen Lueger durch Haider zu ersetzen. Es ist aber an der Zeit zu fragen, ob die Vergleiche mit demselben Recht noch weiter getrieben werden können: ob also behauptet werden kann, dass – ebenso wie Lueger und natürlich von Schönerer als Wegbereiter des Nationalsozialismus in die Geschichte eingegangen sind – Haider heute als Vorreiter eines Neofaschismus angesehen – und gefürchtet – werden muss.

Ich hatte schon zu Beginn davor gewarnt, die Parallele zu weit zu treiben. Sehr viel weiter als bisher geschildert trägt sie wohl nicht. Sechs unterschiedliche Faktoren sind dafür meiner Meinung nach von besonderer Bedeutung.

Erstens ist die Welt heute um ein Vielfaches offener und öffentlicher als im 19. Jahrhundert; die ganze Welt kann – soweit sie daran interessiert ist – vernehmen und beobachten, was in Österreich geschieht (und zwar in einer Weise, die im 19. Jahrhundert gar nicht denkbar war). Zweitens orientiert sich die öffentliche Meinung und auch die Politik in der EU mehr und mehr an menschenrechtlichen Normen, die im 19. Jahrhundert noch stark umstritten waren und im damaligen Europa nur wenig Einfluss auf politische Formen und Beziehungen ausübten. Drittens ist Österreich heute ein wohlhabendes Land, in dem mit einer relativ sehr viel kleineren Unterklasse zu rechnen ist als zu Luegers Zeiten. Viertens sind die Einwanderer heute nur im seltensten Fall Juden und insgesamt wesentlich besser integriert, als Haiders Polemik behauptet. Fünftens sprechen wir über ein Österreich nicht vor, sondern nach dem Holocaust, in dessen großem Schatten es steht. Sechstens schließlich ist das heutige Österreich in seiner Identität genügend gefestigt, um einer Flucht in das Großdeutschtum keine bedeutende Anziehungskraft mehr zu verleihen.

Zusammen genommen machen diese Faktoren deutlich, dass Haiders Spielraum heute viel kleiner ist als der eines Karl Lueger, und dass sich die Situation, die Hitler erst den Weg bereitet hat, grundlegend gewandelt hat. Die antisemitische Karte, die so bedeutend war zu Luegers und Schönerers Zeiten, kann aus offen zutage liegenden Gründen heute nicht mehr gespielt werden (entsprechend hütet sich Haider vor antisemitischen Aussprüchen). Auch wenn man befürchtete, dass Haider eine Neigung zum Faschismus hat, wäre zu bedenken, ob es überhaupt möglich ist, in einem Land auf Faschismus hinzuwirken, in dem die Demokratie inzwischen verwurzelt ist – und das im Großen und Ganzen doch Mitglied der EU bleiben will. Der Vertrauensverlust, den die EU gegenüber der neuen österreichischen Koalitionsregierung empfindet, vor allem die Unterbrechung der bilateralen Beziehungen zwischen den EU-Staaten und Österreich – man halte diese Maßnahme für berechtigt oder nicht –, machen deutlich, dass die Staaten der EU bereit sind einzugreifen, um Menschenrechte zu schützen und zu verteidigen.

Es darf zudem nicht übersehen werden, dass die Zweite Republik nicht vergleichbar ist mit der Habsburger Monarchie, ihrer Macht, ihrer Größe, ihrem internationalen Einfluss. Freilich war es das klein gewordene Österreich, welches den Anschluss an das großdeutsche Hitler-Reich bejubelt hat, das für seine Mitwirkung am Holocaust verantwortlich ist – und verantwortlich gemacht wird.

Haiders Spielraum wird also durch eine Reihe von Tabus begrenzt. Indessen hat ihn das selten gehindert, diese Tabus immer wieder anzutasten – und die Öffentlichkeit damit bewusst herauszufordern. Das hat zur Verschlechterung des Österreich-Bildes in der Welt entscheidend beigetragen. In Österreich selbst weiß man, dass der Aufstieg Haiders viele Gründe hat, die mehr mit dem Versagen der beiden großen Parteien zu tun haben als mit einer ausgeprägten Neigung der Österreicher zum Faschismus oder zu einem dezidierten fremdenfeindlichen Nationalismus. Freilich sollte man sich in Österreich auch darüber bewusst sein, dass dem Ausland weitgehend weder das Jahrzehnte währende Proporzsystem der schwarz-roten Dauerkoalition, noch die Sklerose, zu der es geführt hat, ein Begriff sind. Auch sind sich die kritischen Beobachter des Auslandes nur selten der Geschichte der FPÖ bewusst.

Wer weiß, ob dieser Partei, die ursprünglich eine Sammlungsbewegung von Altnazis gewesen ist, eine derart prosperierende Zukunft beschieden gewesen wäre, wenn die FPÖ nicht zwischenzeitlich von der Sozialistischen Partei aus rein taktischen Gründen finanziell, aber auch durch eine günstige Wahlrechtsänderung derart gefördert worden wäre, wie dies geschah. Hier hat Bruno Kreisky eine wichtige Rolle gespielt. Er war es, der sich 1971 bereit zeigte, Friedrich Peter, den damaligen Parteiführer der Freiheitlichen, zur Teilnahme an einer Koalitionsregierung einzuladen – obwohl er wusste, dass Peter in der Waffen-SS gedient hatte. Die Koalition kam nicht zustande, nachdem Kreisky bei der Wahl 1971 die absolute Mehrheit errang. Nach Kreiskys Rücktritt kam die FPÖ – nicht mit Peter, sondern Norbert Steger – doch noch zu einer Regierungsbeteiligung. Sie fand unter dem sozialdemokratischen Kanzler Fred Sinowatz statt und dauerte drei Jahre.

Für Sinowatz' Nachfolger Franz Vranitzky immerhin war von Anfang an klar, dass er keine Koalition mit der FPÖ eingehen würde. Als Jörg Haider 1986 die Führung der Freiheitlichen übernahm, hat er indessen eine Partei in die Hand bekommen, die dank der früheren Unterstützung durch die Sozialistische Partei in einer besseren Form und Position war, als man es zuzeiten ihrer Gründung in den vierziger Jahren jemals hätte erwarten können.

Im Ausland weiß man auch darüber wenig. Dort wird die FPÖ vor allem mit Schlagwörtern charakterisiert: Ursprünglich war sie eine Nazi-Partei – und so ist sie geblieben; gestern der Parteichef von der Waffen-SS – heute Jörg Haider. Wird Österreich je lernen, mit seiner Nazi-Geschichte zurechtzukommen? Wird es – eine Frage, die meiner Meinung nach nur zum Teil berechtigt ist –

je eine offene und ehrliche Auseinandersetzung mit dieser Geschichte führen? Der Aufstieg Haiders erweckt den Eindruck, dass Österreich sich stattdessen wieder vor sich selbst verstecken will, dass es sich auf der Weltbühne eher in der Opferrolle gerieren will, als die Täterrolle zu reflektieren.

Georg von Schönerer und Karl Lueger haben aus den Ängsten ihrer Zeit ein Denken geformt, das am Ende Adolf Hitler hervorgebracht hat. Welcher Entwicklung wird, so kann man fragen, Jörg Haider den Weg bereiten, was werden die heutigen Zeitumstände in dieser Hinsicht ermöglichen? Ich selbst bin davon überzeugt, dass die Gefahr eines neuen Faschismus in Österreich minimal ist. Es ist aber auch klar, dass ein Jörg Haider dennoch eine Gefahr für die künftige Entwicklung Österreichs bedeutet: eine Gefahr auf dem weiteren Weg zu einem weltoffenen, demokratischen Land, das es versteht, sich an eine Welt anzupassen, die unter dem Druck weitgehender wirtschaftlicher und sozialer Veränderungen steht.

Georges-Arthur Goldschmidt

Politische Verantwortung für die Zukunft

Haiders Populismus und die Leugner der Shoah[1]

Was unseren sportlich-geschmeidigen Freund Haider und die Negationisten zusammenbringt und vereinigt, ist ein gleicher, vielleicht unbewusster, gemeinsamer Wunsch nach einer sauberen und heilen Welt, wo es die so genannte «Auschwitz-Lüge» nicht mehr gäbe. Die so deutliche und erschreckende Redensart «was nicht sein darf, kann nicht sein» ist wie für all die Neonazis erfunden worden.

Die Shoah hat es nie gegeben, lasst uns doch in Ruhe mit solchem Kram, wie man weiß, hat man höchstens Läuse vergast. Dass die Neonazis und Revisionisten aller Art das immer mit Wut und Vehemenz wiederholen, versteht sich von selbst, die «Endlösung» ist nämlich am Ende leider doch gescheitert, der beste Beweis, es wird doch immer noch darüber gesabbelt und unzählige Dokumente belegen ihre historische Existenz. Es gibt sogar noch Zeugen und Überlebende (immer weniger, zum Glück); wäre die Shoah gelungen, hätte man davon gar nichts mehr erfahren. Das war nämlich der ganze Zweck der Operation «Nacht und Nebel», die Untermenschen vom Erdboden verschwinden zu lassen, dass nicht einmal die Erinnerung daran übrig bleibe. Mit anderen Worten: Diesmal muss es aber gründlich gemacht werden, das ist der geheime Wunsch aller derjenigen, die sich irgendwie zum ideologischen Material der Neonazis bekennen, ob sie es wollen oder nicht.

1 Der hier abgedruckte Text ist am 8. 3. 2000 unter der Überschrift «Heil und Sauber» in der «Frankfurter Rundschau» erschienen.

Wie man weiß, wurde Auschwitz so provisorisch wie nur möglich gebaut, um nach Gebrauch, wie ein Wanderzirkus, demontiert werden zu können, dass nicht einmal verblichener Rasen davon erzählen könnte. Es ist kein Zufall auch, dass es kein anderes Ereignis der Geschichte gibt, welches wie die Shoah derart negiert wird, welches man derart zu verneinen sucht, nicht, weil man sich dessen schämt, ganz im Gegenteil, sondern einfach, weil das ständige Daran-Erinnern dessen Neueinrichtung und Verwirklichung einstweilig verhindert. Man will nichts davon wissen, weil man es so gerne als politisches Ziel aufstellen möchte. Wenn davon nicht dauernd geredet würde, könnte man damit viel ruhiger wieder anfangen, deshalb ist es für die Neonazis so wichtig, dass das «Gerede» darüber endlich aufhöre. Daher die historische Wichtigkeit der deutschen Gedächtnisarbeit; was Wolfgang Benz, Ernst Klee, Hermann Langbein und so viele andere oder vor kurzem Johannes Rau geleistet haben, ist umso mehr zu bewundern. Es geht nicht mehr, schon lange nicht mehr um Schuld, sondern einfach um politische Verantwortung für die Zukunft. Die reine und heile Welt, die sich die Neonazis alle wünschen, ist eine judenreine und zusätzliche zigeuner-(oder frei nach Wahl)reine Welt, deren einziger Inhalt die Organisation des Mordens ist.

Von der Geschichte lernt man nichts, aber nur, wenn man von ihr nichts wissen will. So ist es für die Haiderfreunde besonders wichtig – vor allem heute, wo doch die Vernichtungstechniken wahrscheinlich ihre Vollkommenheit erreicht haben –, dass man von der Geschichte so Ungehöriges nicht mehr erfahre. Alles, was man weiß, steht jeder zukünftigen Vernichtung im Wege. Unschuld macht frei, sie ist immer wieder zu gebrauchen. Was Hänschen nicht weiß, macht ihn nicht heiß. Sobald man mit dem Shoahgesabbel aufhören wird, liegt neuer Raum vor, und man kann sich einen Ort für neue Vernichtungsanstalten aussuchen.

Bis in die dreißiger Jahre hinein hatte Europa frei seine alten mörderischen und so bequemen Obsessionen immer weiter entwickeln können. Im Laufe der Zeit ging man immer forsch voran, mit einigen völlig überflüssigen «humanistischen» und «aufklärerischen» Unterbrechungen, bis es dann mit Gobineau, Drumont, Moeller van den Bruck und schließlich Rosenberg perfekt wurde und man mit Euthanasie und Vernichtung endlich seine alten Wunschbilder verwirklichen konnte – Oh «Schöne Zeiten»! Aber da war nun plötzlich die alte Wunschvorstellung für alle Male von der Wirklichkeit überholt worden und die Enttäuschung, dass man es sich nicht mehr so anstandslos herbeiwünschen könnte, fast unerträglich geworden. Es gab also nur einen einzigen Ausweg, um sein Wunschdenken fortspinnen zu können: Behaupten, es hätte die Shoah nie gegeben oder sie als «Detail» herunterspielen – was z. B. angesichts Tschetscheniens oder andernorts nicht so schwierig sein dürfte.

Es ist zu fürchten, wenn es die Erinnerungsarbeit nicht gäbe, dass Europa zu diesem erschreckenden Wesenszug seiner intimsten Vergangenheit zurückfinden könnte; sich endlich einmal wieder eine, aber diesmal gelungene Vernichtung zu leisten, das ist der einzige tiefe Wunsch der neuen Nazis, alles andere bei denen ist sonst nur die schmutzige dumme Gestalt der Diktatur.

Zu den Autorinnen und Autoren

Hannes Androsch, geb. 1938, Dr. der Wirtschaftswissenschaften, war zwischen 1970 und 1981 Finanzminister und Vizekanzler (seit 1976) der Regierung Kreisky und anschließend Generaldirektor der CA Creditanstalt-Bankverein. Er ist nunmehr als Industrieller tätig.

Brigitte Bailer-Galanda, geb. 1952, Dr. phil., Historikerin und Sozialwissenschaftlerin, wissenschaftliche Mitarbeiterin im Dokumentationsarchiv des österreichischen Widerstandes (DÖW), Lehrbeauftragte am Institut für Politikwissenschaft der Universität Wien, stellvertretende Vorsitzende der Historikerkommission der Republik Österreich.

Georges-Arthur Goldschmidt, geb. 1928 in Reinbek; Schriftsteller, Essayist und Übersetzer; als Zehnjähriger mit seinem vier Jahre älteren Bruder nach Frankreich ins Exil gegangen; lebt und arbeitet in Paris; Werke u. a.: *Der Spiegeltag, Ein Garten in Deutschland, Die Absonderung, Der unterbrochene Wald;* übersetzte u. a. 18 Werke von Peter Handke ins Französische, Handke wiederum übersetzte Werke von Goldschmidt ins Deutsche.

Richard Herzinger, geb. 1955, Literaturwissenschaftler und Publizist in Berlin, Mitarbeiter der «Zeit» und des «Tagesspiegel», Buchveröffentlichungen u. a.: *Endzeitpropheten oder Die Offensive der Antiwestler* (mit Hannes Stein), *Die Tyrannei des Gemeinsinns.*

Elfriede Jelinek, geb. 1946, Prosa-, Lyrik- und Bühnenautorin, lebt in Wien. Werke u. a.: *Lust*; *Stecken, Stab und Stangl*; *Ein Sportstück*; *er nicht als er*; *Macht nichts – Eine kleine Trilogie des Todes; Begierde und Fahrerlaubnis*. Elfriede Jelinek ist Trägerin des Büchner-Preises.

Hans-Peter Martin, geb. 1957, Dr. jur., ist Journalist und Buchautor von *Die Globalisierungsfalle* (mit Harald Schumann) und *Nachtschicht*. Er war Redakteur des Nachrichtenmagazins «Der Spiegel», Korrespondent in Südamerika, Wien und Prag. Seit Juli 1999 ist er parteifreier Abgeordneter im Europaparlament in der sozialdemokratischen Fraktion.

Wolfgang Neugebauer, Dr. phil., geb. 1944, Honorarprofessor für Zeitgeschichte an der Universität Wien, wissenschaftlicher Leiter des Dokumentationsarchivs des österreichischen Widerstandes.

Hermann Nitsch, geb. 1938, Maler, Dramatiker und Komponist, vor allem als Concept-Art-Künstler bekannt, zahlreiche Ausstellungen. Seit 1989 Professor an der Hochschule für Bildende Künste in Frankfurt; 1989 Realisierung seines Hauptwerkes, des musikalischen 6-Tage-Spiels.

Anton Pelinka, geb. 1941, Prof. Dr., ist studierter Jurist und Politikwissenschaftler. Anton Pelinka lehrt an der Universität Innsbruck Politikwissenschaft; zahlreiche Veröffentlichungen u. a. zu Parteien und Demokratietheorie.

Peter Pelinka, geb. 1951, Dr. phil., studierter Historiker und Politikwissenschaftler, Chefredakteur des Nachrichtenmagazins NEWS und Moderator der ORF-Sendung «Zur Sache». Peter Pelinka ist Herausgeber mehrerer zeitgeschichtlicher und politikwissenschaftlicher Bücher über Österreich.

Hella Pick, Journalistin und Spezialistin für internationale Politik, seit 1961 bei «The Guardian», ist Österreicherin, emigrierte aber vor dem Zweiten Weltkrieg als Kind nach Großbritannien. Sie hat u. a. die Biographie *Simon Wiesenthal* veröffentlicht und ist dem deutschen Publikum auch durch ihre Teilnahmen am «Presseclub» bekannt.

Fritz Plasser, geb. 1948, Prof. Dr. Der studierte Publizist und Kommunikationswissenschaftler ist seit 1993 Professor an der Universität Innsbruck. Von Fritz Plasser sind zahlreiche Veröffentlichungen zum österreichischen Parteiensystem erschienen. In diesem Jahr erscheint zusammen mit Peter A. Ulram *Das österreichische Wahlverhalten*.

Hans Rauscher, geb. 1944, ist ständiger politischer Kolumnist bei der Tageszeitung «Der Standard» und beim Nachrichtenmagazin «Format». Davor war er viele Jahre bei der Tageszeitung «Kurier», zuletzt als Mitglied der Chefredaktion, und beim Nachrichtenmagazin «Profil». 1990 erhielt er den Renner-Preis für Publizistik. Hans Rauscher hat zwei Biographien sowie den Band *1945 – Wiedergeburt der Republik* veröffentlicht.

Joachim Riedl, geb. 1953, Chefredakteur der Wochenzeitschrift «Format»; Journalist, Buch- und Filmautor; zuvor bei «Profil», «Die Zeit», «Der Spiegel» und «Süddeutsche Zeitung»; schrieb u. a.: *Das Geniale, das Gemeine – Versuch über Wien*; *Thomas Klestil – Macht braucht Kontrolle*; *Israel*.

Hans-Henning Scharsach, geb. 1943, ist politischer Journalist und Autor zahlreicher Sachbücher, darunter die Bestseller *Haiders Clan* und *Haiders Kampf*, für den er 1993 den Bruno-Kreisky-Preis des politischen Sachbuchs erhielt.

Heribert Schiedel, geb. 1967, wissenschaftlicher Mitarbeiter am Dokumentationsarchiv des österreichischen Widerstandes.

Werner Schneyder, geb. 1937, Ex-Kabarettist, lebt als Autor und Regisseur in Wien und Kärnten. Er schrieb zuletzt u. a.: *Zeitspiel, Meiningen oder Die Liebe und das Theater* sowie *Ein brauchbarer Autor.*

Heinz Sichrovsky, geb. 1954 in Wien, Journalist und Autor von Sachbüchern, 1975 bis 1984 in der Kulturredaktion der «AZ», 1984 bis 1992 Kulturchef und stellvertretender Chefredakteur der Zeitschrift «Basta», seit 1992 Kulturchef und mittlerweile Chefredakteur von NEWS.

Peter A. Ulram, geb. 1951, Dr. phil., Dozent für Politikwissenschaft an der Universität Wien, Bereichsleiter bei Fessel-GfK, gemeinsam mit Fritz Plasser Herausgeber des Buches *Das österreichische Wahlverhalten.*

Ruth Wodak, geb. 1950, Prof. Dr. Die studierte Sprachwissenschaftlerin und Slawistin ist Professorin im Institut für Sprachwissenschaft Wien und Mitglied im Forschungsschwerpunkt: Diskurs, Politik und Identität. Ruth Wodak hat zahlreiche wissenschaftliche Publikationen im In- und Ausland veröffentlicht.

Alfred Worm, geb. 1945, Prof., ist Herausgeber des österreichischen Nachrichtenmagazins NEWS und Autor. Von ihm sind u. a. erschienen *Länger leben, später altern; Frau sein ein Leben lang; Gen-Technik; Jesus Christus; Die Todsünden der römisch-katholischen Kirche* und *Man(n) wird jünger.*

Zeitgeschehen

Dieter Balkhausen (Hg.)
D-Mark kontra Eurogeld *Das Abenteuer Währungsunion*
(rororo aktuell 13764)

Shyam Bhatia / Daniel McGrory
Saddams Bombe *Kein Ende der Bedrohung: Das irakische Atomprogramm*
(rororo aktuell 22665)

Jörg Fischer
Ganz rechts *Mein Leben in der DVU*
(rororo aktuell 22597)
Jörg Fischer machte eine steile Karriere in NPD und DVU. Er leistete Aufbauarbeit für die NPD, gehörte zu den handverlesenen Gründern der DVU als Partei und half, eine neue rechtsextreme Sammlungsbewegung zu organisieren. Dann stieg er aus. Jetzt erzählt er seine Geschichte: ein persönlicher Insider-Bericht über die Entwicklung der rechtsextremen Parteiszene.

Wilhelm Hankel / Wilhelm Nölling / Karl Albrecht Schachtschneider / Joachim Starbatty
Die Euro-Klage *Warum die Währungsunion scheitern muß*
(rororo aktuell 22395)

Rudolf Hickel
Standort-Wahn und Euro-Angst *Die sieben Irrtümer der deutschen Wirtschaftspolitik*
(rororo aktuell 22237)

Fraucke Hunfeld
«Und plötzlich bist du arm» *Geschichten aus dem neuen Deutschland*
(rororo aktuell 22209)

3100/12a

rororo aktuell

Johann-Günther König
Alle Macht den Konzernen *Das neue Europa im Griff der Lobbyisten*
(rororo aktuell 22486)
Johann-Günther König auf den Spuren der heimlichen Herrscher Europas, deren Markt- und Gestaltungsmacht im Zeichen des Euro noch zunehmen wird.

Mario Krebs
Ulrike Meinhof *Ein Leben im Widerspruch*
(rororo aktuell 15642)

David Rohde
Die letzten Tage von Srebrenica *Was geschah und wie es möglich wurde*
(rororo aktuell 22122)

Thomas Schmid (Hg.)
Krieg im Kosovo
(rororo aktuell 22712)

Weitere Informationen in der **Rowohlt Revue**, kostenlos im Buchhandel, und im **Internet: www.rororo.de**

Václav Havel

«Mit **Václav Havel** ehren Sie einen unbequemen Intellektuellen, der weiß, daß er stört, und nicht daran denkt, davon zu lassen. Sie ehren einen Schriftsteller, der weiß, daß die Arbeit an den Worten absolut notwendig ist – eine Arbeit, die sich keiner in diesem Jahrhundert ersparen kann, in dem jedes Wort zum Slogan werden kann, in dem der Aufschrei des Herzens so vielen Manipulationen unterworfen werden kann und in dem gute Absichten zur allerschönsten Verpackung schlechter Taten dienten.» *André Glucksmann* in seiner Laudatio auf Václav Havel anläßlich der Verleihung des Friedenspreises des Deutschen Buchhandel 1989

Das Gartenfest. Die Benachrichtigung *Zwei Dramen. Essays. Antikoden*
(rororo 12736)

Die Gauneroper. Das Berghotel. Erschwerte Möglichkeit der Konzentration. Der Fehler *Theaterstücke*
(rororo 12880)

Largo Desolato *Schauspiel*
Mit ienem Vorwort von Siegfried Lenz
(rororo 15666)

Vanek-Trilogie: Audienz. Vernissage. Protest – Versuchung. Sanierung *Theaterstücke*
(rororo 12737)

Fernverhör *Ein Gespräch*
(rororo 12859)

rororo / rororo aktuell / Rowohlt · Berlin

Moral in Zeiten der Globalisierung
(rororo aktuell essay 22382)

Am Anfang war das Wort *Texte von 1969 bis 1990*
(rororo aktuell essay 12838)

Briefe an Olga *Betrachtungen aus dem Gefängnis*
(rororo aktuell essay 12732)

Angst vor der Freiheit *Essay*
(rororo aktuell essay 13018)

Versuch, in der Wahrheit zu leben *Essay*
(rororo aktuell essay 12622)

Sommermeditationen
Deutsch von Joachim Bruss
160 Seiten. Gebunden bei Rowohlt· Berlin und als rororo sachbuch 19612

Ein Gesamtverzeichnis aller lieferbaren Titel der *Rowohlt Verlage* finden Sie in der *Rowohlt Revue*. Vierteljährlich neu. Kostenlos in Ihrer Buchhandlung.

Rowohlt im Internet:
www.rowohlt.de

3687/1